本书的出版得到浙江省哲学社会科学规划办后期出版基金、浙江万里学院"博士工程基金"和浙江省哲学社会科学重点研究基地—临港现代服务业与创意文化研究中心的资助,在此深表谢意!

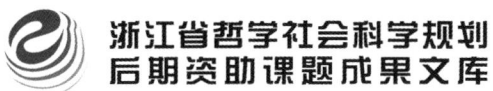
浙江省哲学社会科学规划
后期资助课题成果文库

# 基于空间视角的中国省际农村居民消费趋同性研究

Jiyu Kongjian Shijiao De Zhongguo Shengji
Nongcun Jumin Xiaofei Qutongxing Yanjiu

陈林兴 著

中国社会科学出版社

图书在版编目(CIP)数据

基于空间视角的中国省际农村居民消费趋同性研究 / 陈林兴著. —北京：中国社会科学出版社，2015.10
ISBN 978 – 7 – 5161 – 6946 – 9

Ⅰ.①基… Ⅱ.①陈… Ⅲ.①农村 – 居民消费 – 研究 – 中国 Ⅳ.①F126.1

中国版本图书馆 CIP 数据核字（2015）第 237617 号

| | |
|---|---|
| 出 版 人 | 赵剑英 |
| 责任编辑 | 宫京蕾 |
| 特约编辑 | 大　乔 |
| 责任校对 | 季　静 |
| 责任印制 | 何　艳 |

| | |
|---|---|
| 出　　版 | 中国社会科学出版社 |
| 社　　址 | 北京鼓楼西大街甲 158 号 |
| 邮　　编 | 100720 |
| 网　　址 | http：//www.csspw.cn |
| 发 行 部 | 010 – 84083685 |
| 门 市 部 | 010 – 84029450 |
| 经　　销 | 新华书店及其他书店 |

| | |
|---|---|
| 印刷装订 | 北京市兴怀印刷厂 |
| 版　　次 | 2015 年 10 月第 1 版 |
| 印　　次 | 2015 年 10 月第 1 次印刷 |

| | |
|---|---|
| 开　　本 | 710 × 1000　1/16 |
| 印　　张 | 15.25 |
| 插　　页 | 2 |
| 字　　数 | 250 千字 |
| 定　　价 | 56.00 元 |

凡购买中国社会科学出版社图书，如有质量问题请与本社营销中心联系调换
电话：010 – 84083683
**版权所有　侵权必究**

# 前　　言

　　福利评价是公共政策分析的重要基础。福利评价如果出现问题，政府将无法对现有公共政策的效果作出客观评价，也无法对拟出台政策的预期效果作出正确预测，结果会导致公共资源的浪费，甚至还可能颠倒是非，导致严重的社会问题。

　　然而，遗憾的是，现有福利评价（特别是福利不平等衡量）普遍存在两个明显的缺陷：①衡量标准问题。传统西方经济学对福利的衡量基本上是基于收入，但是，近年来越来越多的学者指出把收入作为评价福利的标准存在各种缺陷，认为消费比收入更加直接地反映了福利状况，并建议用消费标准代替收入标准。②衡量指标问题。现有文献基本上采用均值、方差（或标准差）、基尼系数、泰尔系数（Theil index）或 Atkinson 指数等指标来衡量福利不平等状况，但是，这些指标往往导致研究得出模棱两可的结果。鉴于这些缺陷，有效的福利不平等衡量不但要调整评价标准，而且还要在方法上寻求突破。一个很自然的突破方向是直接研究消费的趋同性，即研究消费分配到底是趋同还是趋异，因为这比现有的离散性指标和不平等指标提供更加丰富的信息，从而更具一般性。这正是本书选题的基本出发点。

　　另一方面，最近 20 几年，收入趋同研究领域出现了许多新方法，因此，作为研究问题与研究方法交叉融合的结果，一个很自然的想法便是把收入趋同的研究方法运用于消费趋同研究。但是，即便在收入趋同研究领域，通用的研究方法也存在许多局限。鉴于此，本书拟在现有收入趋同研究方法的基础上，采用更加新颖的研究方法，包括核条件密度、有限混合分布模型和分位数回归模型，并构建一个综合的方法体系，来研究消费趋同问题。

　　此外，最近 20 年，随着大众传播媒体的发展和人口流动性的提高，地区之间的交流日益频繁，导致地区间的联系越来越密切，因此，研究我国大陆31个省、自治区、市农村居民的消费趋同问题就不得不考虑地区之间消费行为的相互影响。这也正是Tobler的"地理学第一定律"所揭示的规律。实际上，从空间计量经济学的角度来讲，即便不存在这种实质性的相互影响关系，只要有空间自相关或空间异方差的存在，就必须考虑空间效应，否则结果是有偏差的。因此，本书最终决定基于空间视角来研究我国省际农村居民的消费趋同性。

研究结果表明：①我国省际农村居民的各项消费支出总体上呈现双峰锁定分布，也可以称为双峰俱乐部趋同；②我国省际农村居民的人均消费总支出、人均分类消费支出和人均纯收入都存在显著的空间自相关；③空间自相关对消费趋同产生一定程度的影响，但是，这种空间效应不足以改变消费趋同的整体性质；④人均纯收入是决定消费趋同的首要因素，基本上解释了消费趋同性，但不是唯一因素，收入和空间因素综合在一起几乎解释了所有的消费趋同信息；⑤农村居民人均消费总支出和人均分类消费支出之所以呈现双峰俱乐部趋同态势，是因为边际消费倾向不但不递减，反而是递增的，这不同于凯恩斯的边际消费倾向递减的假定，但是，这个表面上反常的研究结果正好解释了双峰俱乐部趋同；⑥农村居民各类消费支出的收入弹性呈非线性变化，这也不同于传统的假定。

本书的研究结果具有一定的政策启示和实际应用价值：①在宏观层面，可以为国家制定转移支付政策、区域发展政策以及扩大内需政策提供参考；②在中观层面，可以为各级政府制定产业规划和调整产业结构提供参考；③在微观层面，可以为企业制定业务组合策略、市场预测、市场细分、目标市场选择以及新产品上市和市场拓展决策提供参考。

本书的出版得到浙江省哲学社会科学规划办后期出版基金、浙江万里学院"博士工程"基金和浙江省哲学社会科学重点研究基地—临港现代服务业与创意文化研究中心的资助，在此深表谢意！

# 目　　录

第一章　绪论 …………………………………………………………（1）
　第一节　问题的提出 ………………………………………………（1）
　第二节　研究目的与意义 …………………………………………（3）
　　一　研究目的 ……………………………………………………（3）
　　二　研究意义 ……………………………………………………（3）
　第三节　研究思路 …………………………………………………（5）
　第四节　结构框架及研究方法 ……………………………………（6）
　第五节　几个概念的界定 …………………………………………（7）
　　一　趋同的相关概念 ……………………………………………（7）
　　二　空间效应的相关概念 ………………………………………（8）
　第六节　可能创新之处 ……………………………………………（9）
　第七节　关于研究范围、样本和数据来源的说明 ………………（10）
　第八节　郑重申明 …………………………………………………（10）

第二章　文献综述 ……………………………………………………（12）
　第一节　国外相关文献综述 ………………………………………（12）
　　一　福利评价标准相关研究 ……………………………………（12）
　　二　消费函数相关研究 …………………………………………（14）
　　三　空间计量经济学相关研究 …………………………………（15）
　　四　经济趋同相关研究 …………………………………………（17）
　　五　空间趋同相关研究 …………………………………………（24）
　　六　消费趋同相关研究 …………………………………………（29）
　第二节　国内相关文献综述 ………………………………………（31）
　　一　国内经济趋同研究 …………………………………………（31）

二　国内考虑空间效应的经济趋同研究 …………………… (32)
　　三　国内消费相关研究 …………………………………… (32)
　　四　国内考虑空间效应的消费研究 ……………………… (34)
　　五　国内消费趋同相关研究 ……………………………… (35)
　第三节　本书的方法论挑战和可能的文献贡献 ………………… (35)

## 第三章　我国农村居民人均消费支出的空间自相关检验 …… (39)
　第一节　引言 ………………………………………………………… (39)
　第二节　空间自相关检验方法 …………………………………… (40)
　　一　基于空间截面数据的空间自相关检验 …………………… (40)
　　二　基于空间计量经济学模型的空间自相关检验 …………… (42)
　第三节　基于空间截面数据的空间自相关检验结果 …………… (55)
　　一　基于全局统计量的空间自相关检验结果 ………………… (55)
　　二　基于局部统计量的空间自相关检验结果 ………………… (59)
　第四节　基于空间计量经济学模型的空间自相关检验结果 …… (72)
　　一　基于总量消费模型的空间自相关检验结果 ……………… (72)
　　二　基于消费结构模型的空间自相关检验结果 ……………… (77)
　第五节　本章小结 …………………………………………………… (83)

## 第四章　基于核条件密度的探索性研究 ……………………… (85)
　第一节　引言 ………………………………………………………… (85)
　第二节　核条件密度研究方法 …………………………………… (87)
　　一　核条件密度函数及其估计 ………………………………… (87)
　　二　修正的核条件密度估计 …………………………………… (89)
　　三　带宽的选择 ………………………………………………… (92)
　　四　条件方法 …………………………………………………… (97)
　第三节　基于核条件密度的消费趋同性研究结果 ……………… (101)
　　一　人均消费总支出趋同性研究结果 ………………………… (101)
　　二　人均分类消费支出趋同性研究结果 ……………………… (115)
　第四节　本章小结 …………………………………………………… (135)

## 第五章　基于有限混合高斯分布模型的证实性研究 ………… (136)
　第一节　引言 ………………………………………………………… (136)
　第二节　有限混合高斯分布模型方法 …………………………… (138)
　　一　混合模型的基本概念 ……………………………………… (138)

二　混合模型的估计 …………………………………………（139）
　　三　有限混合分布模型子分布数目的确定 …………………（142）
第三节　基于有限混合高斯分布模型的消费趋同性研究结果 …（145）
　　一　人均消费总支出趋同性研究结果 ………………………（145）
　　二　人均分类消费支出趋同性研究结果 ……………………（158）
　　三　人均纯收入趋同性研究结果 ……………………………（178）
第四节　本章小结 …………………………………………………（185）

第六章　基于分位数回归模型的解释性研究 …………………………（187）
　第一节　引言 ………………………………………………………（187）
　第二节　分位数回归模型方法 ……………………………………（190）
　　一　分位数回归模型的基本概念与实证模型 ………………（190）
　　二　分位数回归模型的估计 …………………………………（191）
　　三　分位数回归模型参数估计值的置信区间 ………………（194）
　　四　分位数回归模型的参数显著性检验 ……………………（195）
　　五　斜率相等检验 ……………………………………………（196）
　第三节　基于分位数回归模型的研究结果 ………………………（197）
　　一　人均消费总支出研究结果 ………………………………（197）
　　二　人均分类消费支出研究结果 ……………………………（206）
　第四节　本章小结 …………………………………………………（215）

第七章　研究结论与政策启示 …………………………………………（217）
　第一节　研究结论 …………………………………………………（217）
　第二节　研究结论的政策启示与应用 ……………………………（220）
　　一　对宏观经济政策的启示 …………………………………（220）
　　二　对各层次的产业政策的启示 ……………………………（221）
　　三　对微观的企业市场营销战略的启示 ……………………（221）
　第三节　本书的不足 ………………………………………………（223）

参考文献 ……………………………………………………………………（225）

# 第一章

# 绪 论

## 第一节 问题的提出

本书的选题既非纯粹的问题导向，也非纯粹的方法导向，而是两者融合酝酿的结果。

从问题上讲，福利评价一向是西方经济学关注的基本问题之一，并形成了西方经济学的一个重要分支——福利经济学。[①] 作为福利经济学的基本任务，福利评价是公共政策制定的基础，也是公共政策效果评价的基本依据。如果福利评价出现问题，政府将无法对现有公共政策的效果作出客观的评价，也无法对拟出台政策的预期效果作出正确的预测，结果会导致公共资源的浪费，甚至还可能颠倒是非，导致严重的社会问题。然而，遗憾的是，现有福利评价（特别是福利不平等衡量）普遍存在两个明显的缺陷：

（1）衡量标准问题。传统西方经济学对福利的衡量一般是基于收入，这有几个方面的原因：首先，在数据的可得性方面，各国尤其是发达国家每年都有全国性的调查，这些调查一般都覆盖了收入，长期下来，就形成了一个庞大的数据库；其次，因为各个国家都有与收入相关的完善的数据库，所以在进行国际福利比较时就很自然地采用收入作为标准；最后，收

---

[①] 福利评价（welfare assessment）是对政府而言；对于个人或家庭，就是指幸福评价。与 Slesnick（2001：8）相一致，这里是在经济学范畴内讨论福利问题。这里的福利专指物质上的幸福（Physical Well‐Being），既非经济生活中雇主给雇员发放的福利，也非心理学与经济学交叉学科中的主观幸福（Subjective Well‐Being, SWB）。后者是指个人对自己生活的一个总体评价。近年来，对幸福评价标准的研究已经融合了多个学科的研究成果，形成了一个十分庞大的评价指标体系，其中包括收入、个人特点、社会发展特点、时间花费方式、对生活的态度和信念、关系以及生活政治环境等指标（Diener et al., 1999；Dolan et al., 2008）。

入数据简单明了，具有高度的可比性。这些因素结合在一起，收入就很自然地成为福利评价和比较的标准。但是，近年来，越来越多的学者指出把收入作为衡量福利的标准存在各种缺陷，认为消费比收入更加直接地反映了福利状况，并建议用消费标准代替收入标准。[①]

（2）衡量指标问题。在福利评价框架内，福利不平等的衡量既是福利分析的主要内容，也是福利分析的基本手段。[②] 现有相关文献，包括消费不平等（consumption inequality）和收入不平等（income inequality），相当一部分采用均值和方差（或标准差）来衡量福利不平等。这些指标的特点是简单，但是，组间的差异及其随时间变化的问题往往涉及分布的特点，而这些特点无法用通常的位置或方差来衡量。也有一些文献采用基尼系数（Gini coefficient）、泰尔系数（Theil index）或 Atkinson 指数等指标来衡量福利不平等问题，这些指标与均值和方差相比有明显的优势，但是，仍然存在明显的缺陷，容易使研究得出模棱两可的结果。比如，一个相同的指标往往对应多种不同的分布，从而对应多种不同的福利分配状况。

鉴于这些缺陷，有效的福利不平等衡量不但要调整衡量标准，而且还要调整衡量指标，即在方法上寻求突破。一个很自然的突破方向是直接研究消费的趋同性，即研究消费分布到底是趋同还是趋异，因为这比现有的离散性指标和不平等指标提供更加丰富的信息更具一般性。[③] 这正是本书选题的基本出发点。

从方法上看，最近 20 几年，收入趋同研究是发展经济学研究的一个重要领域，涌现出大量的文献和研究方法。早期趋同研究的基本目的是验证新古典经济增长理论的一个假定：一个国家（或地区）的经济增长速度往往与经济的初始水平负相关，即初始水平越高，经济增长速度越慢，反之则越快，最后走向趋同。因此，趋同研究的对象基本上局限于收入。但是，发展到今天，趋同研究早已扩展到经济学之内及经济学以外的许多研究领域。在研究领域扩展的同时，趋同研究的方法也得到迅速的发展，出现了许多新方法：由早期的线性截面回归模型、时间序列回归模型和面

---

① 详细的论述见第二章的文献综述。

② 因为决定福利水平的不仅是绝对（消费或收入）水平，更重要的是相对水平。例如，著名的 Atkinson 指标就直接把不平等作为衡量社会福利的指标。又比如，欧盟明确把地区间趋同作为欧盟的重要目标之一，并为此倾注了大量的资源，包括成立聚合基金（Cohesion Fund）。

③ 可以证明，标准差和其他不平等指标都是趋同的特殊情形，趋同研究更具一般性。

板数据回归模型等参数方法扩展到马尔科夫链、随机核等基于分布动态（distribution dynamics）的非参数方法。但有意思的是，经济学视角的趋同研究并没有充分地扩展到消费趋同问题的研究，留下了一个研究空白。现有消费趋同研究基本上局限于微观层面的管理学视角，宏观层面的经济学视角的研究还极为罕见。

因此，作为实际问题与研究方法交叉融合的结果，一个很自然的想法便是把收入趋同的研究方法运用于消费趋同研究。但是，即便在现有收入趋同研究领域，通用的研究方法也存在许多局限，因此，本书拟在现有收入趋同研究方法的基础上，采用更加新颖的研究方法，包括随机核、有限混合分布模型和分位数回归模型，并构建一个综合的方法体系，来研究消费趋同问题。

## 第二节 研究目的与意义

### 一 研究目的

鉴于福利评价的重要性以及消费标准相对于收入标准的相对优势，本书拟采用更加科学的方法来研究我国省际农村居民的消费趋同问题。具体来讲，本书试图回答以下三个关键问题：①我国省际农村居民人均消费支出是否呈现趋同态势以及呈现何种趋同态势？②我国各地农村居民人均消费支出是否存在空间自相关？这种空间自相关是否影响消费支出的趋同性？③我国省际农村居民人均纯收入是否呈现趋同态势？收入趋同性能在多大程度上解释消费趋同性？

### 二 研究意义

伊斯拉姆（2003）明确指出："贫困地区的收入水平是否趋同于富裕地区是一个极端重要的人类福利问题。"与收入相比，消费与人们的物质幸福具有更加紧密的联系，因此，研究消费趋同同样具有极端重要的意义。具体来讲，本书的研究意义体现在以下两个方面。

（一）方法论意义

随着趋同研究的发展，出现了各种研究方法，包括以截面回归模型、时间序列回归模型和面板数据回归模型为代表的参数方法以及以马尔科夫链和随机核为代表的非参数方法，但是，现有研究方法还存在各种缺陷。鉴于此，本书试图引入新的研究方法，并建立一个综合的方法体系。这些方法的引入以及方法体系的建立，一方面将丰富和完善趋同研究的方法论体系，另一方面也使趋同研究得出更加精细、更加科学的结论。

（二）实际应用价值

从实际应用来看，本书的研究结果将为多个层面的决策提供参考：

（1）在宏观层面，本书研究结果能为各级政府制定转移支付政策、区域发展政策和扩大内需政策提供参考。首先，政府在制定转移支付政策时，需要从一个时间跨度去考察各个省份在全国的截面分布中随时间演变的态势，以此来确定转移支付的重点省份以及相应的政策支持力度。本书恰好研究1993年以来我国31个省区市农村居民人均消费支出和人均纯收入的截面分布状况、演变规律和未来发展态势，因此，可以直接为国家制定转移支付政策提供参考。其次，国家在制定区域发展规划时，需要考虑空间因素对地区经济发展的影响，包括影响的强度、方向和机理。本书明确基于空间视角研究消费趋同问题，其中涉及了空间因素的影响，因此也具有一定的参考价值。最后，最近几年，特别是美国金融危机以来，国际市场需求下降，导致我国出口不振，在这种背景下，为了降低出口依赖，维持宏观经济持续稳定发展，扩大内需显得尤为重要，这已成为各界共识。就扩大内需而言，农村市场尤为重要。而为了扩大农村消费需求，首先需要明确两个问题：第一，我国农村居民消费需求到底受哪些因素的影响？第二，哪些类型的消费是扩大农村需求的重点？对于这些问题，本书也有相应的结论，因而也具有相应的参考价值。

（2）在产业层面，能为各级政府制定产业政策提供参考。在工业生产技术高度发达的今天，限制经济规模的制约因素除了资源之外主要是市场需求，而非生产能力，因此，各级政府在制定产业规划和设计产业布局时，必须着重考虑各种消费需求的特点和潜力，尤其是农村消费需求，因为农村市场从某种意义上讲已经成为我国商业的主战场。故此，本书所得出的各省份农村居民对各种消费需求的边际消费倾向和收入弹性自然具有重要的参考价值。

（3）在企业层面，能为企业业务组合的设计和市场营销战略的制定提供决策参考。现代营销的基本理念是根据顾客的需要来设计和提供产品或服务，为此，首先需要分析顾客的购买行为；而顾客购买行为既可以从消费心理的角度来研究，也可以从实际的消费数据来分析。相比之下，后者更具可操作性。因此，通过分析本书所得出的各省份农村居民对各种消费需求的边际消费倾向和收入弹性，企业就可以确定哪些是快速发展的业务、哪些是成熟的业务等，以此来确定业务组合。此外，科特勒和科勒（2009：34）明确指出："STP——市场细分、目标市场选择和产品定位——是战略营销的精髓。"而市场细分的主要依据是各个市场消费行为的特点，所采用的方法主要是统计学中的聚类分析。本书第五章所采用的混合分布模型方法本身就是一种聚类方法，[1] 而且混合分布模型的研究结果自然会产生多个子分布，这就直接给出市场细分的结果。此外，本书的研究结论还能为企业的目标市场选择、新产品上市和市场拓展等营销决策提供参考。

## 第三节 研究思路

经过二十多年的发展，趋同研究领域出现了许多研究方法，但是，正如马格莱尼（1999）所概括的那样，现有的线性截面回归模型、时间序列回归模型、面板数据回归模型和马尔科夫链等方法都存在明显缺陷，因此，一些学者开始采用非常新颖的随机核方法（在应用中一般用核条件密度来表示）来研究趋同。考虑到核条件密度法独特的直观上的优势，本书也采用这种方法。但是，由于核条件密度整体上是一种探索性研究方法，缺乏统计意义上的明确性和检验功效，核条件密度研究所得到的结果还应该经过统计学检验，因此，本书进一步采用了有限混合分布模型方法。作为一种半参数的研究方法，混合模型很好地解决了子分布数目的检验问题，即是否存在全局性趋同、是否存在俱乐部趋同以及几个俱乐部，但是却不能很好地解释为什么会发生趋同（或趋异），还需要采用一个相匹配的方法对可能存在的趋同性进行解释。考虑到分位数回归模型的优越性，本书很自然地选择了这种方法。这三种方法的有机结合构成了一个优势互补的方法体系。

此外，最近20年，随着大众传播媒体的发展和人口流动性的提高，

---

[1] 混合模型也称为基于模型的聚类（model-based clustering）。从这个名称中就不难看出这种方法与常规的聚类分析之间的关系。

地区之间的交流日益频繁，导致地区间的联系越来越密切，因此，研究我国省际农村居民的消费趋同问题就不得不考虑地区之间消费行为的相互影响。这也正是托布勒的"地理学第一定律"（Tobler's First Law, TFL）所揭示的规律："每个事物都与其他事物相联系；距离越近，联系越紧密。"[1] 实际上，从空间计量经济学的角度来讲，即便不存在这种实质性的相互影响关系，只要有空间自相关或空间异方差的存在，不管是参数法还是非参数法都必须适当地应对这个问题，否则结果是有偏的。因此，无论如何，必须考虑空间效应。

综上所述，有必要在空间视角下采用一个既包含探索性研究，又包含证实性研究和解释性研究的方法体系来研究我国省际农村居民的消费趋同问题，以揭示我国农村居民消费支出分布的演变规律，以便为相关部门的决策提供参考。

## 第四节 结构框架及研究方法

全书共计七章，各章的主要内容概述如下：

第一章为绪论。主要介绍论文选题的酝酿过程、论文基本内容和框架、研究方法和可能创新之处等。

第二章为文献综述。从福利衡量标准、消费函数研究、空间计量经济学理论、经济趋同研究、空间趋同研究和消费趋同研究等六个方面对国内外的相关文献进行概述，并在梳理现有文献的基础上指出本书的方法论挑战。

第三章为空间自相关检验。分别基于空间截面数据和空间计量经济学模型对我国农村居民消费支出的空间效应进行检验。

第四章为基于核条件密度的探索性研究。分别从人均消费总支出和人均分类消费支出两个层面，采用核条件密度来研究我国省际农村居民消费支出的趋同性，以及空间因素和收入对消费趋同的影响。

第五章为基于有限混合高斯分布模型的证实性研究。分别从人均消费总支出和人均分类消费支出两个层面，采用有限混合高斯分布模型来研究我国农村居民消费支出的趋同性，以及空间因素和收入对消费趋同的影响。

---

[1] Tobler, W., "A Computer Movies Simulating Urban Growth in the Detroit Region," *Economic Geography*, Vol. 46, No. 2, 1970, pp. 234–240.

第六章为基于分位数回归模型的解释性研究。分别基于总量消费模型和分类消费模型，对我国省际农村居民的消费趋同性进行统计意义上的正式解释，同时考虑了空间效应。

第七章为研究结论和政策启示。在总结全文的基础上提出政策建议，并客观地指出本书存在的局限性。

## 第五节 几个概念的界定

### 一 趋同的相关概念

趋同（收敛）（convergence）研究是当前应用经济学研究的一个热门领域，但迄今，除了在特定情况下对趋同的含义作出特定的界定之外，尚未出现对趋同本身的正式定义。[①]《牛津高阶英语双解词典》对 converge（convergence 的动词）含义的解释主要有两个：①（指线条、运动的物体等）会于一点，向一点会合；聚集。②（比喻义）（趋于）相似或相同。根据这个词典释义，在经济学研究领域可以简单地把趋同理解为各个经济主体在某个经济变量上呈现出越来越接近的趋势。与趋同（收敛）相对应的是趋异（发散）（diverge）。

在实际研究中，还涉及几个趋同相关概念[②]：

（一）β 趋同（β-convergence）、绝对 β 趋同和条件 β 趋同

在一个增长率对初始水平的回归模型中，如果初始水平的系数为显著的负数，这就表明初始水平越低的经济体（国家或地区）增长速度越快。早期的趋同研究据此作为趋同存在的依据。由于该系数经常用 β 表示，β 趋同因此得名。

β 趋同还可以分为绝对 β 趋同和条件 β 趋同。如果这种趋同是在控制其他决定稳态的因素的基础上得到的，这种趋同称为条件 β 趋同，简称条件趋同；否则为绝对 β 趋同，简称绝对趋同。

（二）α 趋同

在实际趋同研究过程中，β 趋同概念遇到一些问题，于是，为了弥补

---

[①] 在国内学术界，林毅夫、林光平等习惯称为收敛；蔡昉、都阳等习惯称为趋同。

[②] 具体的分类方法可以参阅 de la Fuente（1997）、德罗夫 和 奎恩（1999）、Temple（1999）和伊斯拉姆（2003）等。

这个缺陷，有学者把表示离散指标的测度与β趋同结合起来：如果一个分布（或样本）的离散程度在下降，就认为发生了趋同。由于统计学中衡量离散程度最常用的指标是标准差（方差的开方），而标准差经常用α表示，因此，α趋同由此得名。

（三）俱乐部趋同

借助于converge的词典释义，可以简单地认为，如果各经济体向一个点聚集，这种趋同称为全局性趋同，也就是通常意义上的趋同；如果各经济体不是向一个点聚集，而是向两个以上的点聚集，则认为发生了俱乐部趋同（club convergence），向各个点聚集的经济体就构成了趋同俱乐部（convergence clubs）。

（四）极化

与趋同俱乐部相关的一个概念是极化（polarization）。极化是指事物在一定条件下发生两极分化，使其性质相对于原来状态有所偏离的现象。可以认为，俱乐部趋同尤其是双峰俱乐部趋同经常包含着极化过程；但是，极化过程不一定包含着俱乐部趋同。事实上，如果极化一直进行下去，其结果是趋同的反面——趋异。

## 二 空间效应的相关概念

空间效应（spatial effect）包括空间自相关和空间异质性。

（一）空间自相关

空间自相关（spatial autocorrelation）是指在空间分布的观测单位之间缺乏独立性（克利夫＆奥德，1972）。安瑟林和伯拉（1998：241）的定义较为具体：空间自相关是数值的相似性与位置的相似性之间的偶合（coincidence）。简单地说，一个随机变量的各个空间实现值中，如果大（或小）的值倾向于在空间内聚集在一起，就认为存在正的空间自相关；反之，如果大（小）的值被小（大）的值包围着，形成一种棋盘式结构，就认为存在负的空间自相关。

空间自相关也被称为空间依赖（spatial dependency）、空间联系（spatial association）、空间相互作用（spatial interaction）、空间相互依赖（spatial interdependence）等。安瑟林和伯拉（1998：240）认为空间依赖与空间自相关从严格意义上讲并不同义，但在实际应用中经常替换着使用。

（二）空间异质性（空间异方差）

空间异质性（spatial heterogeneity）也叫空间异方差（spatial heteroscedasticity），可以简单地认为它是标准计量经济学中常见的异质性在空间状态的一个特例。

## 第六节 可能创新之处

（1）本研究是第一个采用随机核（即核条件密度）研究消费趋同问题。在这之前，随机核方法主要用于研究收入趋同问题，是目前收入趋同研究的前沿方法。

（2）第一个把有限混合分布模型引入消费趋同问题的研究。在此之前，世界上只有五篇文献采用混合模型方法研究收入趋同问题。

（3）第一个采用方法体系而非单一的方法研究趋同问题。之前，趋同研究，包括最常见的收入趋同研究，都采用某种单一的方法。然而，事实上每种方法都有自己的优势与不足，有的方法侧重于直观上的呈现，有的方法侧重于统计意义上的检验功效，有的方法侧重于解释，因此，有必要把几种方法有机地结合起来。本书正是基于这个思想，把偏重于描述和直观呈现的核条件密度、偏重于统计检验的有限混合分布模型和偏重于解释的分位数回归模型三种方法有机地融合在一起，充分利用了参数方法、半参数方法和非参数方法的各自优势，构成了一个完整的方法体系，试图从多个角度来更加精确地研究趋同问题。

（4）在消费趋同研究中明确地考虑了空间效应。在收入趋同研究中考虑空间效应的文献已屡见不鲜，但是在消费趋同研究中考虑空间效应的文献还是凤毛麟角。

（5）结合总量消费和分类消费两个维度来研究消费趋同问题。众所周知，数据的加总会造成信息的损失甚至扭曲，因而有必要比较不同加总程度的数据得出的研究结果，以考察数据加总对研究结果的影响。

（6）推导出一个带宽计算公式。海因德曼等（1996）指出传统的核条件密度估计方法存在严重的偏误，并提出一个修正的估计法。与传统估计法相比，这个修正的估计法具有更好的统计特性，但是，这涉及带宽的计算问题。众所周知，带宽的选择问题是核条件密度估计中的关键问题。当采用参照规则（reference rules）选择带宽时，会涉及参照分布，包括边际分布和条件分布的分布类型假定问题。对于条件分布，常用的假定是正态分布，这与本书所研究的消费问题并不矛盾；对于边际分布，常用的假定有均匀分布和正态分布，其中，正态分布与本书所研究的消费问题比较一致，均匀分布假定则显得完全不符合实际。但是，现有文献只给出与传统估计法相对应的带宽计算式，以及与修正估计法相对应、假定边际分布为均匀分布的带宽计算式，而没有给出与修正估计方法相对应的、并且假定边际分布为正态分布的带宽计算式（巴什特尼克 & 海因德曼，2001）。很显然，这是一个很大的文献空白；同时，考虑到这个带宽计算式的重要性，本书对此进行了推导。

## 第七节　关于研究范围、样本和数据来源的说明

本书研究我国内地31个省区市农村居民的消费趋同问题。之所以把省区市作为研究样本单位，是基于研究范围与数据可得性综合权衡的结果。一种可能的选择是以全国为范围，以地级市为样本单位，这样选择的最大优点是样本量足够大，而且数据可得性也不存在大的问题，但是，这种选择有一个很大的缺陷：在我国，省级和县级都是重要的政策决策单位，而地市级则很少作为一个独立的政策单位，因此，这种选择会使研究结果缺少实际意义。另一种可能的选择是以全国为范围，以县（市）级作为样本单位，这种选择既考虑到县域作为政策单位的作用，同时还具有巨大的样本量，但是，这种选择存在数据可得性问题，因为我国大部分县级统计年鉴不报告分类消费支出，更不报告分类消费价格指数，因此，这种选择也不可行。最后综合考虑的结果是以全国为范围，以各省（自治区、直辖市）为样本单位。

本书的原始数据来源于《中国统计年鉴》（1994—2010年）和同期的各省份统计年鉴。需要指出的是，重庆成为直辖市之前的几年数据由原来辖区范围内各地区的数据加权平均而成。

## 第八节　郑重申明

申明一：

由于统计口径不一致以及数据的可得性原因，我国台湾地区、香港特别行政区和澳门特别行政区没有纳入本书研究范围之内。比如，《中国统计年鉴》和内地31个省区市统计年鉴把消费结构分为八大类，包括食品、

衣着、居住、家庭设备用品及服务、医疗保健、交通和通讯、文教娱乐用品及服务和其他，而我国《台湾统计年鉴》则把消费结构分为12个类别，包括食品、饮料、烟丝及卷烟、衣着、燃料及灯光费、医疗及保健费、租金及水费、家庭器具及设备、家庭管理费、文教娱乐、通讯和其他。不仅如此，台湾的统计年鉴不区分城镇居民和农村居民的消费支出。我国香港特别行政区和澳门特别行政区的统计年鉴也有类似问题。这些统计口径上的不一致导致数据不具可比性，使本书无法把我国台湾地区、香港特别行政区和澳门特别行政区纳入研究范围。因此，本书只研究我国内地31个省区市农村居民的消费趋同问题。

申明二：

本书第三章中出现的类似于地图的图表只是我国各省自治区市大致的方位示意图，而非中华人民共和国行政区域图。由于本书以省自治区市为研究单位，一些省级以下的岛屿（比如我国钓鱼岛、赤尾屿、黄岩岛）和地区都没有标示在这些示意图上，因此，这些图既不准确，也不完整。鉴于此，本人特别敬请读者不要以此作为各省自治区市辖域依据，更不能以此作为国家版图和疆域的依据。

特此申明。

# 第二章

# 文献综述

## 第一节 国外相关文献综述

### 一 福利评价标准相关研究

福利评价是公共政策分析的基础。传统经济学对福利的评价基本上是基于（现期）收入的。这有几个方面的原因：首先，在数据的可得性方面，各国尤其是发达国家传统上都有全国性的年度调查，这些调查一般都覆盖了收入，长期下来，就形成了一个庞大的数据库；其次，各国都有完善的与收入相关的数据库，因此在进行福利比较时就很自然地采用收入作为标准；最后，收入数据具有简单明了的特点，不管是纵向还是横向都具有可比性。这几个因素结合在一起，就使收入很自然地成为福利评价和比较的标准。另外，绝大多数发达国家的贫困统计也依赖于收入数据，不但如此，收入还是反贫困项目绩效评估的主要标准。[1]

最近十几年，一方面由于理论研究的深入，越来越多的学者发现收入标准存在许多缺陷，使收入标准饱受批评，另一方面也由于一些涉及消费的大型调查的开展，消费数据的可得性不断提高，福利评价的标准逐渐发生了转变，由原来的主要基于收入逐渐转向基于消费。在这个转变过程中，学术界对两个标准进行了比较分析，从现有福利评价的相关文献中可以归纳出以下两个基本结论。

第一个结论：两种标准得出的结果具有明显的差异。这种差异不但体现在对贫困的研究（米利根，2008），也体现在对经济不平等的研究（布

---

[1] Meyer, B. D., and Sullivan, J. X., "Viewpoint: Further Results on Measuring the Well-being of the Poor Using Income and Consumption," *Canadian Journal of Economics*, Vol. 44, No. 1, 2011, pp. 52—87.

伦德尔＆埃瑟里奇，2010）。收入标准与消费标准衡量结果的差异很容易从经典经济学中得到解释。根据生命周期假说，收入随工作年龄的增长而增加，直到退休，然后开始下降。由于这种模式可以预见，所以人们在高收入时期进行储蓄，在低收入时期进行负储蓄，从而在有生之年平滑其消费。很显然，在青年和老年时期收入的变动大于消费。同时，这也意味着采用消费标准衡量的相对贫困和经济不平等程度低于以收入为标准得出的结果。同样，根据持久收入假说，暂时的收入减少会导致消费收入比率上升，相反，暂时的收入增加会导致消费收入比率下降，因此，消费支出的离散程度显然低于收入。[1]

第二个结论：与收入相比，消费更好地衡量了实际福利状况。与第一个结论一样，这不仅体现在对经济不平等的研究中，也体现在对贫困问题的研究中。这主要有以下几个方面的依据：

（1）从概念的角度来讲，消费标准比收入标准更加自然，因为效用直接来源于对产品或服务的消费。因此，消费与效用具有天然的直接联系，而收入只不过是为消费提供支持。[2] 或者说，消费是物质幸福的直接决定因素，收入是间接决定因素。与消费相比，收入易受其他因素的影响，这使基于收入的衡量结果具有误导性：由于收入随年龄而变化，在任何时间点估计的收入不平等都大于长期的收入不平等，因此，基于收入衡量的不平等存在明显的高估倾向。

（2）从实证研究结果来看，消费更好地反映了消费者的实际生活状况。比如，迈耶和沙利文（2008）对美国贫困家庭的研究表明，与收入相比，消费与贫困家庭低劣的住房质量、有限的耐用品、糟糕的健康状况等具有更高的关联性。

（3）消费数据的质量优于收入数据。首先，尽管消费和收入都存在少报的现象，但消费的少报程度低于收入。收入少报具有现实的原因：就富人而言，少报的原因不言而喻；对穷人来讲，至少在发达国家，由于有多种来源的转移支付，因此客观上很难区分清楚各种转移支付的数目，更

---

[1] Friedman, M., *A Theory of the Consumption Function*, Princeton: Princeton University Press, 1957, pp. 31—37.

[2] Brzozowski, M., and Crossley, T. F., "Measuring Well-being of the Poor with Income or Consumption: a Canadian Perspective," *Canadian Journal of Economics*, Vol. 44, No. 1, 2011, pp. 88—106.

何况许多类型的转移支付很难用货币来衡量。其次，在无回答率方面，收入调查的无回答率明显高于消费调查。再次，在数据的准确性方面，消费数据的变异程度低于收入数据，具有更高的可预测性，因此可以减少估计值的标准误，从而在确保获得同等估计准确率的前提下节省样本。这在相当程度上抵消了传统的收入调查数据所具有的大样本优势（迈耶 & 沙利文，2011）。

鉴于消费标准的明显优势，许多研究明确采用消费数据分析福利（幸福）（克罗斯利 & 柯蒂斯，2006）。也有学者鉴于收入和消费标准的各自优势，建议同时采用这两个指标，并把消费作为衡量生活水平的指标，把收入作为衡量生活水平来源的指标。

## 二 消费函数相关研究

国外对消费的研究主要有两种范式：一种是基于宏观视角的总量消费模型，另一种是基于微观视角的消费结构模型，即各种需求系统模型（demand system）。

传统的消费研究主要是总量研究，即从总量上探索消费总支出的影响因素，常用的有绝对收入假说、相对收入假说、生命周期假说、持久收入假说、理性预期消费理论、预防性储蓄理论和缓冲存货储蓄模型等。然而总量研究只能提供关于消费总支出的信息，其本身并不研究消费构成即消费结构问题，使得这类研究的政策作用受到限制。

20世纪50年代之后出现的需求系统模型弥补了这个不足。这种模型能从消费结构的角度更加精细地揭示消费变化的规律，为政府和其他相关部门的决策提供更加具体的支持。此外，需求系统模型的优势还在于它避免了早期计量经济学家对消费结构进行分析时很少从理论经济学角度对消费者最优选择行为进行分析、两者缺乏沟通的弊端，[①] 因此，具有更加坚实的理论基础。这些特点使需求系统模型从20世纪50年代以来，尤其是80年代以后，得到迅速的发展和广泛的应用。早期的需求系统模型主要有线性支出系统（LES），后来相继出现了扩展的线性支出系统（ELES）、Rotterdam模型、超越对数效用函数和AIDS模型等。

---

① 臧旭恒等：《居民资产与消费选择行为分析》，上海人民出版社2001年版，第134—162页。

最近二十几年，需求系统模型在设定和估计等方面都得到了扩展。在模型设定方面，解释变量由原来的价格和收入（或消费总支出）扩展到各种人口统计变量和虚拟变量；由原来的静态设定扩展到动态设定，包括差分模型设定和状态空间模型设定，以探索消费结构随时间变化的动态特征。在模型估计方面，由原来的对各个方程逐个估计扩展到采用似不相关同步估计；为了解决截面数据研究中零消费项问题引入截取系统模型（censored system）以及两步估计法。此外，还出现了半参数的需求系统模型。

## 三 空间计量经济学相关研究

空间计量经济学的核心任务是研究空间因素对经济行为的影响，即空间效应。空间效应可以分为空间依赖和空间异质性，两者可以说是空间计量经济学中模型误设的两大根源。

最近二十年，空间计量经济学得到空前的发展。这主要有两方面的原因：①很多经济学研究领域事实上都涉及经济主体之间的互动问题，包括克鲁格曼的新经济地理学和罗默的内生增长理论等。②社会学中对互动关系的研究以及学科之间的相互渗透也促使主流经济学研究明确考虑空间效应。主流经济学在研究个体行为时明确把社会互动纳入模型，这催生了多种研究空间互动、同伴影响（peer influence）、近邻效应（neighbourhood effect）和网络效应（network effect）的模型（布罗克 & 德罗夫，2001）。在这种背景下，越来越多的经济学家意识到，为了使研究社会和空间互动的实证模型更加合理，就需要明确地把空间效应纳入模型。

在应用研究中，考虑空间效应涉及一系列的逻辑步骤。因为首先要明确空间自相关（空间效应）确实存在，然后才需要通过模型来刻画这种效应。因此，下面就依照这个逻辑步骤简述空间计量经济学的主要文献，包括探索性空间数据分析、模型（试）设定、误设检验和模型估计等。

（1）探索性空间数据分析。在建立空间计量经济学模型之前，可以基于空间截面数据来判断是否存在空间自相关。常用的基于数据（而非模型）的判定或检验方法有全局 Moran's I 统计量、柯蒂斯和奥德（1992）的 G 统计量，以及这两个统计量的局部版本，即所谓的空间局部联系指数（Local Index of Spatial Association，LISA）。其中，局部版本的统计量还可以用来探测空间异方差。除了这些检验统计量之外，还有其他一系列的探索性空间数据分析方法,包括箱线图、柱状图和 Moran 散点图等。

(2) 空间模型的设定。对于空间自相关,常用的模型设定有空间滞后自相关模型(简称空间滞后模型)、空间误差自相关模型(简称空间误差模型)、空间德宾模型(spatial Dubin model),以及高阶空间模型。随着实际研究问题的复杂化和建模技术的发展,空间模型向多个方面扩展:①由连续因变量扩展到离散因变量,包括空间 Probit 模型和空间 Tobit 模型;②由单一的空间维度扩展到空间—时间两个维度,出现了空间面板数据模型;③由单方程扩展到联立方程;④由参数模型扩展到半参数模型。对空间异方差的模型设定问题,有的通过空间扩展模型(spatial expansion model)来解决,有的采用地理加权回归来应对。

(3) 模型设定检验。模型设定检验着重探测预设模型与虚拟模型(即不存在空间效应的模型)之间的差距,并把这个结果作为确立模型的依据。早期的模型设定检验方法主要有基于线性回归残差的 Moran's I 检验统计量和科勒基恩 - 普鲁策检验统计量(简称 KR 检验统计量)。安瑟林和科勒基恩(1997)对 KR 统计量进行了扩展,使之可以检验两阶段最小二乘回归的残差。科勒基恩和普鲁策(2001)还对这个统计量进行了进一步扩展,使之可以检验非线性回归模型的残差。但是,与前面两种检验统计量相比,更为常用的检验方法是拉格朗日乘数检验(Lagrange Multiplier test,LM)(也叫 Rao 得分检验),其中包括一系列的单方向、双方向、稳健拉格朗日乘数检验统计量,可以用来检验多种假定,包括同时存在空间依赖和空间异质性的模型。因此,这些拉格朗日统计量可以用来检验由多种原因造成的空间相关的残差,包括空间自回归或空间移动平均误差结构、错误地省略空间相关的变量和非线性关系等。

(4) 模型的估计。在空间计量经济学发展的早期,绝大多数研究采用极大似然法估计模型的参数。后来,由于模型的复杂化和高级化,新的估计方法不断产生,由早期的极大似然估计扩展到广义矩和工具变量估计法,以及基于核估计的异方差和自相关一致估计法。

除了上述估计方法之外,还有研究把贝叶斯方法运用于空间自相关模型的估计。在实际应用中,贝叶斯方法通过模拟进行估计。此外,还有半参数方法和地理加权回归,后者主要针对空间异方差(福瑟林格姆 et al.,1998)。还有一种比较特殊的方法,其基本思路是先对空间数据进行过滤,剥离掉空间效应,然后采用最小二乘进行估计(格里菲恩 & 泰菲尔斯朵夫, 2002)。

随着方法上的不断突破,空间计量经济学的应用领域也不断得到拓展,今天,空间计量经济学不仅渗透到经济学的各个领域,还扩展到经济学之外的许多学科领域。

## 四 经济趋同相关研究

趋同研究是目前一个非常活跃的经济学研究领域,其最初目的是验证新古典经济增长理论的一个假定,即一个国家或地区的经济增长速度往往与经济的初始水平负相关,初始水平越高,经济增长速度越慢。也正因为这个理论渊源,绝大多数的趋同文献都是关于收入或经济增长的。但是,最近几年,趋同研究的思想和方法在其他研究领域得到越来越广泛的应用,从研究对象到研究方法等多个方面都得到扩展,形成一个庞大的文献体系。下面从传统的趋同研究、包含空间维度的趋同研究和消费趋同研究三个方面来综述相关文献。

在文献分类方面,马格莱尼(2004: 2741—2796)把趋同研究方法分为回归法和分布动态法(distribution dynamics)两大类。雷伊和勒格罗(2009: 1252—1290)则把文献分为证实性(confirmatory)研究和探索性(exploratory)研究两大类。通过比较这两种分类法可以发现,回归法和分布动态法基本上分别对应证实性研究和探索性研究。

(一)回归法

回归法又可以分为三类:截面回归;面板数据回归;基于时间序列的单位根和协整检验。

1. 截面数据回归模型

最早对新古典经济增长理论的趋同预测进行检验的是 Baumol (1986)。新古典经济增长模型的主要假定是经济增长率与该经济距离稳定状态(简称稳态)的距离呈正相关,可以用计量经济学模型表示为:

$$\frac{1}{T}\log(y_{i,t_0+T}/y_{i,t_0}) = \alpha + \beta\log(y_{i,t_0}) + X_{1,i}\delta_1 + X_{2,i}\delta_2 + \varepsilon_i$$

(2-1)

其中,$y_{i,t}$ 表示国家或地区 $i$ 在 $t$ 期的人均收入(或人均产出),$X_{1,i}$ 表示索罗增长模型中的结构性变量,可以是人口增长率、技术变化、储蓄率等因素,$X_{2,i}$ 为其他反映总量生产函数差异的控制变量,$\varepsilon_i$ 为误差项,并假

定 $\varepsilon_i \sim i.i.d.(0,\sigma_\varepsilon^2)$。

在这个模型设定中，人均收入的平均增长率与初始收入水平和其他稳态决定因素相关。如果 β 的估计值显著为负，说明在控制其他因素之后经济增长速度与初始水平负相关，即初始水平较低的经济体经历了较快的经济增长。早期的研究者据此认为找到了趋同的证据，并把这种趋同命名为 β 趋同。由于这时的趋同证据是在控制其他因素之后得到的，因此，这种趋同被称为条件 β 趋同，简称条件趋同（conditional convergence）。影响稳态的因素很多，包括人口、储蓄率、生育率、技术水平、贸易以及投资等。但是，也有许多研究表明这些因素对趋同的影响并不确定。[①]

在特定情况下，如果所有的经济体被假定为具有相似的结构，即具有相同或相似的稳态，唯一的不同只是初始状态，这时的经济间趋同被称为绝对 β 趋同或非条件 β 趋同，简称绝对趋同（absolute convergence）。为了检验非条件趋同，只需要剔除模型（2-1）中的条件变量，使回归模型只包含初始水平作为解释变量。

由于截面回归是趋同研究中最早采用的方法，因此，这类文献最为丰富。除了巴罗和萨拉-艾-马丁（1991）以及萨拉-艾-马丁（1996）在美国、日本和五个欧洲国家之间发现绝对趋同，并在欧洲各国之间发现条件趋同的证据之外，其他研究也在不同国家和地区得出相似的结论。

截面回归尽管得到最广泛的应用，但是，很多学者指出这种方法存在许多局限性：①尽管截面回归模型推导自新古典经济增长模型，但它无法在检验自身有效性的同时排斥其他竞争甚至冲突模型，因而它充其量只能证明其研究结果与新古典增长理论不矛盾。由于它同时与其他解释一致，因而无论从哪种意义上讲都不能用它来检验新古典增长理论。[②] ②截面回归模型无法提供有效信息，甚至具有误导性。弗里德曼（1992）认为经济增长率对初始收入水平的截面回归类似于高尔顿谬误（Galton's fallacy），两者之间的负相关并不一定代表截面方差的减少，不仅如此，这个负相关甚至可以出现在发散的截面分布中。③截面回归模型往往陷入单位

---

① Islam, N., "What have We Learnt from the Convergence Debate?" *Journal of Economic Surveys*, Vol. 17, No. 3, 2003, pp. 309—362.

② Magrini, S., Regional (di) convergence. In V. Henderson and J. Thisse (eds.), *Handbook of Regional and Urban Economics*, New York: Elsevier, 2004, pp. 2741—2796.

根陷阱：实证研究发现 $\beta$ 趋同速度大多等于2%，这实际上反映的是单位根而非趋同速度。奎恩（1996a）利用蒙特卡罗检验表明，即便是相互独立的经济体，截面回归结果也可能显示是趋同的，因此，这种方法缺乏可靠性。④截面回归模型普遍面临内生性问题。因为经济增长率与其他许多因素在一些特定时期可能是共同决定的，所以内生性问题很难避免。⑤多重共线性问题。在检验条件趋同时，在缺乏坚实理论基础的情况下，条件变量的选择是个两难问题：少选会导致变量缺失偏误（omitted variable bias），多选则导致多重共线性和内生性问题。在空间环境下，截面回归模型还面临其他问题，包括空间自相关和空间异质性等。

2. 面板数据回归模型

利用截面回归检验条件趋同时，需要确定决定稳态的条件变量，然而这些变量往往无法事先确知或无法衡量，属于一种观察不到的异质性（unobserved heterogeneity），这是条件趋同模型最易遇到的难题之一，特别是由技术差异所引起的异质性。由于在截面回归框架内技术差异很难衡量（伊斯拉姆，2003），为了克服异质性，采取的办法之一是采用面板数据回归模型来控制这种异质性。利用面板数据回归模型研究趋同有几个优势：它除了可以控制初始技术水平的差异之外，还可以控制其他缺失变量；不仅如此，采用两阶段广义矩估计技术，它还可以纠正趋同研究中经常遇到的内生偏误问题（雷伊 & 勒格罗，2009：1259）。由于面板数据模型具有这些优势，这个方法在实证研究中得到了广泛的应用。

从实证研究结果来看，面板数据回归模型得出的结果与截面回归模型有很大的差异。例如，与巴罗 & 萨拉－艾－马丁等人的研究结果相反，拉尔和伊尔马兹（2001）并没有在美国各州之间发现趋同的证据。此外，向均值回归的速度远快于截面回归。例如，通过对欧洲各国的研究，德位富恩特（2000）发现欧洲最大五个国家的趋同速度介于26%到39%之间。

总的来看，面板数据回归得到的趋同速度远快于截面回归。拜德等（2001）指出，在时间序列比较一致而且时间跨度较短的情况下，由于变量滞后的水平值是其一阶差分的弱工具变量，因此，一阶差分广义矩估计值往往存在严重的有限样本偏误。为了克服这个问题，有人建议采用联立广义矩估计量，即把通常的一阶差分方程组与包含滞后一阶差分作为工具变量的水平方程组组合在一起。采用这个估计量进行估计，不管是基于索罗模型还是基于人力资本扩展版的新古典经济增长模型，拜德等（2001）

得出趋同速度均约为2%。因此，他们一方面验证了截面回归得到的低趋同速度，另一方面也表明一阶差分广义矩得到的高趋同速度实际上是由于弱工具变量引起的小样本偏误。

面板数据方法具有两面性。从计量经济学的角度来讲，这种方法比截面回归具有明显的优势：它不但能控制住观察不到的异质性，而且还可以用滞后的解释变量作为工具变量来解决内生性问题。但是，从实际意义的角度来讲，这个优势就变成一种缺陷：剔除各个经济体各自的异质性无异于放弃研究整个截面分布的变化，因为正是这些异质性解释了哪个经济体贫穷哪个经济体富裕，以及随时间变化的模式。总而言之，与截面回归模型一样，面板数据回归模型也无法提供任何关于截面分布变化的信息（马格莱尼，1999）。

### 3. 基于时间序列数据的单位根和协整检验

这种检验方法采用纯时间序列数据或面板数据，把趋同检验转化为单位根和协整检验。在这个研究框架内主要有两种不同的检验方法。第一种是埃文斯和克拉斯（1996a，1996b）利用面板数据开发的一种检验方法：对 $n$ 个经济体，以现有信息为条件，当 $k$ 趋向于无穷时，如果 $y_{1,t+k}$，$y_{2,t+k}$，…，$y_{n,t+k}$ 对其截面均值的偏离趋向于一个常数，那么可以预期这 $n$ 个经济体趋同。用公式可以表示为：

$$\lim_{k \to \infty} E(y_{i,t+k} - \bar{y}_{t+k} | I_t) = \mu_i \qquad (2-2)$$

这个条件当且仅当 $y_{i,t}$ 是非平稳的时间序列、$y_{i,t} - \bar{y}_t$ 是平稳的时间序列时成立。而且，对所有的 $i$，如果有 $\mu_i = 0$，则称存在绝对趋同；如果对某些 $i$，$\mu_i \neq 0$，则称存在条件趋同。当且仅当 $y_{i,t} - \bar{y}_t$ 对所有的 $i$ 是非平稳的时间序列时各经济体是发散的。

埃文斯和克拉斯（1996b）对美国48个相邻州1929—1991年的数据进行实证研究，结果表明存在显著的条件趋同。芬克和司徒里克（1999）对德国的研究也得出类似的条件趋同的结论。

在基于时间序列的单位根和协整检验的趋同研究框架之内，伯纳德和德罗夫（1995）采用另一种定义。他们先把各个经济体的产出表示为：$a(L)y_{i,t} = \mu_i + \varepsilon_{i,t}$，其中，$a(L)$ 在单位周期上有一个单位根，$\varepsilon_{i,t}$ 是均值为零的平稳过程，这样同时考虑了确定性和随机趋势。于是，给定一个时间点，如果经济体之间的人均收入的预测值相等：$\lim_{k \to \infty} E(y_{i,t+k} - y_{j,t+k} | I_t)$

=0，则称经济体之间存在趋同。同样，如果两个经济体之间的人均收入的预测值相等，则定义这两个经济体趋同。这样，就可以区分成对经济体之间的趋同和所有经济体之间的趋同。与埃文斯和克拉斯（1996a，1996b）的方法一样，在操作层面上，该检验方法也把趋同研究转化为单位根和协整检验（伯纳德＆德罗夫，1995、1996）。

运用这个方法，兹尔纳斯（2001）对1929—1997年的美国数据进行检验，结果并没有发现地区之间存在趋同。很显然，对相同的数据采用不同的方法进行检验，得出不一致的结论。对此，伯纳德和德罗夫（1996）的解释是时间序列方法对趋同的定义更加严格。

至于为何上述两种时间序列方法得出不同的结论，纳哈和因德（2001）的解释是趋同定义与产出差序列的平稳性之间的联系存在不一致。就伯纳德和德罗夫的方法而言，他们发现某些非平稳的 $y_{i,t} - y_{p,t}$ 序列能符合趋同的定义，这说明平稳性检验无法拒绝虚拟的单位根假设，从而错误地得出不存在趋同的结论。同样的结论也适用于埃文斯和克拉斯的方法，根据他们的观点，趋同的充要条件是每个 $y_{i,t}$ 非平稳，而 $y_{i,t} - \bar{y}_t$ 是平稳的时间序列，然而，纳哈和因德（2001）再次表明，一个非平稳的时间序列 $y_{i,t} - \bar{y}_t$ 也能满足其定义，这就说明平稳性并非趋同的必要条件。

上述三种基于回归的趋同研究方法除了各自存在的不足之外，还有几个共同的缺陷。首先，回归法只关注所谓的 β 趋同概念，把注意力集中于代表性经济的行为。换句话说，回归类方法只检验结果，忽略过程。因此，基于这类方法的趋同研究仅仅有助于理解经济是否向自己的稳态过渡，而未能提供任何截面分布变化的信息，而这一点恰恰至关重要。基于此，一些学者认为基于回归的 β 趋同是一个与实际趋同无关的概念，即增长速度与初始水平之间的负相关并不能导致截面变异的减少（奎恩，1996a）。其次，为了弥补回归法存在的不足，一些学者把 β 趋同检验与截面离散程度分析结合起来：如果离散程度下降，则称为存在 σ 趋同（巴罗＆萨拉-艾-马丁，1991）。σ 趋同常用截面方差或标准差来表示：$\hat{\sigma}_t^2 = 1/(n-1) \cdot \sum_{i=1}^{n}(y_{i,t} - \bar{y}_t)^2$，其中 $\bar{y}_t$ 表示 $t$ 期的截面观测值均值。实际上 σ 趋同与 β 趋同存在一定的联系：$\sigma_t^2 = (1-\beta)^2 \sigma_{t-1}^2 + \sigma_\varepsilon^2$，其中 β 和 $\sigma_\varepsilon^2$ 的含义见式（2-1）。如果 $0 < \beta < 1$，这个差分方程是稳定的，可以求得稳定状态的方差：$\sigma_*^2 = \sigma_\varepsilon / [1 - (1-\beta)^2]$，因此，稳态的截面方差

随β的增加而减少，随初始方差$\sigma_e^2$的增加而增加。与β趋同一样，σ趋同研究具有许多缺陷：①β趋同并不一定导致σ趋同，在存在β趋同的情况下，σ趋同与σ趋异都有可能发生；②一个既定的标准差显然可以对应多种截面分布状况，或者说，标准差掩盖了多峰或双峰等分布特性，而实际上区分是哪一种分布极其重要；③这个测度只关注分布的二阶矩，而没有涉及其他重要的矩，比如偏度和峰度；④这个测度无法提供分布内部的流动性方面的信息。

（二）分布动态法

鉴于上述各种回归方法存在缺陷，奎恩（1996a，1996b，1997a）等建议采用分布动态法（distribution dynamics）来研究趋同问题，从而在趋同研究领域掀起了一股新的热潮。不同于回归法中隐含的代表性经济的假定，分布动态法把趋同研究的重点转向整个截面分布的演变，重点关注分布内部的动态变化，以及分布的长期行为，即遍历密度（ergodic density）（简称极限分布）。上述两类方法由于关注的重点不同，导致采用的具体统计技术也存在明显差异。

令$F_t$表示一个$t$期的截面分布，那么，刻画这个截面分布动态变化最简单的办法是非时变转移概率的一阶马尔科夫过程（a first-order Markov process with time-invariant transition probabilities）：$F_{t+1} = M \cdot F_t$，其中，$M$表示一种投射关系，它把分布从$t$期投射到$t+1$期，从而跟踪$F_t$上的各点在$F_{t+1}$上的位置。鉴于非时变（time-invariant）的假定，通过对上式的迭代可以得到未来各期乃至极限分布：$F_{t+\tau} = M^\tau \cdot F_t$，$\tau = 1, 2, \cdots$。在这个框架内，趋同研究主要有两个目的：第一个目的是估计$M$，从而得到地区间收入（或其他变量）变化的黏性（persistence）；第二个目的是求得极限分布，从而得到最终的变量分布状况：如果最终分布集中于一个点，那么就表示存在全局性趋同；如果集中于两个点，则表示分布趋向于两个不同的趋同俱乐部（convergence clubs），即发生了俱乐部趋同，依此类推。

1. 马尔科夫链

作为这个模型的离散版本，可以对$F_t$分布进行分段，即所谓的离散化，从而得到一定数量的状态。① 在这种情况下，运算子$M$可以理解为一

---

① 具体的分段方式可以根据实际情况而定，既可以是等间距划分，也可以是等样本数划分。

个（时齐有限）马尔科夫过程的转移概率矩阵，该矩阵中的每个元素（$i$，$j$）表示一个地区单位从状态 $i$ 转移到状态 $j$ 的一步转移概率，于是就得到一个典型的马尔科夫链（Markov chain）。

从实证研究来看，奎恩（1996a）对美国的研究表明，状态之间存在很高的流动性（即很低的黏性），极限分布不存在双峰的迹象；奎恩（1996c）对欧洲的研究发现，宏观经济因素和地理溢出效应都有助于解释截面分布的动态变化，但是，相比之下，后者的解释力大于前者；洛佩斯巴佐等（1999）对欧洲进行研究，发现在低收入状态存在相当高的黏性，表明存在贫穷陷阱（poverty trap）；芬格尔顿（1999）得出不同的结论，认为欧洲收入的极限分布存在多个稳定状态，即存在多个趋同俱乐部。

与回归法相比，马尔科夫链不但能刻画截面分布及其内部变化动态，而且可以衡量截面流动性，并得到极限分布状态，因此具有独特的优势。但是，这个方法也存在两个明显的不足：首先，它假定数据产生过程是时不变（time invariant）的，并满足马尔科夫特性，而实际的经济数据往往不能满足这个条件。其次，离散化过程容易导致偏误。在马尔科夫链框架内，所推断出来的分布动态行为及其启示依赖于截面分布的离散化方式，因此，研究结果对离散化方式很敏感。不仅如此，许多经济数据本身是连续数据，离散化过程自然会导致信息的损失。

2. 随机核

为了彻底克服马尔科夫链存在的问题，奎恩（1996b，1997a）认为应该完全摆脱离散化，并建议用随机核（stochastic kernel）来代替转移矩阵。

在上述马尔科夫链的离散化过程中，如果无限地缩小各状态所包含的区间直至连续，那么所对应的转移概率矩阵就包含无限多个行和列，在这种情况下，就可以把运算子 M 看成是一个描述截面分布随时间演变的随机核或转移函数。在这个基础上，就可以通过考察 $t+1$ 期分布相对于 $t$ 期的变动来研究趋同。

从实证研究来看，约翰逊（2000）采用这种方法对美国进行研究，结果发现了趋同存在的证据，这也从一个方面印证了奎恩（1996a）的结论。马格莱尼（2004：2741—2796）采用这种方法对欧洲进行研究，发现在中低收入地区之间存在一定流动性的同时，欧洲各国 1980—1995 年最明显的特征是黏性。

相对于马尔科夫链，随机核方法是在连续空间的框架内研究趋同问题，从而避免了离散化过程导致的信息损失，这是一个很大的进步。但是，需要指出的是，在运用随机核方法的时候，许多假定仍然延续马尔科夫链方法，比如时间不变和马尔科夫特性。在空间条件下，随机核方法还存在其他缺陷。此外，不管是马尔科夫链还是随机核，纯粹的分布动态方法更接近于描述性统计，既缺乏足够的统计检验力，也缺乏解释能力。奎恩（1996c，1997a，1997b）所建议的条件方法（conditioning scheme）虽然在一定程度上弥补了解释力不足的缺陷，但是这种条件方法显得较为随意，缺乏坚实的理论基础；不但如此，在解释变量多于一个的情况下，把多个解释变量纳入模型非常困难，甚至不可能做到。

## 五　空间趋同相关研究

20世纪90年代以后，一方面是由于经济增长模型由封闭式向开放式转变，另一方面是由于空间计量经济学的发展，趋同研究逐渐开始考虑空间效应。

### （一）基于回归法的空间趋同相关研究

最近20年，经济增长研究领域存在一个明显的趋势，即研究范式由传统的封闭式转向开放式。这一方面是由于越来越多的经济学家意识到经济一体化带来的影响，认为要素流动和地区间贸易会促进经济间的趋同；另一方面是由于研究对象的转变：由原来的国家间趋同研究转向地区间趋同研究。正是在这个转变过程中派生出一个方法论的挑战：由于国家之间的要素流动受多种因素的限制，传统的对国家间趋同的研究可以假定国家是封闭的。但是，在国家内部的各地区之间，劳动力、资本等要素通常是自由流动的，在这种情况下再假定地区是封闭的就不符合实际。因此，在研究范式由封闭走向开放的过程中，地区间趋同研究就有必要在现有研究的基础上明确考虑空间效应。

有意思的是，在趋同研究面临挑战的同时，空间计量经济学和空间统计学迅速发展。因此，这两个研究领域之间的交叉融合自然就派生出一个经济学实证研究领域：空间趋同研究。这个领域的研究既提出一系列具有挑战性的方法论问题，同时也推动空间增长和趋同研究的发展。

前文指出，基于新古典经济增长理论的截面回归存在许多问题，除了前文指出的不足之外，德罗夫等（2005：36）特别质疑通常的误差项独立同分布假定，并认为很多回归方法所导致的问题实际上都可以归结为对可交换性（exchangeability）的违反。参数异质性（parameter heterogeneity）和解释变量的缺失都会导致非交换性（non-exchangeability）。之所以要在趋同研究中考虑空间效应，主要是因为在众多违反可交换性假定的情形中，空间效应是其中非常重要的一种（Ertur & Koch，2007）。在截面回归框架内，由于各观测值是根据空间模式排列的，在这种情况下，独立同分布的假定就显得过于严格（雷伊 & 勒格罗，2009：1255）。常见的空间效应包括空间自相关（空间依赖）和空间异方差。安瑟林和雷伊（1991）区分两种空间依赖：实际空间依赖（substantive spatial dependence）和随机干扰性的空间依赖（nuisance spatial dependence）。前者反映的是明确的空间互动效应，比如技术的溢出和要素流动；后者则主要是由测量误差所引起的。

1. 空间趋同研究中的空间依赖

如前文所述，在回归模型中纳入空间自相关的方式主要有空间滞后模型、空间误差模型和高阶空间模型。

空间滞后模型主要是把实际空间依赖纳入模型，考虑空间滞后效应的截面回归模型可以写成：

$$(1/T)\ln[y(t)/y(0)] = c - (1 - e^{-\beta T})/T \cdot \ln y(0) + \lambda W \ln[y(t)/y(0)] + X_1\delta_1 + X_2\delta_2 + \varepsilon \quad (2-3)$$

可以简化为：

$$y = \rho W y + X\delta + \varepsilon \quad (2-4)$$

式（2-4）中，$y$ 为 $N \times 1$ 向量，在增长模型中是指经济增长速度；$W$ 为 $N \times N$ 空间加权矩阵；$X$ 为 $N \times n$ 矩阵，包括式（2-3）中 $X_1$ 和 $X_2$；$\varepsilon$ 为 $N \times 1$ 向量，$\varepsilon \sim i.i.d.(0, \sigma_\varepsilon^2)$；$N$ 为样本容量；$n$ 为包括截距的所有解释变量的数目。这种设定的目的是控制地区发展过程中由于作用于空间相关的初始值的趋同机制所导致的空间依赖。或者可以理解为，在控制人均收入的初始值和其他解释变量之后，一个地区的经济增长速度与周边地区的经济增长速度之间的关系。由于空间滞后项是内生的，因此它总是与 $\varepsilon$ 相关。[1]

---

[1] Anselin, L., "Lagrange Multiplier Test Diagnostics for Spatial Dependence and Spatial Heterogeneity," *Geographical Analysis*, Vol. 20, No. 1, 1988a, pp. 1—17.

与空间滞后模型稍有不同的是，空间误差模型主要是把随机干扰性的空间依赖纳入模型。在空间计量经济学中，空间误差模型可以有两种设定方式：空间自回归和空间移动平均模型，其中，前者的应用远比后者广泛。空间误差自回归模型可以表示为：

$$y = X\delta + \varepsilon; \varepsilon = \lambda W\varepsilon + u, u \sim i.i.d.(0, \sigma_u^2 I_N) \quad (2-5)$$

空间移动平均模型可以表示为：

$$y = X\delta + \varepsilon; \varepsilon = \lambda Wu + u, u \sim i.i.d.(0, \sigma_u^2 I_N) \quad (2-6)$$

这两个模型在误差项正态假定下都可以采用极大似然法估计；也可以采用广义矩法进行估计（芬格尔顿，2008）。

上述空间滞后模型和空间误差模型已经广泛应用于研究许多国家和地区的经济趋同问题（巴齐尔，2008）。从研究结果来看，绝大多数研究都发现显著的空间效应。比如，雷伊和蒙拖雷（1999）对美国48个相邻州1929—1994年的数据进行研究，发现人均收入的水平值和增长率数据都呈现显著的空间依赖；同时，研究还表明传统的回归模型由于忽略空间依赖会导致模型误设。

2. 空间趋同研究中的异质性问题

观察不到的异质性是条件趋同研究中最易遇到的难题之一，特别是由技术差异所引起的异质性。如前文所述，实证研究中经常采用面板数据模型来应对这个问题。具体来讲有两个办法。第一个办法是通常的直接估计法。这种方法的缺陷是不能得到一致的固定效应估计值。[①] 第二个办法是"两步法"：先对原始数据进行空间过滤（spatial filtering），再对过滤后的数据采用通常的面板数据技术进行估计。"两步法"的优势很明显：不但思路清楚，而且操作简单。但是，这种方法也存在一些不足：首先，通过两步法得到的估计值的特点不清楚；其次，这种方法实际上把空间自相关视为一种干扰，而事实上空间自相关有时候是一种实际空间依赖，具有实际意义，是一种确实的关系而非干扰，因此，两步法显得较为武断。

上述的异质性主要涉及初始水平，而实际上异质性还可能涉及回归参数。从实证研究来看，在大样本研究中绝对 $\beta$ 趋同的假定往往被拒绝，而在有一定限制性的亚样本中 $\beta$ 趋同的假定往往被接受，这个结果可以认为

---

① Anselin, L., Le Gallo, J., and Jayet, H., *Spatial Panel Econometrics*, Berlin Heidelberg: Springer-Verlag, 2008, pp. 625—660.

存在俱乐部趋同。也就是说，模型参数的异质性可以理解为存在多个趋同俱乐部。在经济增长研究中，这可以解释为存在多个稳态均衡。

（二）基于探索性空间数据分析方法的空间趋同研究

与传统的回归法一样，传统的探索性数据分析往往也是基于严格的独立同分布假定。但是，在空间状态下，这些假定往往不符合实际，因此，最近一些研究开发出探索性空间数据分析技术，明确考虑了空间数据的特点。此外，还有一些研究在此基础上考虑了动态变化，于是派生出探索性空间—时间数据分析技术。

如前文所述，传统的趋同概念除了 $\beta$ 趋同之外，还有一个基于分布离散程度及其变化趋势的趋同概念，即 $\sigma$ 趋同。$\sigma$ 趋同研究除了前文提到的缺陷之外，在空间条件下还有两个严重的缺陷：①识别问题。假定一个包含 $N$ 个地区（观测值）的样本，给定一个 $\sigma_t^2$，可以有 $N!$ 个空间排列与之相对应。②误差的独立同分布假定问题。与基于回归模型的 $\beta$ 趋同一样，空间依赖的存在使得 $\sigma$ 趋同问题复杂化。比如，雷伊和德夫（2006）研究了空间依赖对 $\sigma$ 趋同测度的影响，结果显示，除了 $\beta$ 系数和初始方差水平之外，样本方差值同样会反映空间滞后的水平和结构。更具体来讲，如果数据产生过程是空间滞后设定，那么样本方差值对空间滞后参数和空间加权矩阵的结构很敏感。因此，在空间背景下，这些额外的因素使得对作为 $\sigma$ 趋同测度的样本方差的理解更加复杂化。

（三）基于分布动态法的空间趋同研究

1. 空间背景下的马尔科夫链方法

如前文所述，马尔科夫链是一种常用的分布动态研究方法，但是，其转移概率的估计基于严格的假定，包括转移的时齐性（time-homogeneity）和独立性（independency）。转移独立性假定意味着在估计一个经济体从一个状态转移到另一状态时，不考虑周边因素的影响。也就是说，马尔科夫链要求空间独立和空间同质性，即不存在空间依赖和空间异质性。在空间背景下，这个假定往往不符合实际，比如，马格莱尼（1999）表明干扰性的空间依赖对研究结果产生显著的影响。

鉴于这些过于严格的假定，雷伊（2001）对传统的马尔科夫链方法进行扩展，提出空间马尔科夫链方法。其具体做法是，在估计转移矩阵时，以每个经济体的空间滞后值为条件，因此，实际上是一种条件概率。从实证研究来看，空间马尔科夫链已得到比较广泛的应用。比如，雷伊

(2001) 研究了1929—1994年美国48个州经济趋同问题,结果表明,当一个收入水平低的经济体与收入水平更低的经济体为邻时,该经济体向上移动的概率较低,反之则较高;同样,当一个收入水平较高的经济体与收入水平较低的经济体为邻时,向下移动的概率较大,反之则较低。此外,勒格罗(2004)研究了欧洲各地区的趋同问题。

作为对传统马尔科夫链的扩展,空间马尔科夫链具有一定的优势,但是,这个方法也有问题。首先,空间马尔科夫转移矩阵尽管在一定程度上考虑了空间效应,但它仍然对数据产生过程施加严格的限制,而且离散化过程也会改变马尔科夫特性。其次,在一个包含 $k$ 个状态的空间马尔科夫链中,需要估计 $k^3$ 个转移概率,而传统的马尔科夫链只需要估计 $k^2$ 个,这就对样本量提出额外的要求,如果样本量不够,会导致在估计某些转移概率时只有很少甚至零样本数,从而影响估计质量。再次,即便是在大样本情况下,由于样本分布不均匀,会导致落入某些类别的样本数偏大,另一些又偏少,导致估计质量很难评价。最后,空间马尔科夫链中的转移概率实际上是一种条件概率,这本身不是问题,但是,这个条件概率的估计始终以初始值的空间滞后为条件,而没有随着转移的进行而调整,也就是说它不考虑空间滞后的转移问题,而且一旦要真正随着矩阵的转移不断改变这个条件值,就意味着需要估计 $k^4$ 个转移概率,这再一次对样本量提出额外的要求(雷伊 & 勒格罗,2009:1267—1269)。

2. 截面流动性研究

很显然,截面流动性(cross-sectional mobility)是趋同的必要条件,因此,流动性研究可以说是趋同研究中必不可少的一个环节。常用的衡量截面流动性的方法主要有两种:第一种由肖洛克斯(1978)提出,它基于传统的马尔科夫转移矩阵中各元素的估计值:$SI = (k - \sum_i p_{ii})/(k-1)$,其中 $k$ 表示类别。这个统计量的取值区间为 $[0, k/(k-1)]$,其中 0 表示完全缺乏流动性,$k/(k-1)$ 表示极大的流动性。这个统计量反映的是类流动性,也就是从某个状态向另一个状态转移的频繁程度,因此,这个测度取决于分类方式,有一定的随意性。第二种是等级流动性测度(rank mobility measures)。这种测度试图克服马尔科夫链方法离散化过程的随意性,以提供一个更加全面的衡量截面分布流动性的方法(韦伯 et al.,2005)。其中一个常用的测度是 Kendall 等级相关统计量:$\tau = 2(n_c - n_d)/(n^2 - n)$,其中 $n_c$ 表示一致数对(concordant pair)的数目,$n_d$ 表示非一致数对（discordant pair）的数目。如果所有的数对都是一致的，那么 $n_c = (n^2 - n)/2$，$n_d = 0$，于是 $\tau = 1$；反之，如果所有的数对都不一致，则 $\tau = -1$。雷伊（2004）按照地区是否在空间上相邻把一致数对和非一致数对进行分解，通过这种方式引入空间维度，使之可以用于空间环境下截面流动性的测量。

上述两个统计量都有信息损失问题，这是因为，许多经济数据是定比数据，而不管是马尔科夫链的分类还是 Kendall 的排序都把定比数据转化为定序数据。

一些图示方法实际上也可以用来定性地描述流动性，常用的有与 LISA 密切相关的 Moran 散点图。与 Moran 散点图相类似的还有雷伊和叶（2010）的空间—时间路径图（space - time paths），它刻画了某个经济体或地区单位在空间变化的时间路径。

## 六 消费趋同相关研究

前文介绍的趋同研究基本上是基于经济学视角，尽管经济学视角的趋同研究已经扩展到许多学科领域，但是，消费趋同研究基本上还是局限于管理学范畴。不过需要指出的是，在管理学尤其是在更加具体的市场营销研究领域，趋同的含义不同于经济学领域。瓦伊德扎曼（Waheeduzzaman, 2011）认为可以在标准化—采用（Standardization - Adaptation, S - A）和扩散（diffusion）研究中找到与趋同最接近的概念。近年来标准化—扩散研究相关文献集中研究 4Ps 策略与营销规划变量（德姆崔斯，斯拉奈 & 拉姆普莱诺，2009）。在这些研究中，趋同等同于标准化，即标准化程度越高，趋同的程度也越高。

在扩散研究中，扩散的过程也与趋同有关：当一种产品开始扩散时，某种形式的趋同机制便开始在创新型消费者与模仿型消费者之间产生。扩散研究起源于巴斯（Bass, 1969）。巴斯模型（Bass model）、扩展的巴斯模型把消费者分为两大类：创新型消费者（innovator）和模仿型消费者（imitator/adopter）。扩散模型认为，在一个社会系统中，创新型消费者消费某种新产品的行为不受其他人的影响，而模仿型消费者则受其他人的影响；不仅如此，创新型消费者越多，模仿型消费者感到的压力就越大。

扩散模型已经广泛运用于研究各个国家在各种产品消费上的扩散行为，通过对模型中创新系数和模仿系数的估计，可以确定扩散的速度和扩散模式（Talukdar, Sudhir & Ainslie, 2002）。

从具体的研究结果来看，克莱门茨（Clements & 陈，1996）发现，尽管收入不同，但是经合组织国家与发展中国家在多种产品的消费上存在相似性；安古洛、吉尔、格拉西亚（Angulo、Gil & Gracia, 2001）通过协整检验比较欧洲各国的收入弹性和卡路里弹性，发现存在一定程度的趋同性，并认为各国的自身因素仍然是影响消费的重要因素；孔伊尔和欧哈斯（2007）发现经合组织国家在一系列高度不同的产品和产品组合上存在消费模式的趋同性；拉格米（Regmi）、特克斯玛（Takeshima）和尤尼瓦（Unnevehr, 2008）发现全球食品消费存在趋同性；艾泽曼和布鲁克斯（2008）检验了38个国家啤酒和葡萄酒消费的趋同性，发现葡萄酒的趋同程度高于啤酒；米尔崔、史密斯（Mitry & Smith, 2009）研究了白酒消费的趋同性，也找到了趋同的证据；瓦伊德扎曼（2011）研究了1980—2009年G7与12个主要新兴市场国家之间在八大类消费上的趋同问题，发现新兴市场国家正在向发达国家靠近，尽管趋同的速度比较缓慢。

从具体的研究方法来看，上述消费趋同研究除了采用简单的数据列表之外均采用线性回归，显得比较简单。正如瓦伊德扎曼（2011）所指出的那样，尽管对消费趋同的研究可以采用管理学范式，但是，相比之下，基于计量经济学的经济学范式更加具有吸引力。

至于趋同的内在原因，经济学视角的收入趋同研究侧重于用全要素规模报酬递减等角度来解释，而管理学视角的消费趋同研究则倾向于从收入和社会文化方面来解释。因为消费除了是一种经济活动之外，还是一种社会和文化体验，人们通过在社会里生活而学会消费，因此它受我们所在社会的文化、态度、相关群体等因素的影响（de Mooij, 2003），它也受我们个体和群体所经历的社会和文化变化的影响（Dholakia & Talukdar, 2004）。因此，在消费趋同问题的研究上，经济分析要与社会和文化体验相结合，来深刻理解趋同的性质。

社会影响的背后实际上是学习和模仿机制在发生作用（DeKimpe、Parker & Sarvary, 2000）。这种学习既可以是直接的，也可以是间接的。这种学习和模仿机制可以从社会心理学中找到依据。社会心理学广泛采用参照组来描述和解释人际关系和社会对个人态度、意愿和行为的诸多影响。许多社会学家认为这种关系因素是消费的重要动机。

市场营销和其他社会学科的实证研究都表明，参照组对个体消费者的态度、偏好和行为具有显著的影响（James，2000）；不但如此，这种影响会由个体层面转化为市场甚至国家层面（Dholakia & Talukdar，2004）。

## 第二节 国内相关文献综述

### 一 国内经济趋同研究

从研究内容来看，国内的趋同研究主要集中于经济学框架之内，但即便如此，涉及的范围也相当广泛。

从研究对象来看，既有国家间趋同，也有国内省际趋同。例如，朱俊峰和王健（2010）研究了东盟各国的经济增长趋同性；林毅夫和刘明兴（2003）等研究了省际经济增长的趋同问题；谷国锋和张晶（2010）、张伟丽等（2011）研究了城市之间的经济趋同。

从研究性质来看，有些研究偏向于检验性质，如林坚和杨奇明（2010）；有些研究偏向于解释性质，如朱晶和藤瑜（2010）；也有些研究同时具有检验和解释性质，如朱俊峰和王健（2010）。

从研究方法来看，σ 趋同检验经常采用某个指标或统计量，如冯邦彦和邵帅（2010）采用 Moore 系数，β 趋同检验主要基于回归。如刘兴凯和张诚（2010）等采用截面回归，早期的研究多采用这种方法。相对来讲，面板数据回归模型是目前国内趋同研究的主流方法，如朱俊峰和王健（2010）；也有文献采用基于时间序列的单位根和协整检验来研究趋同，如金晓彤和闫超（2011）等。与基于回归的参数法不同，采用分布或分布动态方法研究趋同在国内还不是主流研究方法，但是发展迅速，如张纯记（2011）。

由于绝大多数研究都不支持全局性趋同的假定，于是很多研究转向寻找俱乐部趋同。在研究俱乐部趋同时，自然涉及俱乐部数目的确定问题，国内研究常用的方法主要有两种。第一种是外生法，如先采用先验的方法把全国分为东部、中部和西部三个俱乐部，然后分别拟合模型进行验证。第二种是内生法，如覃成林和张伟丽（2009）采用分类回归树分析，避免了随意性。另外，林坚和杨奇明（2010）采用西尔弗曼的检验方法来区分单峰与双峰，这个方法在统计意义上比较明确，但是无法区分两个以上的峰。

从研究结果来看，绝大多数研究拒绝中国区域经济存在绝对趋同的假定，而认为存在条件趋同或俱乐部趋同。对经济增长之外的趋同研究也得出类似的结论。但是，对到底存在条件趋同还是俱乐部趋同看法并不一致。许多研究表明趋同具有明显的阶段性和区域性，如张纯记（2011），因此无法给出一个明确的结论。与此相反，王志刚（2004）等明确对中国经济增长的趋同趋势提出质疑。

## 二 国内考虑空间效应的经济趋同研究

最近几年，随着空间计量经济学的广泛应用，国内在趋同研究领域也有许多文献明确考虑空间因素的影响。这些文献在研究方法和研究对象方面并不完全相同，但是往往得出两个相同的结论：一是我国各地区或城市之间存在空间效应；二是各地区或城市之间存在趋同的态势。例如，何江和张馨之（2006）采用空间马尔科夫链方法，从时间动态性和空间动态性两个维度对我国各省份收入分布的演变进行分析，结果表明区域收入分布呈现出多俱乐部趋同的态势。孙洋（2009）发现，三大区域各城市在经济增长过程中存在显著的空间效应，区域内部条件相似的城市之间经济增长过程具有明显的相互促进作用。汪增洋和豆建民（2010）采用参数和半参数空间计量经济学模型研究了空间依赖对我国城市经济增长趋同的影响，研究发现，空间依赖有利于促进城市间经济增长的趋同。董冠鹏等（2010）在研究京津冀都市地区经济趋同时明确地考虑了空间效应，结果表明，京津冀都市地区整体上存在微弱的趋同态势。史修松和赵曙东（2011）在考虑空间依赖性之后，发现我国省区市经济增长呈现较为显著的全局性趋同。张伟丽等（2011）等对我国329个地市经济增长的空间俱乐部趋同假说进行检验，结果表明存在两个趋同俱乐部。白雪梅和赵峰（2011）的研究结果表明，空间面板数据模型比通常的截面回归和面板数据模型更加有效地衡量了我国省区市经济发展过程中存在的空间相关性和异质性特征。尹希果和孙惠（2011）的研究结果表明，在控制了空间依赖性、居民消费水平及增速等差异之后，我国省区市经济增长呈现出趋同性。

## 三 国内消费相关研究

国内消费研究总体上可以分为定性研究和定量研究两大类。与其他经济学研究领域一样，国内在消费需求研究方面，定性研究逐渐减少，定量研究逐渐增多，并逐渐成为该领域研究的主流。与国外一样，国内现有消费方面的定量研究也可以分为两大类：一类是宏观视角的总量消费模型；另一类是微观视角的需求系统模型。

在总量消费理论研究方面，产生了多个消费函数，包括邹至庄消费函数、张风波函数、王于渐函数、秦朵函数、厉以宁函数和李子奈函数等。

在总量消费实证研究方面，臧旭恒（1994：16—160）根据我国城乡居民消费行为的特点拟合了分阶段的中国消费模型；刘建国（1999）通过对我国城乡居民消费倾向的比较分析，探讨农村居民消费倾向偏低的原因；戎刚和姚勇（2000）在比较分析凯恩斯、杜森贝利、莫迪里安尼等人的消费函数的基础上建立一个较为宏观的中国农户消费函数；刘文勇（2005）分别基于绝对收入假说、相对收入假说、持久收入假说和生命周期假说拟合消费模型；马树才和刘兆博（2006）基于跨期效用最大化建立宏观消费模型；周建和杨秀祯（2009）利用农村消费支出的时间序列数据构建了具有城镇"示范性"影响效应的农民消费行为理论模型，并通过结构突变诊断及实证检验，发现城镇居民对农村居民的消费具有显著的示范影响。

国内消费研究领域值得关注的一个研究方向是消费约束，这方面的研究实际上是对理性预期消费理论、预防性储蓄理论和缓冲存货储蓄模型的检验或应用，如周建（2005）、朱信凯（2005）、杭斌（2009）。在总量消费研究方面，由于许多实证研究得出不理想或不太一致的结果，于是一些研究尝试更加柔性的方法。比如，陈娟等（2008）通过分位数回归对农民消费行为的影响因素进行了分析。

最近十年，由于越来越多的研究者意识到需求系统模型不但对应于消费结构分析，而且能提供更加具体的决策参考，因此，这种研究方法越来越流行，所占的比重也不断上升。例如，臧旭恒等（2001：134—162）分别用 ELES 模型和 AIDS 模型研究我国农村居民的消费结构问题，并与城镇居民进行了比较；孙凤（2002：261—283）用 LES 模型研究了我国城镇居民消费结构的特点，并根据地区和收入进行对比分析；管福泉（2005）分别拟合浙江省城乡居民的 ELES 模型，以比较城乡消费结构的差异；郭爱君和武国荣（2008）在 AIDS 模型中引入虚拟变量，发现地区虚拟变量对食品、衣着和交通等消费的支出份额有显著的影响；陆文聪和梅燕（2008）用 ELES 模型研究城乡居民的畜产品消费结构问题；陈林兴（2010）基于 AIDS 模型的拟合结果，根据价格弹性和支出弹性的相对大小，认为扩大我国农村居民消费需求的侧重点应该放在家庭设备用品、交通通讯和居住类消费上；黄祖辉和陈林兴（2010）利用浙江省的数据拟合 AIDS 模型，以检验消费行为的稳定性问题，结果表明浙江农村居民消费行为总体上并没发生显著的结构性变化。

总体来看，与国际主流研究相比，国内现有消费研究不管在内容上还是在方法上都存在一些不足：①在内容上，主要是从宏观角度研究消费与收入之间的关系，只有少数研究把其他重要的相关影响因素（比如价格、相关产品的价格、收入差距、流通环境等）纳入模型，这使得研究结果的政策借鉴意义受到限制。②在研究方法上，基于计量经济学模型的实证研究也存在许多问题：首先，基于时间序列数据的回归很少检验协整性，容易产生"伪回归"，导致误导性的结果；其次，在模型设定上绝大多数采用固定系数模型，而实际上由于环境和偏好的差异，消费者的消费模式不可能一成不变，因此，在某些情况下采用变系数的模型设定可能更符合逻辑。

## 四　国内考虑空间效应的消费研究

随着空间计量经济学的发展及其向许多研究领域的扩展，最近几年，国内消费方面的研究也开始考虑空间效应。

苏敬水和马骊（2009）在绝对收入假说框架内采用空间计量经济学模型研究了我国城镇居民的消费问题，结果表明我国城镇居民的人均消费支出水平存在着显著的空间相关性；吴玉鸣和李建霞（2009）利用地理加权回归模型对我国省域电力消费与经济增长之间的关系进行了研究，结果发现我国 30 个省份的电力消费与经济增长之间存在一种非均衡的联动关系，表现出局域性特征；毛瑞华和赵伟（2009）利用空间计量经济学模型研究了四川省 17 个城市的居民家庭可支配收入对生活性消费支出的影响，结果表明，居民家庭可支配收入与生活性消费支出都受到邻近地区的影响，即存在显著的空间效应；苏方林和宋帮英（2010）在一个双对数模型中引入空间效应，来研究我国省域煤炭消费问题，结果表明省域煤炭消费行为存在空间效应；孙爱军（2010）的 Moran's I 统计量检验结果表明，城镇居民的人均消费支出、人均可支配收入和消费价格指数都存在空间自相关，进一步采用空间计量经济学模型研究表明，对我国城镇居民来讲空间滞后模型更加合理；王青和张丽（2010）基于辽宁省14个市的面板数据研究地方政府支出对居民消费的影响，基于Moran's I统计量和基于模型拟合结果的检验都表明存在显著的空间自相关，相对而言，空间误差模型更加合理；尹希果和孙惠（2011）也表明，我国居民消费存在显著的空间依赖性。

### 五 国内消费趋同相关研究

较早研究我国消费趋同问题的是Lyons（1991），他的研究表明我国各地总量消费，用变异系数衡量是趋同的，用标准差衡量是发散的，即$\alpha$发散；万广华（2005）采用面板数据模型研究了我国农村消费的趋同问题，结果表明，全部谷物、精细谷物、食用油、家禽、水产品和糖的消费呈条件趋同，动物脂肪和红色肉食品的消费呈发散状态，收入增加的不平衡和市场的不发达是消费趋同的障碍，趋同商品的趋同速度非常缓慢；孙焕等（2010）采用面板数据模型研究了1997—2007年我国各省份城镇居民七大类消费支出的趋同问题，结果表明七大类消费支出均存在条件趋同，其中收入对衣着消费的拉动作用有减弱趋势，文教和居住消费的趋同速度较快；金晓彤和闫超（2010）的研究表明，我国中部和西部农村居民消费支出呈现出较为显著的趋同特征，而东部则在部分年份表现出趋同性，东部与中部农村居民消费路径表现出部分趋同的态势，东部与西部则呈现出明显的趋异性，这说明我国东部省份与中、西部省份的农村居民消费逐渐拉开差距；金晓彤和闫超（2011）发现东部省份与中、西部省份的城镇居民消费和收入差距呈现出逐渐扩大的态势。

此外，也有个别学者研究空间因素对消费趋同的影响，比如，吴玉鸣和陈志建（2009）、陈志建（2009）。但是，由于这些研究是用回归方法研究趋同，因此就无法避免前文所提到的不足。

## 第三节 本书的方法论挑战和可能的文献贡献

前文从多个方面对相关文献进行综述，可以看出，相关文献相当丰富，但是，尽管如此，本书仍然需要面对许多方法上的挑战。总的来讲，本书需要克服以下几个方法上的困难：

（1）鉴于越来越多的学者建议直接把消费作为评价福利（幸福）的标准，因此，就福利研究而言，研究收入趋同不如直接研究消费趋同。这也正是本书选题的初衷。但是，现有国外相关文献基本上是在管理学框架内研究消费趋同问题，其理论基础主要是心理学和行为科学。也正因如此，样本单位主要是消费者个人。这就涉及两个问题：首先，从个体消费者身上得出的结论能否直接延伸到地区层面？这显然是一个未知数。其次，这种个体层面的研究结果主要有助于企业市场营销策略的设计，而对政府的宏观政策制定可能只具有十分有限的借鉴意义。因此，作为一种补充或对照，有必要在经济学框架之内，从地区层面研究消费趋同问题。从国内来看，尽管有几篇经济学视角的消费趋同文献，但是，其研究方法都局限于回归法。鉴于前文指出的回归法的诸多不足之处，因此，也有必要采取更加有效的研究方法，以得出更加精细、更加具体、更加准确的结论。

（2）通过前文对各种趋同研究方法的介绍，可以知道用随机核研究趋同具有明显的优势，是目前趋同研究领域的前沿研究方法。但是，必须承认，这种方法也有缺陷：首先，随机核方法对数据产生过程施加过多的假定；更加严重的是，随机核是一种描述性统计方法，因此，与其他描述性统计方法一样，缺乏检验功能。这是本书的第一大方法论挑战。本书的解决办法是把随机核与有限混合分布模型（见第五章）结合起来，用混合模型的检验功效弥补随机核的不足，再用分位数回归（见第六章）对随机核和混合模型的研究结果进行解释。因此，本书不是用单一的方法研究趋同，而是采用一个综合的方法体系。

（3）本书研究的31个省份是以一定的模式在空间排列的，为了避免空间因素导致的偏误，就必须考虑空间效应。在通常的回归模型中直接纳入空间效应已有成熟的方法可供选择，包括空间滞后模型、空间误差模型等。但是，如何在上述的方法体系内纳入空间效应，即如何在随机核、混合模型和分位数回归方法中直接纳入空间维度，既缺乏理论依据，也没有现成的文献可供参考。就随机核而言，空间依赖的存在对核条件密度估计值的特性具有复杂的影响（雷伊 & 勒格罗，2009：1278）；同样，在混合模型和分位数回归模型中直接纳入空间效应也都缺乏方法论基础。这是本书的第二大方法论挑战。本书的解决办法是前文提到的"两步法"，即先进行空间过滤以去除空间效应，然后再采用上述研究方法进行研究，就像是在非空间状态下一样。但是，正如前文所指出的那样，"两步法"也有不足之处，其最大缺陷是把空间自相关默认为一种随机干扰，而事实上空间自相关也可能是一种实际的空间依赖，因此显得过于主观。幸运的是，检验结果表明我国农村居民的空间效应基本是随机干扰（见第三章），因此，"两步法"能解决本书的第二个方法论挑战。

（4）由于收入是消费的首要影响因素，因此，有必要在上述研究框架内纳入收入，以研究收入对消费趋同的影响。由于本书的分位数回归本身就是人均消费支出对人均纯收入的回归，因而这不是个问题，但如何在随机核和混合模型中纳入收入就构成本书的第三大方法论挑战。本书的解决方法是采用奎恩（1996c，1997a，1997b）的条件法（conditioning scheme）。

（5）带宽公式的推导问题。随机核在实际应用中一般表示为核条件密度。众所周知，带宽的选择是核条件密度估计中的关键问题，当采用参照规则（reference rules）选择带宽时，会涉及参照分布，包括边际分布和条件分布的分布类型假定问题。对于条件分布，常用的假定是正态分布，这与本书所研究的消费问题并不矛盾；对于边际分布，常用的假定有均匀分布和正态分布，其中，正态分布与本书所研究的消费问题比较一致，而均匀分布假定则完全不符合本书的研究实际。但是，现有文献只给出与传统估计法相对应的带宽计算式，以及与修正估计法相对应、假定边际分布为均匀分布的带宽计算式，而没有给出与修正估计方法相对应的、并且假定边际分布为正态分布的带宽计算式。这是本书的第四大方法论挑战。

（6）空间异质性问题。空间异质性是空间计量经济学研究的主要任务之一，而且是空间趋同研究的主要难题之一。这是因为：首先，很难把空间异质性与空间依赖区分开。安瑟林（2010）认为问题的根源是截面数据尽管可以用来识别观测值的聚集以及聚集模式，但很难提供足够的关于导致这种聚集模式的信息。在实际应用中问题更加复杂，因为对空间自相关的检验对空间异质性具有检验功效，反过来也一样（安瑟林 & 格里菲恩，1988），因而当空间自相关检验结果显著的时候，很难区分到底是由异质性还是由自相关引起的。其次，在确定存在空间异质性之后，如何得到一致的估计又是一个难题。因此，如何应对空间异质性就构成本书的第五大方法论挑战。幸运的是，分位数回归本身就是一种非常稳健的回归方法，空间异质性只对局部结果产生影响；混合模型从某种意义上讲本来就是为了解决异质性问题的,因而空间异质性更不是一个难题;只有随机核方法,可能会受空间异方差的影响,好在空间过滤和收入条件能在一定程度上去除空间异质性,从而减轻空间异质性的影响。

(7)截面流动性测量问题。正如前文所述,在趋同研究中,流动性测量问题非常重要。前文提到的两种现有方法,包括肖洛克斯(1978)提出的测度和Kendall等级相关统计量都有信息损失的缺陷,需要一种更加合理的测度。这是本书的第六大方法论挑战。幸运的是,混合模型研究中的条件概率提供了一个非常理想的解决办法。

上述六大方法论挑战的解决可以视为本书可能的文献上的贡献。

# 第三章

# 我国农村居民人均消费支出的空间自相关检验

## 第一节 引言

既然本书的侧重点之一是研究消费趋同的空间效应①,即空间因素对消费趋同的影响,那么其逻辑前提是:①空间自相关确实存在;②空间自相关确实对消费产生影响。鉴于此,在正式研究我国农村居民的消费趋同性之前,首先必须进行空间自相关检验,以确定空间自相关是否存在及其效应。因此,空间自相关检验就构成了本章的核心任务。

本章的主要内容包括:①基于截面数据的空间自相关检验,其目的是检验空间自相关是否存在;②基于模型的空间自相关检验,其目的一方面是检验空间自相关是否存在,另一方面,在空间自相关存在的前提下,衡量空间自相关对消费的影响;③空间总量消费模型的设定和拟合;④空间分类消费模型(即空间消费结构模型)的设定和拟合。

从方法论的角度来讲,考虑空间效应的必要性主要体现在两个方面:①不管是理论研究还是政策研究,如果空间依赖确实影响消费,那就应该把它与其他自变量一样纳入模型,作为模型的一部分。②在另一种情况下,即便空间依赖本身不直接影响因变量,或者说空间依赖是由测量误差引起的,这时也需要对模型进行相应的设定,以控制这种误差的影响。在实际应用研究中,用于模型估计和设定检验的截面数据经常不完善,特别是存在研究范围与实际观测数据涉及范围之间的不匹配问题,导致空间测量误差,从而导致相邻空间单位的测量误差之间存在空

---

① 空间效应尽管不等同于空间依赖(空间自相关),但由于表述上的习惯,有时候空间效应实际上就是指空间自相关。

间自相关（安瑟林＆伯拉，1998：237—289）。因此，通过空间自相关分析，既可以衡量空间依赖的影响，也可以识别模型是否存在误设或数据不匹配问题。

空间自相关的存在意味着样本包含的信息少于不存在空间自相关的对应样本，为了进行有效的统计推断，在模型估计和诊断时，这种信息的缺失必须要明确地加以考虑（安瑟林＆伯拉，1998：241）。这是应用经济学中空间自相关问题的本质。

## 第二节 空间自相关检验方法

与绪论部分关于空间自相关的定义相比，休伯特等（1981：224）的定义更具可操作性：设矩阵 $Y$ 表示 $Y$ 变量在地域范围 $R$ 内各个实现值之间的所有 $n(n-1)$ 个联系，$W$ 表示 $n$ 个空间单位之间的所有 $n(n-1)$ 个联系，那么，这两个矩阵之间的正（负）关系强度即为空间正（负）自相关强度。

空间自相关检验方法可以分为两大类：一类是基于空间截面数据；另一类是基于空间计量经济学模型。

### 一 基于空间截面数据的空间自相关检验

基于空间截面数据的空间自相关检验有多个统计量可供选择，可分为全局统计量和局部统计量。常用的全局统计量有 Moran's I 统计量和 Geary's c 统计量，局部统计量有柯蒂斯和奥德的 $G_i$ 统计量和 Anselin's LISA 统计量。本书采用 Moran's I 统计量和 Anselin's LISA 统计量，因此，下面主要介绍这两个统计量。

（一）Moran's I 全局统计量

Moran's I 统计量（克利夫＆奥德，1981）可以表示为：

$$I = \frac{n}{\sum_{i=1}^{n}\sum_{j=1}^{n}W_{ij}} \cdot \frac{\sum_{i=1}^{n}\sum_{j=1}^{n}W_{ij}(y_i - \bar{y})\cdot(y_j - \bar{y})}{\sum_{i=1}^{n}(y_i - \bar{y})^2}, i \neq j$$

(3-1)

其中，$y_i$ 表示变量 $y$ 在位置 $i$ 的实现值，$\bar{y}$ 表示 $y$ 的均值；$W$ 表示空间加权矩阵,其不同的设定方式会影响检验结果(富罗拉克斯 & 雷伊,1995),其中,最常用的设定方式是对相邻的空间单位赋值1,其他为0,这样,矩阵 W 由1和0元素构成。在应用性研究中,经常对空间加权矩阵 W 实施行标准化(row standardization),具体做法是把矩阵的元素表示为比率,各行之和为1: $W_{ij}^s = W_{ij} / \sum_j W_{ij}$。行标准化的最大优势是有助于对空间自相关测度和系数的理解,但也存在一些缺陷,比如,如果一个空间单位只有少数几个相邻单位,那么它将被赋予过大的权重,反之则反(泰菲尔斯朵夫 et al., 1999)。

I 的期望值 $E(I) = -1/(n-1)$。Moran's I 是一个针对空间分布随机性假定的检验,即虚拟假设是空间数据呈随机分布,不存在空间自相关,拒绝这个虚拟假设就意味着有一定的把握认为空间自相关是存在的。Moran's I 统计量呈渐近正态分布,因此,其检验的显著性程度可以由正态分布的 z 值来确定。Moran's I 统计量有许多优势:(1)用途广泛。既可以用于对空间分布数据进行检验,也可以用于对计量经济学模型的残差进行检验。当然,这两种情形下的统计量表达式稍有不同。安瑟林(2006)认为这个统计量适用于多种空间自回归模型,既可以用于检验全局自相关,还可以用于检验局部自相关。(2)高灵活性。由于空间加权矩阵 W 可以采用多种形式,因此,这个检验统计量对空间系统没有限制[①]。

(二)局部统计量 LISA

安瑟林(1995)提出了 LISA(Local Index of Spatial Association)统计量,其目的是对全局统计量进行分解,以确定那些对空间自相关产生重要影响的观测值或异常值。这个局部统计量 $I_i$ 是在借鉴 Moran's I 基础上提出的,两者具有密切的联系,具体来讲,全局统计量 Moran's I 可以视为局部统计量 $I_i$ 的加权平均,两者之间的关系遵循一个比例因子(factor of proportionality)。[②] 局部统计量 LISA 可以表示为:

$$I_i = \frac{y_i - \bar{y}}{\frac{1}{n}\sum_{i=1}^{n}(y_i - \bar{y})^2} \sum_{j=1}^{n} W_{ij}(y_i - \bar{y}), i \neq j \quad (3-2)$$

---

① 泰菲尔斯朵夫 和 Boots(1995, 1997)和 Hepple(1998)对 Moran's I 统计量的特性作了详细的讨论。

② Getis, A., *Spatial Aotocorrelation*, Berlin: Springer - Verlag, 2010, pp. 255—278.

比例因子为：

$$\gamma = \frac{1}{n} \sum_{i=1}^{n} \sum_{j=1}^{n} W_{ij} \sum_{i=1}^{n} (y_i - \bar{y})^2 \qquad (3-3)$$

$I_i$ 的期望值为 $E(I_i) = -\frac{1}{n-1} \sum_{j=1}^{n} W_{ij}$。当运用 LISA 进行局部空间自相关检验时，既可以采用 $I_i$ 分布的矩，也可以采用随机模拟（如自举法）。相比之下，安瑟林（1995）更倾向于后者，这是因为可能存在的全局自相关会影响对 $I_i$ 的解释。

## 二 基于空间计量经济学模型的空间自相关检验

### （一）空间自相关模型的设定

在空间计量经济学中，空间自相关的模型设定方式主要有三种，其设定的模型分别称为空间滞后模型（spatial lag model）、空间误差模型（spatial error model）和同时考虑空间滞后自相关和空间误差自相关的空间自回归移动平均（Spatial Autoregressive Moving - Average, SARMA）模型。

#### 1. 空间滞后模型

在空间背景下，模型中的空间滞后依赖（spatial lag dependence）类似于时间序列分析中的滞后因变量，在空间计量经济学中，这种模型称为空间滞后自相关模型，简称空间滞后模型（安瑟林，1988b：35），其表达式为：

$$y = \rho W y + X\beta + \varepsilon \qquad (3-4)$$

其中，$y$ 是 $n \times 1$ 因变量观测值向量，$Wy$ 是与空间加权矩阵 $W$ 相对应的空间滞后因变量，$X$ 是 $n \times k$ 解释变量的观测值矩阵，$\varepsilon$ 是 $n \times 1$ 白噪声误差项，$\rho$ 是空间自回归系数，$\beta$ 是 $k \times 1$ 回归系数。

对显著的自回归系数 $\rho$ 的解释要区分两种情况。第一种情况是显著的空间滞后项代表真正的地区间影响或空间依赖关系，在这种情形下，它衡量空间溢出、地区间的仿效和扩散程度等。如果所研究的对象与空间观察单位是匹配的，而且溢出是理论模型的结果，这种理解是合理的。另一种情况是，当所研究的对象与空间观测单位不匹配时，自回归模型实际上是用来衡量这种测量误差所引起的空间自相关程度（安瑟林 & 伯拉，1998：247）。正如前文所述，存在空间自相关的数据所包含的信息少于不存在自相关的数据，因此，在模型中纳入空间滞后项就是为了纠正所缺失的信息。换句话说，空间效应被纠正或过滤之后，有助于正确理解模型外生变量的显著性。为了看出这一点，可以对模型（3-4）进行简单的变换，得到：

$$(I - \rho W)y = X\beta + \varepsilon \qquad (3-5)$$

其中，$(I - \rho W)y$ 即表示经过空间过滤后的因变量，即因变量中所包含的空间自相关成分被过滤后的部分。① 尽管许多研究为了方便起见直接把 $\rho$ 设定为1，但是格蒂斯（1995）认为这种处理方式缺乏依据，应该重新估计。

2. 空间误差模型

第二种在回归模型中纳入空间自相关的方式是对干扰项设定空间过程，由此得到的模型称为空间误差自相关模型，简称空间误差模型（spatial error model）。空间误差模型有多种设定方法，其中最常见的是把空间自相关过程包含在误差项里：

$$y = X\beta + \varepsilon$$
$$\varepsilon = \lambda W\varepsilon + \xi \qquad (3-6)$$

其中，$\lambda$ 是误差滞后 $W\varepsilon$ 的空间自回归系数，$\xi$ 是非相关、同方差的误差项。

空间误差依赖反映了测量误差之间或者本身对回归模型不产生重要影响的次要变量之间的空间自相关，从这种意义上讲，可以把空间误差依赖理解为一种随机干扰（nuisance），$\lambda$ 也因此可以被称为干扰参数（nuisance parameter）。与空间滞后模型一样，空间误差模型也可以表示为空间过滤形式：

$$(I - \lambda W)y = (I - \lambda W)X\beta + \xi \qquad (3-7)$$

这个方程包含空间过滤后的因变量和解释变量，以及不相关的误差项。空间误差模型除了上述形式之外，还有其他多种形式（克利夫 & 奥德，1981）。

3. 空间自回归移动平均模型

在实际应用中，有时需要把上述的空间滞后模型与空间误差模型结合

---

① Getis（1995）空间过滤方法背后的原理实际上与这个等式相一致：他把因变量看成是由两部分组成的，一部分是空间部分，另一部分是不包含空间效应的部分。

起来，产生更加复杂的空间过程。其中，最一般的形式是 Huang① (1984) 的空间自回归移动平均过程（Spatial Autoregressive Moving – Average, SARMA)。其空间自回归部分和移动平均部分可分别表示为：

$$y = \rho_1 W_1 y + \rho_2 W_2 y + ,\cdots, \rho_p W_p y + \varepsilon$$
$$\varepsilon = \gamma_1 W_1 \xi + \lambda_2 W_2 \xi + ,\cdots, \lambda q W_q \xi + \xi \quad (3-8)$$

一些实证研究采用了这个一般模型或其中的某些方面，比如，布罗门斯汀（1985）采用了高阶的 SAR 设定。此外，比较常用的是空间自相关模型加上空间自相关干扰项，即空间滞后空间误差模型：

$$y = \rho W_1 y + X\beta + \varepsilon$$
$$\varepsilon = \lambda W_2 \varepsilon + \xi \quad (3-9)$$

在实证研究中，一种观点认为，拟合高阶空间过程是为了弥补空间加权矩阵的误设，而不是出于拟合实际数据产生过程的需要。具体来讲，如果空间滞后模型的加权矩阵与实际的空间依赖关系不匹配，就会有残留的空间误差自相关存在，于是需要采用高阶过程。而对于一个正确设定的空间加权矩阵，就不再有这个必要（安瑟林 & 伯拉，1998：252）。言外之意，如果能确信模型的数据能准确地反映所研究的经济行为，特别是经济活动的实际范围如果与数据的边界一致时，空间滞后模型或空间误差模型理论上已经足够，没有必要拟合高阶空间过程。

本书拟从总量和结构两个维度来研究我国农村居民的消费支出问题，因此，分别设定并拟合空间总量消费模型和空间消费结构模型。由于迄今，对我国农村居民消费行为到底最符合哪种消费假说还没有形成一致的观点，因此，本书同时拟合六种常见的消费假说。具体的总量消费实证模型见表 3-1。

表 3-1　　　　　　　　总量消费实证模型列表

| 总量模型 | 空间模型类型 | 表达式 |
|---|---|---|
| 绝对收入假说 | 空间滞后模型 | $c = \alpha + \rho Wc + \beta y + \varepsilon$ |
| | 空间误差模型 | $c = \alpha + \beta y + (I - \lambda W)^{-1} \xi$ |
| | 空间滞后空间误差模型 | $c = \alpha + \rho W_1 c + \beta y + \varepsilon; \varepsilon = \lambda W_2 \varepsilon + \xi$ |

---

① Huang, J. S., "The Autoregressive Moving Average Model for Spatial Analysis," *Australian Journal of Statistics*, Vol. 26, No. 2, 1984, pp. 169—178.

续表

| 总量模型 | 空间模型类型 | 表达式 |
|---|---|---|
| 相对收入假说 | 空间滞后模型 | $c_t = \alpha + \rho W c_t + \beta y_t + \gamma y_{t-1} + \varepsilon$ |
|  | 空间误差模型 | $c_t = \alpha + \beta y_t + \gamma y_{t-1} + (I - \lambda W)^{-1} \xi$ |
|  | 空间滞后空间误差模型 | $c_t = \alpha + \rho W_1 c_t + \beta y_t + \gamma y_{t-1} + \varepsilon ; \varepsilon = \lambda W_2 \varepsilon + \xi$ |
| 持久收入假说① | 空间滞后模型 | $c_t = \rho W c_t + \beta y_t + \varphi c_{t-1} + \varepsilon$ |
|  | 空间误差模型 | $c_t = \beta y_t + \varphi c_{t-1} + (I - \lambda W)^{-1} \xi$ |
|  | 空间滞后空间误差模型 | $c_t = \rho W_1 c_t + \beta y_t + \varphi c_{t-1} + \varepsilon ; \varepsilon = \lambda W_2 \varepsilon + \xi$ |
| 生命周期假说② | 空间滞后模型 | $c_t = \alpha + \rho W c_t + \beta y_t + \gamma y_{t-1} + \varphi c_{t-1} + \varepsilon$ |
|  | 空间误差模型 | $c_t = \alpha + \beta y_t + \gamma y_{t-1} + \varphi c_{t-1} + (I - \lambda W)^{-1} \xi$ |
|  | 空间滞后空间误差模型 | $c_t = \alpha + \rho W_1 c_t + \beta y_t + \gamma y_{t-1} + \varphi c_{t-1} + \varepsilon ; \varepsilon = \lambda W_2 \varepsilon + \xi$ |
| 理性预期消费理论 | 空间滞后模型 | $c_t = \rho W c_t + \gamma y_{t-1} + \varphi c_{t-1} + \varepsilon$ |
|  | 空间误差模型 | $c_t = \gamma y_{-1t} + \varphi c_{t-1} + (I - \lambda W)^{-1} \xi$ |
|  | 空间滞后空间误差模型 | $c_t = \rho W_1 c_t + \lambda y_{t-1} + \varphi c_{t-1} + \varepsilon ; \varepsilon = \lambda W_2 \varepsilon + \xi$ |
| 预防性储蓄理论 | 空间滞后模型 | $c_t = \rho W c_t + \beta y_t + \gamma y_{t-1} + \varphi c_{t-1} + \varphi \sigma^2 + \varepsilon$ |
|  | 空间误差模型 | $c_t = \beta y_t + \gamma y_{t-1} + \varphi c_{t-1} + \varphi \sigma^2 + (I - \lambda W)^{-1} \xi$ |
|  | 空间滞后空间误差模型 | $c_t = \rho W_1 c_t + \beta y_t + \gamma y_{t-1} + \varphi c_{t-1} + \varphi \sigma^2 + \varepsilon ; \varepsilon = \lambda W_2 \varepsilon + \xi$ |

在消费结构模型方面，主要有线性支出系统（LES）、扩展的线性支出系统（ELES）、Rotterdam 模型、超越对数效用函数和 AIDS 模型等。本书基于以下几个方面的考虑选择 AIDS 模型：①AIDS 模型最为常用，有更加丰富的文献支持和更为坚实的实证基础；②模型系数的意义更加明确。AIDS 模型的系数表示总支出和各类消费价格对各类消费支出比重的影响，因此，明确地体现出结构分析的思想；③数据的稳健性。AIDS 模型中各项消费支出的原始数据一律采用相对比重指标，这可以在一定程度上减少数据统计中的误差，至少可以在一定程度上减少统计工作中由于某种相似

---

① 弗里德曼（Friedman，1957）的持久收入假说可以表示为：$c_t = \beta y_t^p + \gamma y_t^t$，其中，$y_t^p$ 代表持久收入，$y_t^t$ 代表暂时收入。这里采用的是经过考伊克变换（Koyck transformation）后的形式。

② 生命周期假说一般可以表示为：$c_t = \beta y_t + \gamma s_t$，其中，$s_t$ 表示消费者在 $t$ 期拥有的总财产，实际研究中常用储蓄额来代替。这里采用孙凤（2002：155）通过考伊克变换后的模型形式。

趋势处理数据造成的误差和错误。[1] AIDS 模型可以表示为：

$$w_i = \alpha_i + \sum_{j=1}^{n} \gamma_{ij} \ln P_j + \beta_i \ln(X/P) \qquad (3-10)$$

其中，$\ln P = \alpha_0 + \sum_{k=1}^{n} \alpha_k \ln P_k + \frac{1}{2}\sum_{j=1}^{n}\sum_{k=1}^{n}\gamma_{jk}\ln P_j \ln P_k$，$i,j = 1, 2, \cdots, 8$，分别表示根据《中国统计年鉴》的口径划分的食品、衣着、居住、家庭、医疗、交通通讯、文教和杂项等八大类消费支出。

AIDS 模型是从给定效用水平下支出最小化条件推导出来的，再加上所有各类消费支出比重的总和等于 100%，因此，在理论上满足加总条件、零阶齐次条件和 Slutsky 对称性条件，因此，应该有以下性质：

$$\sum_{i=1}^{n}\alpha_i = 1, \sum_{i=1}^{n}\gamma_{ij} = 0, \sum_{i=1}^{n}\beta_i = 0, \sum_{j=1}^{n}\gamma_{ij} = 0, \gamma_{ij} = \gamma_{ji}$$

$$(3-11)$$

很显然，AIDS 模型是非线性的，为了便于估计，实证研究中通常采用 Stone 价格指数 $\ln P^* = \sum_{i=1}^{n} w_i \ln P_i$ 来代替式中的 $\ln P$，于是得到线性的 AIDS 模型（简称 LA/AIDS 模型）。尽管绝大多数实证研究都采用 Stone 价格指数，但是许多研究表明该价格指数会导致不一致的参数估计值（默斯切克，1995）。许多学者认为这是因为 Stone 价格指数引入测量误差，因为各类消费支出的价格不可能具备完全的多重共线性，而这恰好是 Stone 价格指数等于 $\ln P$ 的前提条件。[2] 默斯切克（1995）则认为原因是 Stone 价格指数不具备公度性（commensurability），并提出几个替代的价格指数。[3] 本书采用其中的 Tornqvist 价格指数：$\ln P = \frac{1}{2}\sum_{i=1}^{n}(w_i + w_i^0)\ln(P_i/P_1^0)$，其中 $w_i^0$ 和 $P_i^0$ 分别表示第 i 类消费在基期（本书为 1993 年）的支出比重和价格。

具体到空间维度，本书拟合三个空间计量经济学模型：

---

[1] 臧旭恒等：《居民资产与消费选择行为分析》，上海人民出版社 2001 年版，第134—162 页。

[2] Asche, F., and Wessells, C. R., "On Price Indices in the Almost Ideal Demand System," American Journal of Agricultural Economics, Vol. 79, No. 4, 1997, pp. 1182—1185.

[3] 根据 Moschini（1995），所谓指数的公度性（commensurability）是指其不随测量单位的变化而变化的性质。可以验证，Stone 价格指数会随测量单位的变化而变化，因此不具备公度性。

第一个，空间滞后 AIDS 模型：

$$w_i = \alpha_i + \rho W_i w_i + \sum_{j=1}^{n} \gamma_{ij} \ln p_j + \beta_i \ln(X/P) + \varepsilon_i \quad (3-12)$$

第二个，空间误差 AIDS 模型：

$$w_i = \alpha_i + \rho W_i w_i + \sum_{j=1}^{n} \gamma_{ij} \ln p_j + \beta_i \ln(X/P) + (I - \lambda W_i)^{-1} \xi_i$$

$$(3-13)$$

第三个，空间滞后空间误差 AIDS 模型：

$$w_i = \alpha_i + \rho W_i w_i + \sum_{j=1}^{n} \gamma_{ij} \ln p_j + \beta_i \ln(X/P) + \varepsilon_i \; \varepsilon_i = \lambda W_{i2} \varepsilon_i + \xi_i$$

$$(3-14)$$

（二）空间自相关模型的估计

空间计量经济学模型常用的估计方法有极大似然估计和广义矩/工具变量估计，本书采用极大似然估计。

1. 空间滞后模型的极大似然估计

在时间序列模型中，如果误差项之间不存在序列相关，滞后项 $y_{t-1}$ 与误差项 $\varepsilon_t$ 就不相关，但是，在空间背景下情况并非如此。在式（3-4）中，不管误差项之间的相关结构如何，$(Wy)_i$ 始终与 $\varepsilon_i$ 相关；不仅如此，$(Wy)_i$ 还与其他位置的误差项相关。这一点通过对式（3-4）进行简单的变换就可以看得出来：

$$y = (I - \rho W)^{-1} X\beta + (I - \rho W)^{-1} \varepsilon \quad (3-15)$$

式（3-15）中的 $(I - \rho W)^{-1}$ 是满秩矩阵，而不像在时间序列模型中是三角矩阵，这就产生涉及所有位置的误差项的无限序列 $(I + \rho W + \rho^2 W^2 + \rho^3 W^3 + \cdots)\varepsilon$。很显然，$(Wy)_i$ 不但包括 $\varepsilon_i$，还包括 $\varepsilon_j$（$j \neq i$），因此，$E[(Wy)_i \varepsilon_i] = E\{[W(I - \rho W)^{-1} \varepsilon_i] \varepsilon_i\} \neq 0$。此外，从因变量协方差矩阵也可以看出这一点。根据模型（3-4）可以得到不同位置观测值之间的协方差 $Cov(y_i, y_j) = (I - \rho W)^{-1} \Omega (I - \rho W')^{-1}$，其中 $\Omega$ 是误差项 $\varepsilon$ 的方差矩阵，在不失一般性的情况下，可以认为它是对角的同方差矩阵，即 $\Omega = \sigma^2 I$。因此，可以得出 $Var[y] = \sigma^2 (I - \rho W)^{-1} (I - \rho W')^{-1}$，很显然它是满秩矩阵，这就意味着每个位置都与其他位置相关，只不过这种相关关系的强度随着邻近阶数的增加而减弱（安瑟林 & 伯拉，1998：246—247）。

空间滞后模型独特的协方差结构意味着要明确考虑 $Wy$ 中所包含的联

立性（simultaneity），为此，模型要采用极大似然估计或选择适当的工具变量进行估计，如果采用最小二乘法估计将产生有偏、不一致的估计值（安瑟林，1988b：57—80）。

奥德（1975）第一个比较全面地研究了空间自相关模型的极大似然估计问题，其中，空间自相关采用空间滞后或空间误差的形式纳入模型。他在假定模型误差项为联合正态分布的基础上建立似然函数，这个似然函数的一个重要方面是空间雅克比行列式，它对空间滞后和空间误差模型分别采用 $|I-\rho W|$ 和 $|I-\lambda W|$ 的形式。[①] 由于在空间情形下雅克比行列式不像在时间序列情形下是三角矩阵的行列式，而是满秩矩阵的行列式，于是奥德（1975）对此进行变换，他把空间行列式表示为空间加权矩阵的特征值的函数：

$$|I-\rho W| = \prod_{i=1}^{n}(1-\rho w_i) \qquad (3-16)$$

通过这个变换，再加上正态假定，便得到空间滞后模型的对数似然函数[②]：

$$L = \sum_i \ln(1-\rho w_i) - \frac{n}{2}\ln(2\pi) - \frac{n}{2}\ln(\sigma^2) \\ - \frac{(y-\rho Wy - X\beta)'(y-\rho Wy - X\beta)}{2\sigma^2} \qquad (3-17)$$

再根据一阶条件，便可以得到 $\beta$ 和 $\sigma^2$ 的极大似然估计值：

$$\beta_{ML} = (X'X)^{-1}X'(I-\rho W)y \qquad (3-18)$$

$$\sigma^2_{ML} = \frac{(y-\rho Wy - X\beta_{ML})'(y-\rho Wy - X\beta_{ML})}{n} \qquad (3-19)$$

实际上，先对因变量进行空间过滤，再采用最小二乘法进行估计，可以得到相同的结果（安瑟林 & 伯拉，1998：256）。把式（3-18）和式（3-19）代入式（3-17），可以得到关于参数 $\rho$ 的非线性的中心化对数似然函数（concentrated log-likelihood function）：

$$L_c = -\frac{n}{2}\ln\left[\frac{(e_O-\rho e_L)'(e_O-\rho e_L)}{n}\right] + \sum_i \ln(1-\rho w_i) \qquad (3-20)$$

---

[①] 安瑟林（1988b：57—80）有较为详细的介绍。

[②] 实际上这个等式也从一个侧面表明最小二乘估计不同于极大似然估计，因为前者忽略了雅克比项。

其中，$e_O$ 和 $e_L$ 分别表示 $y$ 对 $X$ 以及 $Wy$ 对 $X$ 回归的残差。于是，根据对 $L_c$ 求极值的条件便可以得到 $\rho$ 的极大似然估计值。此外，还可以得到各估计值之间的渐近协方差矩阵，它是信息矩阵（information matrix）的逆矩阵：

$$AsyVar[\rho,\beta,\sigma^2]$$

$$=\begin{bmatrix} tr[W_A]^2+tr[W'_A W_A]+\dfrac{[W_A X\beta]'[W_A X\beta]}{\sigma^2} & \dfrac{(X'W_A X\beta)'}{\sigma^2} & \dfrac{tr(W_A)}{\sigma^2} \\ \dfrac{X'W_A X\beta}{\sigma^2} & \dfrac{X'X}{\sigma^2} & 0 \\ \dfrac{tr(W_A)}{\sigma^2} & 0 & \dfrac{n}{2\sigma^4} \end{bmatrix}^{-1}$$

（3 - 21）

其中，$W_A = W(I-\rho W)^{-1}$。从这个矩阵中可以看出，尽管 $\beta$ 与误差方差之间的协方差为零，但是由于 $\rho$ 与误差方差之间的协方差不为零，因此，该矩阵不具备分块对角性（block diagonality）（安瑟林 & 伯拉，1998：256）。这个结果直接影响到后文中的模型设定检验。

2. 空间误差模型的极大似然估计

式（3 - 6）可以改写为：

$$y = X\beta + (I-\lambda W)^{-1}\xi \qquad (3-22)$$

根据这个表达式可以得到误差协方差：$E[\varepsilon\varepsilon'] = \sigma^2(I-\lambda W)^{-1}(I-\lambda W')^{-1} = \sigma^2[(I-\lambda W)'(I-\lambda W)]^{-1}$。可以看出，空间误差模型的误差协方差与空间滞后模型的因变量方差协方差具有相同的结构。因此，空间自回归误差过程使得每对观测值具有非零误差协方差，并且与空间滞后模型的情况一样，这种自相关的强度随邻近阶数的增加而减弱（安瑟林 & 伯拉，1998：248—249）。此外，误差协方差表达式中逆矩阵的复杂结构使得误差协方差矩阵的对角元素非零，其结果是，尽管 $\xi$ 是同方差的，但是 $\varepsilon$ 是异方差的。这些都表明，与空间滞后模型一样，空间误差模型不应该采用最小二乘法估计，否则会导致无效的估计结果。在实际应用中，空间误差模型经常采用极大似然估计或工具变量估计。在采用极大似然估计时，可以把这类模型看成是满足关系 $E[\varepsilon\varepsilon'] = \sigma^2\Omega(\theta)$ 的参数化非球形误差项的一种特殊形式，其中 $\theta$ 是参数向量。

安瑟林（1980：119—172）表明，可以把空间误差模型的极大似然估计看作是马格努斯(1978)估计法的一个具体应用。绝大多数空间过程满足正则条件(regularity conditions),在正态假定下,可以得到空间误差模型的对数似然函数:

$$L = -\frac{1}{2}\ln|\Omega(\lambda)| - \frac{n}{2}\ln(2\pi) - \frac{n}{2}\ln(\sigma^2) - \frac{(y-X\beta)'\Omega(\lambda)^{-1}(y-X\beta)}{2\sigma^2}$$
(3-23)

其中,$\Omega(\lambda) = [(I-\lambda W)'(I-\lambda W)]^{-1}$。于是,根据一阶条件便可以得到$\beta$的关于$\lambda$的极大似然估计值:

$$\beta_{ML} = [X'\Omega(\lambda)^{-1}X]^{-1}X'\Omega(\lambda)^{-1}y \qquad (3-24)$$

为了得到$\lambda$的估计值,可以采用与前面的$\rho$估计相类似的过程:根据对式(3-23)求极值的一阶条件求得$\sigma^2$的极大似然估计值$\sigma^2_{ML}$,再把$\beta_{ML}$和$\sigma^2_{ML}$代入式(3-23),得到中心化的对数似然函数,它是关于自回归系数$\lambda$的非线性函数(安瑟林,1980:119—172):

$$L_c = -\frac{n}{2}\ln\left(\frac{y'_L y_L - y'_L X_L [X'_L X_L]^{-1}X'_L y_L}{n}\right) + \sum_i \ln(1 - \lambda w_i)$$
(3-25)

其中,$y_L = y - \lambda Wy$,$X_L = X - \lambda WX$,分别表示空间过滤后的变量。雅克比项得自$\ln|\Omega(\lambda)| = 2\ln|I - \lambda W|$,以及奥德(1975)根据特征值对空间加权矩阵$W$的简化表达式。最后,对式(3-25)运用求极值的条件即可得到$\lambda$的极大似然估计值。

通过极大似然估计得到的参数估计值的渐近协方差与马格努斯(1978)和布鲁斯奇(1980)的估计结果相一致,也具有分块对角性:

$$AsyVar[\lambda,\beta,\sigma^2] = \begin{bmatrix} tr[W_B]^2 + tr[W'_B W_B] & 0 & \frac{tr(W_B)}{\sigma^2} \\ 0 & \frac{\sigma^2}{X'_L X_L} & 0 \\ \frac{tr(W_B)}{\sigma^2} & 0 & \frac{n}{2\sigma^4} \end{bmatrix}^{-1}$$
(3-26)

其中,$W_B = W(I - \rho W)^{-1}$。[1]

---

[1] Anselin, L., and Bera, A., *Spatial Dependence in Linear Regression Models. Handbook of Applied Economic Statistics*, New York: Marcel Dekker, Inc., 1998, pp. 237—289.

对高阶空间模型的极大似然估计在原理上与上述的空间滞后模型和空间误差模型估计过程相类似，但是，在高阶情形下，对数似然函数将高度非线性，使得中心化的对数似然函数的作用大打折扣（安瑟林，1980：173—224）。根据黑耶曼斯和马格努斯（1986）的研究，空间模型的极大似然估计值具有常见的渐近特性，包括一致性、正态性和渐近有效性等。

（三）基于模型的空间自相关检验

基于模型的空间自相关检验有多种方法，包括 Moran's I 检验、KR 检验（科勒基恩&Robinson，1992）、RS（Rao's Score）检验、Wald 检验和似然比（Likelihood Ratio, LR）检验等。由于 Moran's I 检验和 RS 检验都是基于虚拟假设时模型的最小二乘估计结果，而其他检验方法则基于极大似然估计结果，因此在运算上大为简化，鉴于此，本书采用这两种检验方法。

1. Moran's I 检验

Moran's I 统计量最初由 Moran 于 1950 年提出，但是，这个统计量并非根据统计原理推导出来，而是作为检验最近相邻间相关关系的一个简单的检验，以扩展 Moran 于 1948 年提出的另一个检验方法，因此，这个检验方法可以有不同的解释。克利夫和奥德（1972）正式把这个统计量表示为：

$$I = \frac{n}{\sum_{i=1}^{n}\sum_{j=1}^{n}W_{ij}} \frac{e'We}{e'e} \quad (3-27)$$

其中，$e$ 为向量，表示最小二乘回归残差，$e'$ 为 $e$ 的转置矩阵，$W_{ij}$ 为空间加权矩阵，$n$ 为样本数。对于一个行标准化的空间加权矩阵，由于 $\sum_{i=1}^{n}\sum_{j=1}^{n}W_{ij} = n$，因此，上式可以简化为：

$$I = \frac{e'We}{e'e} \quad (3-28)$$

与基于空间数据的 Moran's I 检验统计量一样，基于最小二乘回归的 Moran's I 检验统计量呈渐近正态分布，因此，其检验的显著性程度可以由标准正态分布的 $z$ 值，即 Moran's I 值减去均值再除以标准差来确定。这个统计量的优势之一是，在虚拟假设 $H_0: \lambda = 0$ 和 $\varepsilon$ 正态分布假定下，$e'e$ 呈中心 $\chi^2$ 分布。克利夫和奥德（1972）利用这个特点推导出这个统计量的均值和方差：

$$E(I) = \frac{tr(MW)}{n-k} \quad (3-29)$$

$$V(I) = \frac{tr(MWMW') + tr(MW)^2 + \{tr(MW)\}^2}{(n-k)(n-k+2)} - [E(I)]^2 \quad (3-30)$$

其中，$k$ 为自变量的数目，$M = I - X(X'X)^{-1}X'$，$W$ 为经过行标准化的空间加权矩阵。

2. 拉格朗日乘数检验

从上述的 Moran's I 检验统计量可以看出，这个检验方法并没有指定具体的虚拟假设，这个特点既可以说是优点，因为它可以检验多种形式的空间自相关；与此同时，这个特点也可以说是它的缺点，因为当检验结果显著的时候，无法确定是哪种类型的空间自相关。拉格朗日乘数检验则不同，它明确指定虚拟假设，因此在检验结果拒绝这个虚拟假设时，可以确定空间自相关的类型。正因为这个检验方法需要明确指定虚拟假设，因此，下面分三种情况进行介绍。

（1）空间误差自相关的拉格朗日乘数检验

拉格朗日乘数检验也称为 RS（Rao's Score）检验，其虚拟假设非常明确。对空间误差自相关检验，其虚拟假设是空间误差模型中的误差项系数 $\lambda = 0$。在模型设定检验方法中，LR 检验、Wald 检验和 LM 检验被视为密切联系的检验，但是，与前面两种检验方法不同，LM 检验的最大优势是该统计量只涉及基于虚拟假设下的估计结果，即非空间模型的最小二乘回归结果，这与前两种方法需要极大似然估计结果相比，大大简化了检验过程。

西尔维（1959）基于一个约束条件下的优化问题的拉格朗日乘数推导出 RS 检验。伯里奇（1980）采用西尔维的公式检验 $\lambda = 0$。这个统计量可以表示为：

$$RS_\lambda = \frac{\tilde{d}_\lambda^2}{T} = \frac{[e'We/\tilde{\sigma}^2]^2}{T} \quad (3-31)$$

其中，$d_\lambda = \frac{\partial L}{\partial \lambda}\big|_{\lambda=0} = \frac{e'We}{\sigma^2}$，为 $\lambda$ 的得分，$L$ 为似然函数，其表达式为式（3-23）；$T = tr[(W' + W)W]$。这个统计量只需要最小二乘估计值，而且在虚拟假设（即 $\lambda = 0$）下，$RS_\lambda \xrightarrow{D} \chi_1^2$，于是，可以据此进行检验。

## 第三章 我国农村居民人均消费支出的空间自相关检验

在高阶条件下,可以对该统计量进行扩展。比如,对高阶空间误差模型 $\varepsilon = \lambda_1 W_1 \varepsilon + \lambda_2 W_2 \varepsilon + \cdots + \lambda_q W_q \varepsilon + \xi$,为了检验虚拟假设 $H_0: \lambda_1 = \lambda_2 = \cdots = \lambda_q = 0$,RS 统计量可以表示为:

$$RS_{\lambda_1 \lambda_2 \cdots \lambda_q} = \sum_{l=1}^{q} \frac{[e'W_l e/\tilde{\sigma}^2]^2}{T_l} \quad (3-32)$$

其中,$T_l = tr[W_l' W_l + W_l^2]$,$l = 1,2,\cdots,q$。很显然,高阶空间自相关的检验统计量是所对应的各个一阶统计量的总和。在虚拟假设下,$RS_{\lambda_1 \lambda_2 \cdots \lambda_q} \xrightarrow{D} \chi_q^2$,因此,可以据此检验空间误差的显著性(安瑟林 & 伯拉,1998:269—272)。

(2)空间滞后自相关的拉格朗日乘数检验

与空间误差自相关的拉格朗日乘数检验相类似,为了检验 $\rho = 0$,空间滞后自相关的拉格朗日乘数检验统计量可以表示为:

$$RS_\rho = \frac{\tilde{d}_\rho^2}{\tilde{T}_1} = \frac{[e'Wy/\tilde{\sigma}^2]^2}{\tilde{T}_1} \quad (3-33)$$

其中,$d_\rho = \frac{\partial L}{\partial \rho}\Big|_{\rho=0} = \frac{e'Wy}{\sigma^2}$,为 $\rho$ 的得分,$L$ 为似然函数,其表达式为(3-17);$T_1 = [(WX\beta)'M(WX\beta) + T\sigma^2]/\sigma^2$,其中,$T = tr[(W'+W)W]$。在虚拟假设 $H_0: \rho = 0$ 下,$RS_\rho \xrightarrow{D} \chi_1^2$,因此,可以据此检验空间滞后自相关的显著性。尽管空间滞后自相关与空间误差自相关的 RS 检验基于同样的方法,但是,由于两者的似然函数所对应的信息矩阵具有不同的特点,导致两个统计量具有不同的特性(安瑟林 & 伯拉,1998:269—276)。

(3)空间误差自相关兼空间滞后自相关的拉格朗日乘数检验

上述的 $RS_\lambda$ 和 $RS_\rho$ 都是一种单方向的检验统计量,因为它们是在假定模型的其他方面设定都正确的前提下,来检验某一个方面的设定。具体来讲,$RS_\lambda$ 是在假定不存在空间滞后自相关(即 $\rho = 0$)的前提下来检验虚拟假设 $H_0: \lambda = 0$;$RS_\rho$ 则是在假定不存在空间误差自相关(即 $\lambda = 0$)的前提下来检验虚拟假设 $H_0: \rho = 0$。事实上这种假定并不一定合理。安瑟林和伯拉(1998:273—276)对不合理假定可能产生的影响进行了分析。令 $\rho = \delta/\sqrt{n}$,$\delta < \infty$,则 $RS_\lambda$ 统计量不再像假定 $\rho = 0$ 时那样渐近呈中心 $\chi_1^2$ 分布,而是呈非中心的 $\chi_1^2$ 分布,非中心参数(noncentrality parameter)为 $R_\rho = \delta^2 T_{12}^2 / n T_{22}$,其中 $T_{ij} = tr[W_i W_j + W_i' W_j]$,$j = 1,2$,$T_{12} = T_{21}$。因此,

在这种情况下，即便事实上 $\lambda = 0$，$RS_\lambda$ 会由于局部空间滞后的存在而拒绝误差自相关的虚拟假设，即错误地认为存在空间误差自相关。

同理，令 $\lambda = \tau/\sqrt{n}$，$\tau < \infty$，则 $RS_\rho$ 统计量不再像假定 $\lambda = 0$ 时那样渐近呈中心 $\chi_1^2$ 分布，而是呈非中心的 $\chi_1^2$ 分布，非中心参数为 $R_\lambda = \tau^2 T_{12}^2 \sigma^2/nD$，$D = (W_1 X\beta)'M(W_1 X\beta) + T_{11}\sigma^2$。因此，在存在局部误差自相关时，即便事实上 $\rho = 0$，$RS_\rho$ 会拒绝空间滞后依赖的虚拟假设，即错误地认为存在空间滞后自相关。

为了克服这个问题，一个很自然的办法是建立一个 $RS$ 统计量来同时检验 $H_0: \lambda = \rho = 0$。正是基于这样的思路，安瑟林（1988a）提出一个联合检验统计量：

$$RS_{\lambda\rho} = \tilde{E}^{-1}[(\tilde{d}_\lambda)^2 \tilde{D}/\tilde{\sigma}^2 + (\tilde{d}_\rho)^2 T_{22} - 2\tilde{d}_\lambda \tilde{d}_\rho T_{12}] \qquad (3-34)$$

其中，$E = (D/\sigma^2)T_{22} - (T_{12})^2$。与 $RS_\lambda$ 和 $RS_\rho$ 一样，这个统计量的计算只涉及最小二乘估计的残差，因此，计算并不复杂。

（4）空间自相关的稳健 RS 检验

上述三个统计量各有优势和缺陷：$RS_{\lambda\rho}$ 能检验同时存在空间滞后自相关和空间误差自相关的情形，当统计量拒绝虚拟假设时，并不能确定到底是存在滞后自相关还是误差自相关；$RS_\lambda$、$RS_\rho$ 有具体的误设形式作为虚拟假设，因此，可以明确是哪种类型的误设，它们是单方向的检验统计量，当用来检验一种误设时假定不存在另一种误设，而这种假定往往不合理。鉴于各自的优势和缺陷，安瑟林等（1996）在伯拉和雅恩（1993）的基础上提出稳健的拉格朗日乘数检验统计量，以校正这种不合理的假定所带来的影响。其基本思路是通过非中心参数 $R_\rho$ 和 $R_\lambda$ 对原来的单方向检验统计量 $RS_\lambda$ 和 $RS_\rho$ 进行校正，使在虚拟假设下得到的统计量呈中心 $\chi_1^2$ 分布。

在局部存在空间滞后依赖 $\rho$ 时，检验虚拟假设 $H_0: \lambda = 0$ 的校正的 $RS_\lambda$ 统计量可以表示为：

$$RS_\lambda^* = \frac{[\tilde{d}_\lambda - T_{12}\tilde{\sigma}^2 \tilde{D}^{-1} \tilde{d}_\rho]^2}{T_{22} - (T_{12})^2 \tilde{\sigma}^2 \tilde{D}} \qquad (3-35)$$

在虚拟假设 $H_0: \lambda = 0$（$\rho = \delta/\sqrt{n} \neq 0$）下，$RS_\lambda^*$ 收敛于中心 $\chi_1^2$ 分布。也就是说，经过校正之后，$RS_\lambda^*$ 与正确设定的 $RS_\lambda$ 具有相同的渐近分布，因此得到在空间滞后依赖存在时渐近正确的统计量。而且与 $RS_{\lambda|\rho}$ 和 $RS_{\rho|\lambda}$ 不同

的是，这个校正的统计量只涉及最小二乘估计，因此避开了直接估计 $\rho$ 所涉及的复杂的运算。但是，安瑟林和伯拉（1998：277）同时也指出，这种稳健性和估计便利性也有一定的代价。为了说明这个问题，考虑只存在空间误差依赖 $\lambda = \tau/\sqrt{n}$ 而不存在空间滞后依赖（$\rho = 0$）时的情形，在这种情况下，可以得到 $RS_\lambda$ 和 $RS_\lambda^*$ 的非中心参数分别为 $\tau^2 T_{22}/n$ 和 $\tau^2(T_{22} - T_{12}^2\sigma^2 D^{-1})/n$，由于 $\tau^2 T_{12}^2\sigma^2 D^{-1}/n \geq 0$，因此，在 $\rho = 0$ 时 $RS_\lambda^*$ 的检验功效低于 $RS_\lambda$。这便是这个统计量稳健化的代价。事实上，也正因为如此，在实际应用中需要同时报告原来的统计量与校正过的统计量。

同理，在局部存在空间误差依赖 $\lambda$ 时，检验虚拟假设 $H_0:\rho = 0$ 的校正的 $RS_\rho$ 统计量可以表示为：

$$RS_\rho^* = \frac{[\tilde{d}_\rho - T_{12}T_{22}^{-1}\tilde{d}_\lambda]^2}{\tilde{\sigma}^{-2}\tilde{D} - (T_{12})^2 T_{22}^{-1}} \qquad (3-36)$$

上述关于 $RS_\lambda^*$ 的讨论同样适用于这个统计量。安瑟林和伯拉（1998：277）还发现上述 5 个检验统计量之间存在如下的关系：

$$RS_{\lambda\rho} = RS_\lambda^* + RS_\rho = RS_\lambda + RS_\rho^* \qquad (3-37)$$

安瑟林和富罗拉克斯（1995：21—74）通过数据模拟表明，这几个统计量即便在有限样本的情形下也具有出色的检验功效。

## 第三节 基于空间截面数据的空间自相关检验结果

第二节通过图表呈现了我国农村居民人均纯收入、人均消费总支出和人均分类消费支出的空间分布状况。从各个分布图上看都存在明显的空间模式，但是，这只是直观的感觉，还缺乏统计依据。鉴于此，本节和第四节拟从统计意义上给出我国农村居民人均纯收入和各类人均消费支出存在空间自相关的依据。

### 一 基于全局统计量的空间自相关检验结果

（一）人均纯收入的检验结果

考虑到收入是消费的首要影响因素，因此，先对我国农村居民的人均纯收入进行全局 Moran's I 检验。考虑到不同的空间加权模式可能会影响检验结果，因此，为了确保检验结果的稳健性，这里对空间加权矩阵分别采用 Rook 和 Queen 两种加权模式, 以便于比较。检验结果见表 3-2。

**表 3-2　　　　　人均纯收入的全局 Moran's I 检验结果**

| 年份 | Rook 加权 ||||  Queen 加权 ||||
|---|---|---|---|---|---|---|---|---|
| | Moran's I | 均值 | 标准差 | p 值 | Moran's I | 均值 | 标准差 | p 值 |
| 1993 | 0.4081 | -0.0255 | 0.1055 | 0.0020 | 0.4081 | -0.0341 | 0.1023 | 0.0020 |
| 1994 | 0.4420 | -0.0218 | 0.1054 | 0.0010 | 0.4420 | -0.0307 | 0.1082 | 0.0010 |
| 1995 | 0.5217 | -0.0378 | 0.1035 | 0.0010 | 0.5217 | -0.0313 | 0.1064 | 0.0010 |
| 1996 | 0.5558 | -0.0337 | 0.1067 | 0.0010 | 0.5558 | -0.0332 | 0.1065 | 0.0010 |
| 1997 | 0.5620 | -0.0328 | 0.1074 | 0.0010 | 0.5620 | -0.0360 | 0.1089 | 0.0010 |
| 1998 | 0.5503 | -0.0292 | 0.1102 | 0.0010 | 0.5503 | -0.0280 | 0.1097 | 0.0010 |
| 1999 | 0.5620 | -0.0303 | 0.1097 | 0.0010 | 0.5620 | -0.0313 | 0.1114 | 0.0010 |
| 2000 | 0.5599 | -0.0346 | 0.1094 | 0.0010 | 0.5599 | -0.0258 | 0.1096 | 0.0010 |
| 2001 | 0.5655 | -0.0313 | 0.1156 | 0.0010 | 0.5655 | -0.0357 | 0.1053 | 0.0010 |
| 2002 | 0.5596 | -0.0346 | 0.1135 | 0.0010 | 0.5596 | -0.0327 | 0.1117 | 0.0010 |
| 2003 | 0.5599 | -0.0345 | 0.1068 | 0.0010 | 0.5599 | -0.0360 | 0.1071 | 0.0010 |
| 2004 | 0.5758 | -0.0293 | 0.1093 | 0.0010 | 0.5758 | -0.0349 | 0.1112 | 0.0010 |
| 2005 | 0.5519 | -0.0313 | 0.1071 | 0.0010 | 0.5519 | -0.0288 | 0.1080 | 0.0010 |
| 2006 | 0.5513 | -0.0344 | 0.1065 | 0.0010 | 0.5513 | -0.0353 | 0.1098 | 0.0010 |
| 2007 | 0.5489 | -0.0377 | 0.1104 | 0.0010 | 0.5489 | -0.0321 | 0.1087 | 0.0010 |
| 2008 | 0.5422 | -0.0345 | 0.1102 | 0.0020 | 0.5422 | -0.0293 | 0.1069 | 0.0010 |
| 2009 | 0.5373 | -0.0304 | 0.1054 | 0.0010 | 0.5373 | -0.0331 | 0.1073 | 0.0010 |

说明: 由于 $I$ 的期望值 $E(I) = -1/(n-1)$, 这里 $n=31$, 所以 $E(I) = -0.0333$, 因此, 为了节省篇幅, 就不再把它列入表格。下同。

从检验结果来看, 从 1993 年到 2009 年, 我国农村居民的人均纯收入始终呈现显著的空间自相关, 显著性水平均高于 0.0020。比较两种不同的空间加权模式, 可以看出它们只影响均值和标准差, 对 Moran's I 值并没有产生影响。另外, 除了 2008 年的显著性有所不同之外, 两种不同加权模式并没有影响其他年份的显著性水平。

从变化趋势来看, 不管是 Moran's I 值还是显著性水平, 总体上呈现随机而非单调变化的趋势。例如, Moran's I 值从最小值 0.4081 开始, 逐渐上升到最大值 0.5758, 然后又逐渐回落到 0.5373。

(二) 人均消费总支出的检验结果

与人均纯收入的检验结果相类似, 从 1993 年到 2009 年, 我国农村居民的人均消费总支出始终呈现显著的空间自相关，显著性水平均高于0.0070。比较两种不同的空间加权模式，可以看出它们只影响均值和标准差，对Moran's I值并没有影响。另外，除了个别年份的显著性有所不同之外，两种不同加权模式并没有对显著性水平产生系统性的影响（见表3-3）。因此，对本书而言，不同的加权模式并不影响最终检验结果。也正因为如此，本章后面的各种空间自相关检验所涉及的空间加权矩阵均只采用Rook模式。

表3-3　　　　　　人均消费总支出的全局Moran's I检验结果

| 年份 | Rook 加权 |  |  |  | Queen 加权 |  |  |  |
|---|---|---|---|---|---|---|---|---|
|  | Moran's I | 均值 | 标准差 | p值 | Moran's I | 均值 | 标准差 | p值 |
| 1993 | 0.3663 | -0.0328 | 0.0962 | 0.0010 | 0.3665 | -0.0369 | 0.0945 | 0.0010 |
| 1994 | 0.4311 | -0.0314 | 0.1048 | 0.0010 | 0.4311 | -0.0273 | 0.1007 | 0.0010 |
| 1995 | 0.4577 | -0.0363 | 0.1035 | 0.0010 | 0.4577 | -0.0342 | 0.1066 | 0.0010 |
| 1996 | 0.4764 | -0.0323 | 0.1066 | 0.0010 | 0.4764 | -0.0352 | 0.1017 | 0.0010 |
| 1997 | 0.4414 | -0.0348 | 0.1045 | 0.0010 | 0.4414 | -0.0360 | 0.1045 | 0.0010 |
| 1998 | 0.4084 | -0.0307 | 0.1039 | 0.0020 | 0.4084 | -0.0284 | 0.1090 | 0.0030 |
| 1999 | 0.4242 | -0.0335 | 0.1046 | 0.0010 | 0.4242 | -0.0371 | 0.1046 | 0.0010 |
| 2000 | 0.4292 | -0.0342 | 0.1014 | 0.0010 | 0.4292 | -0.0305 | 0.1065 | 0.0020 |
| 2001 | 0.4169 | -0.0307 | 0.1056 | 0.0020 | 0.4169 | -0.0228 | 0.1009 | 0.0010 |
| 2002 | 0.4212 | -0.0333 | 0.1053 | 0.0020 | 0.4212 | -0.0306 | 0.1025 | 0.0010 |
| 2003 | 0.4198 | -0.-312 | 0.1022 | 0.0030 | 0.4198 | -0.0310 | 0.1060 | 0.0010 |
| 2004 | 0.4047 | -0.0316 | 0.1008 | 0.0010 | 0.4047 | -0.0291 | 0.1039 | 0.0010 |
| 2005 | 0.4133 | -0.0312 | 0.1039 | 0.0040 | 0.4133 | -0.0290 | 0.1065 | 0.0040 |
| 2006 | 0.4394 | -0.0324 | 0.0971 | 0.0010 | 0.4394 | -0.0290 | 0.1008 | 0.0010 |
| 2007 | 0.4380 | -0.0284 | 0.1042 | 0.0010 | 0.4380 | -0.0328 | 0.0996 | 0.0010 |
| 2008 | 0.4290 | -0.0345 | 0.1095 | 0.0020 | 0.4290 | -0.0315 | 0.1068 | 0.0020 |
| 2009 | 0.3663 | -0.0298 | 0.1032 | 0.0030 | 0.3663 | -0.0323 | 0.1075 | 0.0070 |

从趋势来看，与人均纯收入一样，不管是Moran's I值还是显著性水平，总体上呈现随机波动而非单调变化的趋势。例如，Moran's I值从最小值0.3663开始，逐渐上升到最大值0.4764，然后又逐渐回落到0.4047，接着又上升到0.4394，最后又回落到最小值0.3663。

### （三）人均分类消费支出的检验结果

分类消费支出涉及8类消费,① 为了节省篇幅，这里只报告部分年份的检验结果（见表3-4），其他年份的检验结果基本相同。

表3-4　　　　人均分类消费支出的全局 Moran's I 检验结果

| 类别 | 年份 | Moran's I | 均值 | 标准差 | p值 | 类别 | 年份 | Moran's I | 均值 | 标准差 | p值 |
| --- | --- | --- | --- | --- | --- | --- | --- | --- | --- | --- | --- |
| 食品 | 1994 | 0.4391 | -0.0343 | 0.1095 | 0.0010 | 医疗 | 1994 | 0.2297 | -0.0309 | 0.1155 | 0.0180 |
| 食品 | 1999 | 0.4404 | -0.0373 | 0.1067 | 0.0010 | 医疗 | 1999 | 0.3149 | -0.0333 | 0.0984 | 0.0030 |
| 食品 | 2004 | 0.4788 | -0.0298 | 0.1099 | 0.0010 | 医疗 | 2004 | 0.2083 | -0.0309 | 0.1044 | 0.0270 |
| 食品 | 2009 | 0.4416 | -0.0335 | 0.1084 | 0.0010 | 医疗 | 2009 | 0.2195 | -0.0347 | 0.1041 | 0.0130 |
| 衣着 | 1994 | 0.3210 | -0.0348 | 0.1010 | 0.0020 | 通讯 | 1994 | 0.3743 | -0.0347 | 0.1090 | 0.0020 |
| 衣着 | 1999 | 0.4270 | -0.0310 | 0.1072 | 0.0010 | 通讯 | 1999 | 0.4244 | -0.0336 | 0.1145 | 0.0010 |
| 衣着 | 2004 | 0.3768 | -0.0266 | 0.1119 | 0.0040 | 通讯 | 2004 | 0.3894 | -0.0333 | 0.0996 | 0.0020 |
| 衣着 | 2009 | 0.3141 | -0.0347 | 0.1034 | 0.0020 | 通讯 | 2009 | 0.3878 | -0.0302 | 0.1101 | 0.0040 |
| 居住 | 1994 | 0.4460 | -0.0330 | 0.0993 | 0.0020 | 文教 | 1994 | 0.3255 | -0.0342 | 0.1106 | 0.0040 |
| 居住 | 1999 | 0.5041 | -0.0275 | 0.1099 | 0.0010 | 文教 | 1999 | 0.3313 | -0.0344 | 0.1027 | 0.0010 |
| 居住 | 2004 | 0.3569 | -0.0301 | 0.0939 | 0.0020 | 文教 | 2004 | 0.3714 | -0.0367 | 0.1039 | 0.0020 |
| 居住 | 2009 | 0.2027 | -0.0331 | 0.1042 | 0.0280 | 文教 | 2009 | 0.4742 | -0.0366 | 0.1012 | 0.0010 |
| 家庭 | 1994 | 0.4064 | -0.0297 | 0.0931 | 0.0020 | 杂项 | 1994 | 0.4381 | -0.0340 | 0.0979 | 0.0010 |
| 家庭 | 1999 | 0.3258 | -0.0337 | 0.0914 | 0.0060 | 杂项 | 1999 | 0.4898 | -0.0337 | 0.1161 | 0.0010 |
| 家庭 | 2004 | 0.4236 | -0.0326 | 0.0994 | 0.0030 | 杂项 | 2004 | 0.4429 | -0.0337 | 0.1133 | 0.0010 |
| 家庭 | 2009 | 0.2927 | -0.0300 | 0.1076 | 0.0090 | 杂项 | 2009 | 0.4474 | -0.0315 | 0.1142 | 0.0010 |

从检验结果来看，所有八大类分类消费支出都存在显著的空间自相关，显著性水平均高于0.0280。具体来看，食品类消费支出的显著性水平最高，医疗类较低。② 从趋势来看，不管是Moran's I值还是显著性水平，基本上都没有呈现出明显的单调变化的趋势。

---

① 《中国统计年鉴》和各省统计年鉴把消费结构分为八大类，包括食品、衣着、居住、家庭设备用品及服务（简称家庭）、医疗保健（简称医疗）、交通和通讯（简称通讯）、文教娱乐用品及服务（简称文教）和其他。

② 杂项类消费是消费总支出中除去七大类消费支出所剩余的各类商品和服务消费支出的总和，有点类似于残差，并没有实际意义，这里是出于完整性考虑把它列入表格。

## 二 基于局部统计量的空间自相关检验结果

安瑟林（1995）提出的局部统计量 $I_i$ 是对全局 Moran's I 统计量进行分解，以确定那些对空间自相关产生重要影响的观测值或异常值。因此，从这个意义上讲，局部统计量检验具有重要意义：首先，它确定空间自相关之所在；其次，它检验空间异方差；此外，它还可以确定空间自相关/空间集聚的类型。这也是在全局空间自相关检验之后有必要再进行局部空间自相关检验的主要原因。

### （一）人均纯收入的局部统计量检验结果

局部空间自相关检验除了得到数值结果之外，还有丰富的图表呈现，其中最常用的有局部检验显著图（significance map）和集聚图（cluster map）。

局部检验显著图显示那些具有显著的局部 Moran's I 值的位置（即本书中的省份）。其中，白色表示不显著，浅绿色、深绿色和墨绿色分别表示在5%、1%和0.1%水平上显著。值得注意的是，显著图中的各显著点实际上是空间集聚（即空间集群）（spatial cluster）的核心（core）而非空间集聚本身，空间集聚本身可能有更大的覆盖范围。这里，空间集聚是指那些观测值与邻近位置观测值的相似程度高于随机情形的位置（正的空间自相关）（安瑟林，2005：145—146）。对本书来讲，空间集聚就是人均纯收入或消费水平高（低）的地区与其他高（低）的地区在空间上排列在一起。①

图3-1左图是2009年我国各省份农村居民人均纯收入的局部检验显著图。可以看出，在5%水平上显著的省区市有7个，包括西藏、陕西、甘肃、宁夏、上海、江苏和浙江；在1%水平上显著的省份有青海和新疆；在0.1%水平上显著的省份有海南和四川。

局部检验集聚图呈现显著的局部空间自相关点的空间自相关类型，它提供的信息本质上与显著图相同。根据安瑟林（2005：145）的定义，很显然，标注蓝色和红色的位置表示空间集聚，灰色和粉色的位置表示空间异常值。

从图3-1右图来看，2009年，人均纯收入呈低—低集聚模式的省份

---

① 人均纯收入或消费高（低）的地区与其他低（高）的地区在空间上排列在一起（即负的空间自相关）称为空间异常值（spatial outliers）（安瑟林，2005：145）。

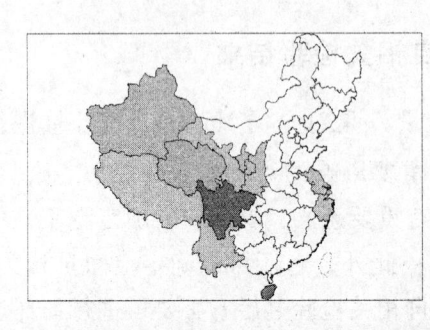

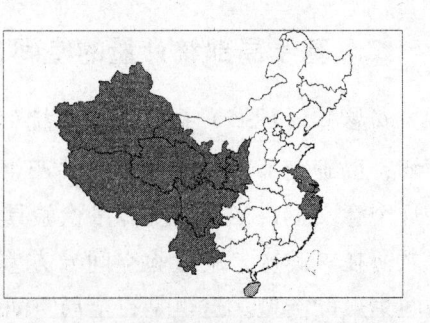

**图 3-1　2009 年人均纯收入局部空间自相关检验的显著图与集聚图**

说明：(1) 左图为显著图，白色表示不显著，浅绿色、深绿色和墨绿色分别表示在 5%、1% 和 0.1% 水平上显著；(2) 右图为集聚图，白色表示不显著，蓝色表示低—低集聚，红色表示高—高集聚，灰色表示低—高集聚，粉色表示高—低集聚。下同。

有 8 个，包括四川、云南、西藏、陕西、甘肃、青海、宁夏和新疆；呈高—高集聚模式的省市有上海、江苏和浙江；海南呈低—高集聚模式，或者说，海南是空间异常值。

除了上述两个图之外，局部空间自相关检验更重要的结果是统计量的值和相关推断结果，包括局部空间自相关指数（LISA Indices）、空间集聚类型和 P 值。我国农村居民人均纯收入局部空间自相关检验数值结果见表 3-5。从表中可以看出，1994 年、1999 年、2004 年和 2009 年，尽管局部统计量 $I_i$ 值有所不同，但是所有省区市在这些年份的最终检验结果是一致的。① 这说明我国各省区市农村居民的人均纯收入存在系统性的空间自相关模式。事实上，这也从一个侧面说明我国各省区市农村居民人均纯收入的空间分布具有高度稳定性，很可能不存在明显的全局趋同趋势。

**表 3-5　人均纯收入的局部空间自相关检验结果**

| 省份 | 1994 年 LISA 指数 | 集聚类型 | P 值 | 1999 年 LISA 指数 | 集聚类型 | P 值 | 2004 年 LISA 指数 | 集聚类型 | P 值 | 2009 年 LISA 指数 | 集聚类型 | P 值 |
| --- | --- | --- | --- | --- | --- | --- | --- | --- | --- | --- | --- | --- |
| 黑龙江 | -0.1003 | 0 | 0.4390 | 0.0385 | 0 | 0.4490 | 0.0301 | 0 | 0.4710 | 0.0220 | 0 | 0.4890 |
| 新疆 | 0.4832 | 2 | 0.0220 | 0.8801 | 2 | 0.0030 | 0.6260 | 2 | 0.0050 | 0.6352 | 2 | 0.0010 |

---

① 实际上，其他年份的检验结果也大致相同。

第三章 我国农村居民人均消费支出的空间自相关检验

续表

| 省份 | 1994年 LISA指数 | 集聚类型 | P值 | 1999年 LISA指数 | 集聚类型 | P值 | 2004年 LISA指数 | 集聚类型 | P值 | 2009年 LISA指数 | 集聚类型 | P值 |
|---|---|---|---|---|---|---|---|---|---|---|---|---|
| 山西 | 0.3810 | 0 | 0.0930 | 0.2266 | 0 | 0.2180 | 0.1881 | 0 | 0.2000 | 0.2065 | 0 | 0.2250 |
| 宁夏 | 0.5158 | 2 | 0.0420 | 0.4544 | 2 | 0.0310 | 0.4761 | 2 | 0.0340 | 0.4429 | 2 | 0.0260 |
| 西藏 | 0.4123 | 2 | 0.0170 | 0.8534 | 2 | 0.0050 | 0.7092 | 2 | 0.0100 | 0.6060 | 2 | 0.0170 |
| 山东 | 0.0004 | 0 | 0.4000 | 0.0233 | 0 | 0.3640 | 0.0154 | 0 | 0.4050 | 0.0109 | 0 | 0.3960 |
| 河南 | 0.3170 | 0 | 0.0950 | 0.1176 | 0 | 0.2100 | 0.1332 | 0 | 0.2230 | 0.0945 | 0 | 0.2100 |
| 江苏 | 0.9475 | 1 | 0.0160 | 1.3517 | 1 | 0.0090 | 1.3633 | 1 | 0.0120 | 1.2045 | 1 | 0.0140 |
| 安徽 | -0.1211 | 0 | 0.2870 | -0.1735 | 0 | 0.2050 | -0.2056 | 0 | 0.1380 | -0.1756 | 0 | 0.1320 |
| 湖北 | 0.1335 | 0 | 0.0550 | 0.0596 | 0 | 0.0940 | 0.0952 | 0 | 0.0810 | 0.0819 | 0 | 0.1410 |
| 浙江 | 1.2215 | 1 | 0.0350 | 1.4643 | 1 | 0.0250 | 1.6117 | 1 | 0.0180 | 1.4430 | 1 | 0.0310 |
| 江西 | -0.0649 | 0 | 0.1590 | -0.1064 | 0 | 0.1000 | -0.1227 | 0 | 0.1280 | -0.0634 | 0 | 0.1850 |
| 湖南 | 0.0415 | 0 | 0.3780 | 0.0345 | 0 | 0.3570 | 0.0692 | 0 | 0.2240 | 0.0811 | 0 | 0.2050 |
| 云南 | 0.5286 | 2 | 0.0420 | 0.6657 | 2 | 0.0260 | 0.7387 | 2 | 0.0050 | 0.6634 | 2 | 0.0080 |
| 贵州 | 0.4971 | 2 | 0.0450 | 0.5171 | 0 | 0.0750 | 0.5835 | 0 | 0.0550 | 0.5589 | 0 | 0.0570 |
| 福建 | 0.3952 | 0 | 0.0720 | 0.7079 | 0 | 0.0620 | 0.6006 | 0 | 0.0740 | 0.3706 | 0 | 0.0890 |
| 广西 | 0.0532 | 0 | 0.3970 | 0.0620 | 0 | 0.3520 | 0.2135 | 0 | 0.2290 | 0.2591 | 0 | 0.1950 |
| 广东 | -0.1355 | 0 | 0.4670 | 0.0115 | 0 | 0.4130 | -0.1014 | 0 | 0.4980 | -0.0859 | 0 | 0.4680 |
| 海南 | 0.0000 | 3 | 0.0010 | 0.0000 | 3 | 0.0010 | 0.0000 | 3 | 0.0010 | 0.0000 | 3 | 0.0010 |
| 吉林 | -0.0197 | 0 | 0.2610 | 0.0099 | 0 | 0.4610 | 0.0164 | 0 | 0.5000 | 0.0063 | 0 | 0.4870 |
| 辽宁 | -0.0355 | 0 | 0.4020 | -0.0179 | 0 | 0.4780 | -0.0185 | 0 | 0.4490 | -0.0308 | 0 | 0.4700 |
| 天津 | 0.6191 | 0 | 0.1050 | 1.1204 | 0 | 0.0860 | 1.5072 | 0 | 0.0770 | 1.6082 | 0 | 0.0810 |
| 青海 | 0.5313 | 2 | 0.0160 | 0.7780 | 2 | 0.0040 | 0.6741 | 2 | 0.0100 | 0.6821 | 2 | 0.0080 |
| 甘肃 | 0.6318 | 2 | 0.0090 | 0.6990 | 2 | 0.0070 | 0.6396 | 2 | 0.0080 | 0.6621 | 2 | 0.0080 |
| 陕西 | 0.5265 | 2 | 0.0020 | 0.4770 | 2 | 0.0260 | 0.4741 | 2 | 0.0270 | 0.4136 | 2 | 0.0270 |
| 内蒙古 | 0.0676 | 0 | 0.1210 | 0.1342 | 0 | 0.0860 | 0.1559 | 0 | 0.1130 | 0.0983 | 0 | 0.0970 |
| 重庆 | 0.3878 | 2 | 0.0470 | 0.3432 | 0 | 0.0700 | 0.2779 | 2 | 0.0490 | 0.2433 | 0 | 0.0590 |
| 河北 | -0.0624 | 0 | 0.2860 | 0.0308 | 0 | 0.1750 | 0.0027 | 0 | 0.1330 | -0.0711 | 0 | 0.0970 |
| 上海 | 4.1580 | 1 | 0.0160 | 4.4654 | 1 | 0.0100 | 4.5909 | 1 | 0.0140 | 4.2573 | 1 | 0.0180 |
| 北京 | 0.4510 | 0 | 0.2590 | 1.1637 | 0 | 0.1480 | 1.5102 | 0 | 0.1510 | 1.5135 | 0 | 0.1310 |
| 四川 | 0.5009 | 2 | 0.0010 | 0.4684 | 2 | 0.0010 | 0.4191 | 2 | 0.0010 | 0.3795 | 2 | 0.0010 |

说明：集聚类型中的1表示低—低集聚，2表示高—高集聚，3表示低—高集聚，4表示高—低集聚。下同。

## (二) 人均消费总支出的局部统计量检验结果

图 3-2 左图是 2009 年我国各省区市农村居民人均消费总支出局部空间自相关检验的显著图。可以看出，在 5% 水平上显著的省区市有 5 个，包括青海、云南、上海、江苏和浙江；新疆在 1% 水平上显著；海南和四川在 0.1% 水平上显著。

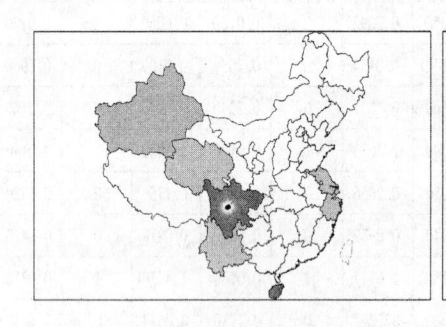

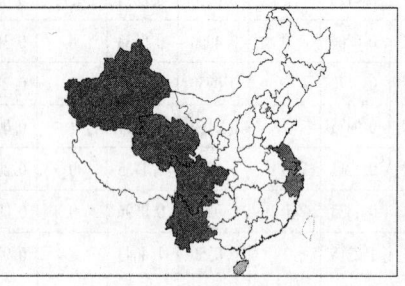

**图 3-2　2009 年人均消费总支出局部空间自相关检验的显著图与集聚图**

从图 3-2 右图可以看出，2009 年，人均消费总支出呈低—低集聚模式的省区有 4 个，包括四川、云南、青海和新疆；呈高—高集聚模式的省市有上海、江苏和浙江；海南呈低—高集聚模式。

比较人均消费总支出与人均纯收入的检验显著图，可以发现 31 个省份中只有 4 个省区市具有显著的差异，包括西藏、甘肃、宁夏和陕西，此外，青海略有差异。比较两者的检验集聚图，也可以发现只有西藏、甘肃、宁夏和陕西 4 个省区存在显著的差异。这说明消费总支出与纯收入的空间自相关模式非常接近，这从一个侧面说明人均纯收入对人均消费总支出的决定性影响。

除了上述两个图之外，我国农村居民人均消费总支出局部空间自相关检验的数值结果见表 3-6。

**表 3-6　　　　人均消费总支出的局部空间自相关检验结果**

| 省份 | 1994 年 LISA 指数 | 集聚类型 | P 值 | 1999 年 LISA 指数 | 集聚类型 | P 值 | 2004 年 LISA 指数 | 集聚类型 | P 值 | 2009 年 LISA 指数 | 集聚类型 | P 值 |
|---|---|---|---|---|---|---|---|---|---|---|---|---|
| 黑龙江 | 0.0136 | 0 | 0.2753 | 0.1024 | 0 | 0.4317 | 0.1136 | 0 | 0.4620 | -0.0055 | 0 | 0.4280 |
| 新疆 | 0.4096 | 2 | 0.0025 | 0.5163 | 2 | 0.0009 | 0.4031 | 2 | 0.0100 | 0.5568 | 2 | 0.0100 |
| 山西 | 0.5505 | 2 | 0.0244 | 0.4071 | 2 | 0.1219 | 0.2895 | 2 | 0.1270 | 0.1881 | 2 | 0.2200 |
| 宁夏 | 0.3864 | 2 | 0.0380 | 0.3333 | 2 | 0.0766 | 0.1905 | 2 | 0.1030 | 0.2204 | 2 | 0.1820 |

第三章 我国农村居民人均消费支出的空间自相关检验

续表

| 省份 | 1994年 LISA指数 | 集聚类型 | P值 | 1999年 LISA指数 | 集聚类型 | P值 | 2004年 LISA指数 | 集聚类型 | P值 | 2009年 LISA指数 | 集聚类型 | P值 |
|---|---|---|---|---|---|---|---|---|---|---|---|---|
| 西藏 | 0.5955 | 0 | 0.0648 | 0.6426 | 0 | 0.0906 | 0.4036 | 0 | 0.0550 | 0.5067 | 0 | 0.0820 |
| 山东 | 0.0209 | 0 | 0.4285 | -0.0114 | 0 | 0.4472 | -0.0150 | 0 | 0.4050 | -0.0099 | 0 | 0.4390 |
| 河南 | 0.3275 | 0 | 0.0698 | 0.2748 | 0 | 0.1194 | 0.2252 | 0 | 0.1310 | 0.1391 | 0 | 0.2380 |
| 江苏 | 1.1849 | 1 | 0.0132 | 1.1140 | 1 | 0.0165 | 0.8400 | 1 | 0.0110 | 1.2074 | 1 | 0.0150 |
| 安徽 | -0.0635 | 0 | 0.2562 | -0.1567 | 0 | 0.1962 | -0.1394 | 0 | 0.2180 | -0.1017 | 0 | 0.1710 |
| 湖北 | 0.0331 | 0 | 0.1641 | 0.0255 | 0 | 0.2185 | 0.0736 | 0 | 0.1760 | 0.0967 | 0 | 0.1580 |
| 浙江 | 1.4822 | 1 | 0.0087 | 1.4905 | 1 | 0.0198 | 1.8290 | 1 | 0.0250 | 1.6420 | 1 | 0.0250 |
| 江西 | -0.0350 | 0 | 0.0654 | -0.0184 | 0 | 0.0694 | -0.1032 | 0 | 0.1050 | -0.1459 | 0 | 0.1510 |
| 湖南 | 0.0018 | 0 | 0.4236 | -0.0084 | 0 | 0.4755 | -0.0304 | 0 | 0.3600 | 0.0325 | 0 | 0.1680 |
| 云南 | 0.4205 | 2 | 0.0276 | 0.3426 | 2 | 0.0355 | 0.3929 | 2 | 0.0200 | 0.4627 | 2 | 0.0140 |
| 贵州 | 0.2755 | 0 | 0.1978 | 0.1796 | 0 | 0.3160 | 0.2923 | 0 | 0.2270 | 0.3927 | 0 | 0.1310 |
| 福建 | 0.9251 | 1 | 0.0500 | 0.6341 | 1 | 0.0482 | 0.5959 | 0 | 0.0660 | 0.3523 | 0 | 0.1270 |
| 广西 | -0.0324 | 0 | 0.3447 | -0.0342 | 0 | 0.3507 | 0.0539 | 0 | 0.4820 | 0.1783 | 0 | 0.2640 |
| 广东 | 0.2760 | 0 | 0.2497 | 0.2681 | 0 | 0.2855 | 0.0500 | 0 | 0.3580 | -0.0619 | 0 | 0.4580 |
| 海南 | 0.0000 | 3 | 0.0001 | 0.0000 | 3 | 0.0001 | 0.0000 | 3 | 0.0010 | 0.0000 | 3 | 0.0010 |
| 吉林 | 0.0163 | 0 | 0.4459 | 0.0720 | 0 | 0.4569 | 0.0900 | 0 | 0.3970 | 0.0014 | 0 | 0.3870 |
| 辽宁 | -0.2182 | 0 | 0.1698 | 0.0050 | 0 | 0.3428 | 0.0702 | 0 | 0.3470 | -0.0119 | 0 | 0.4680 |
| 天津 | 0.0673 | 0 | 0.2762 | 0.3554 | 0 | 0.1253 | 0.2500 | 0 | 0.1550 | 0.0665 | 0 | 0.0950 |
| 青海 | 0.4820 | 2 | 0.0137 | 0.5680 | 2 | 0.0057 | 0.3465 | 2 | 0.0260 | 0.3521 | 2 | 0.0260 |
| 甘肃 | 0.4677 | 2 | 0.0248 | 0.5209 | 0 | 0.0552 | 0.3383 | 0 | 0.0650 | 0.3143 | 0 | 0.1220 |
| 陕西 | 0.3921 | 2 | 0.0106 | 0.3485 | 0 | 0.0234 | 0.2732 | 0 | 0.0390 | 0.1897 | 0 | 0.0700 |
| 内蒙古 | 0.2281 | 2 | 0.0403 | 0.0752 | 0 | 0.0168 | 0.0996 | 0 | 0.0390 | 0.0406 | 0 | 0.1240 |
| 重庆 | 0.1680 | 0 | 0.1699 | 0.1283 | 0 | 0.2617 | 0.1588 | 0 | 0.1960 | 0.2175 | 0 | 0.1990 |
| 河北 | 0.0333 | 0 | 0.4632 | -0.0593 | 0 | 0.3400 | -0.0519 | 0 | 0.3810 | -0.1285 | 0 | 0.2090 |
| 上海 | 4.4939 | 1 | 0.0122 | 4.3975 | 1 | 0.0129 | 5.0597 | 1 | 0.0150 | 4.8464 | 1 | 0.0070 |
| 北京 | -0.2288 | 0 | 0.4645 | -0.0203 | 0 | 0.3364 | -0.1435 | 0 | 0.3660 | -0.5617 | 0 | 0.4300 |
| 四川 | 0.2579 | 2 | 0.0001 | 0.2329 | 2 | 0.0004 | 0.1857 | 2 | 0.0010 | 0.0124 | 2 | 0.0010 |

从表3-6可以看出，与人均纯收入一样，1994年、1999年、2004年和2009年，尽管局部统计量$I_i$的值有所不同，但是，除了山西和甘肃

在各年份略有差异之外，其余省区市在这些年份的最终检验结果是一致的。① 这从一个侧面说明我国各省区市农村居民人均消费总支出的空间分布具有高度稳定性，很可能不存在明显的全局性趋同态势。

（三）人均分类消费支出的局部统计量检验结果

1. 人均食品消费支出的局部统计量检验结果

图 3-3 左图是 2009 年人均食品消费支出局部空间自相关检验的显著图。可以看出，在 5% 水平上显著的省市有 7 个，包括青海、甘肃、山西、上海、江苏、福建和江西；在 1% 水平上显著的省份有 4 个，包括新疆、内蒙古、四川和浙江；海南在 0.1% 水平上显著。

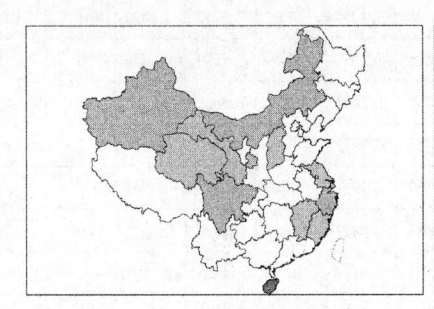

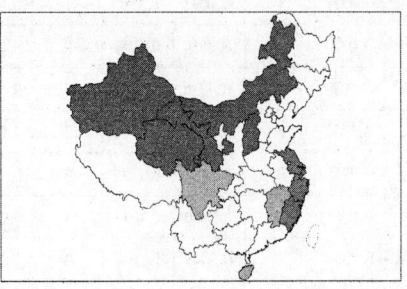

**图 3-3　2009 年人均食品消费支出局部空间自相关检验的显著图与集聚图**

图 3-3 右图是局部自相关检验的集聚图，可以看出，2009 年人均食品消费支出呈低—低集聚模式的省份有 5 个，包括山西、内蒙古、甘肃、青海和新疆；呈高—高集聚模式的省市有 4 个，包括上海、江苏、浙江和福建；海南和江西呈低—高集聚模式；四川呈高—低集聚模式。可以把海南、江西和四川看成空间异常值。

比较人均食品消费支出与人均纯收入的检验显著图，可以发现 31 个省份中有 8 个省份存在显著的差异，包括西藏、云南、宁夏、陕西、山西、内蒙古、福建和江西，此外，浙江、青海和四川略有差异；比较两者的检验集聚图，可以发现西藏、云南、宁夏、陕西、山西、内蒙古、四川、福建和江西等 9 个省份有显著的差异。这一方面说明收入是食品消费的主要影响因素，另一方面也说明食品消费还受其他因素的影响。

比较人均食品消费支出与人均消费总支出的检验显著图，可以发现甘肃、内蒙古、山西、福建和江西等 5 个省份有显著的差异，浙江和四川略

---

① 其他年份的检验结果也大致相同。

有差异；比较两者的检验集聚图，可以发现甘肃、内蒙古、山西、福建、江西和四川等6个省区有显著的差异。因此，食品消费支出与消费总支出在空间自相关模式上有一定程度的相似性，又有一定程度的差异，这一方面说明数据的加总可能会改变数据的性质，包括空间自相关模式，另一方面也说明各类消费支出的空间模式存在一定程度的差异。

人均食品消费支出局部空间自相关检验的数值结果见表3-7。为了节省篇幅，这里只报告2009年的检验结果，其他年份大致相同。

表3-7　2009年人均分类消费支出局部空间自相关检验结果（一）

| 省份 | 食品 LISA指数 | 集聚类型 | P值 | 衣着 LISA指数 | 集聚类型 | P值 | 居住 LISA指数 | 集聚类型 | P值 | 家庭 LISA指数 | 集聚类型 | P值 |
|---|---|---|---|---|---|---|---|---|---|---|---|---|
| 黑龙江 | 0.2125 | 0 | 0.3768 | 0.1485 | 0 | 0.2750 | -0.1276 | 0 | 0.3409 | 0.2759 | 0 | 0.1687 |
| 新疆 | 0.6806 | 2 | 0.0044 | -0.0141 | 0 | 0.3110 | 0.4027 | 0 | 0.1287 | 0.7659 | 2 | 0.0112 |
| 山西 | 0.5158 | 2 | 0.0256 | -0.0495 | 0 | 0.3870 | 0.1095 | 0 | 0.4063 | 0.1783 | 0 | 0.2646 |
| 宁夏 | 0.3195 | 0 | 0.0678 | 0.0004 | 0 | 0.2730 | 0.3471 | 0 | 0.1949 | 0.2131 | 0 | 0.1575 |
| 西藏 | 0.4237 | 0 | 0.1123 | -0.0383 | 0 | 0.1760 | 0.2110 | 0 | 0.3885 | 0.3881 | 2 | 0.0351 |
| 山东 | 0.0264 | 0 | 0.3517 | -0.0120 | 0 | 0.4390 | 0.0443 | 0 | 0.3300 | 0.0855 | 0 | 0.3245 |
| 河南 | 0.3832 | 0 | 0.0651 | 0.0610 | 0 | 0.2580 | -0.0242 | 0 | 0.3995 | 0.0006 | 0 | 0.4773 |
| 江苏 | 1.1857 | 1 | 0.0113 | 0.3742 | 1 | 0.0470 | 0.5547 | 1 | 0.0067 | 1.0673 | 1 | 0.0087 |
| 安徽 | -0.0991 | 0 | 0.2144 | -0.0578 | 0 | 0.3660 | -0.0012 | 0 | 0.1757 | 0.1016 | 0 | 0.1024 |
| 湖北 | 0.0089 | 0 | 0.2168 | 0.2624 | 0 | 0.0730 | 0.0861 | 0 | 0.2262 | -0.0126 | 0 | 0.4974 |
| 浙江 | 1.8586 | 1 | 0.0090 | 0.5586 | 1 | 0.2050 | 1.2521 | 1 | 0.0365 | 1.3798 | 1 | 0.0289 |
| 江西 | -0.0926 | 3 | 0.0385 | -0.0005 | 0 | 0.4770 | -0.0586 | 0 | 0.2536 | -0.1237 | 0 | 0.1427 |
| 湖南 | -0.0269 | 0 | 0.4949 | 0.5088 | 2 | 0.0010 | 0.1174 | 0 | 0.1559 | 0.0188 | 0 | 0.2602 |
| 云南 | 0.2244 | 0 | 0.1426 | 0.7416 | 2 | 0.0160 | 0.2546 | 0 | 0.2659 | 0.3354 | 0 | 0.0878 |
| 贵州 | 0.0654 | 0 | 0.4430 | 0.8986 | 2 | 0.0070 | 0.2039 | 0 | 0.1903 | 0.2302 | 0 | 0.3198 |
| 福建 | 1.0521 | 0 | 0.0474 | 0.0503 | 0 | 0.3080 | 0.0110 | 0 | 0.1588 | 0.2408 | 0 | 0.2017 |
| 广西 | -0.0125 | 0 | 0.3973 | 1.1524 | 2 | 0.0080 | 0.1246 | 0 | 0.2396 | 0.2362 | 0 | 0.1590 |
| 广东 | 0.3753 | 0 | 0.2240 | 0.3416 | 0 | 0.0530 | -0.0768 | 0 | 0.4009 | 0.0037 | 0 | 0.4784 |
| 海南 | 0.0000 | 3 | 0.0001 | 0.0000 | 3 | 0.0010 | 0.0000 | 3 | 0.0001 | 0.0000 | 3 | 0.0001 |
| 吉林 | 0.1741 | 0 | 0.3192 | 0.1357 | 0 | 0.1750 | 0.0164 | 0 | 0.4593 | 0.2046 | 0 | 0.1749 |
| 辽宁 | 0.1056 | 0 | 0.1862 | 0.0143 | 0 | 0.3730 | 0.0140 | 0 | 0.3857 | 0.1276 | 0 | 0.1593 |
| 天津 | 0.1468 | 0 | 0.2012 | 0.8855 | 1 | 0.0360 | -0.4610 | 0 | 0.0842 | -0.3355 | 0 | 0.0502 |
| 青海 | 0.5357 | 0 | 0.0508 | 0.0819 | 0 | 0.2880 | -0.0063 | 0 | 0.2379 | 0.4664 | 2 | 0.0485 |
| 甘肃 | 0.4727 | 2 | 0.0481 | 0.1421 | 0 | 0.3250 | 0.1139 | 0 | 0.2555 | 0.3505 | 2 | 0.0434 |
| 陕西 | 0.3580 | 0 | 0.0585 | 0.1161 | 0 | 0.1780 | 0.1046 | 0 | 0.1282 | 0.0390 | 0 | 0.2275 |

续表

| 省份 | 食品 LISA指数 | 食品 集聚类型 | 食品 P值 | 衣着 LISA指数 | 衣着 集聚类型 | 衣着 P值 | 居住 LISA指数 | 居住 集聚类型 | 居住 P值 | 家庭 LISA指数 | 家庭 集聚类型 | 家庭 P值 |
|---|---|---|---|---|---|---|---|---|---|---|---|---|
| 内蒙古 | 0.1173 | 2 | 0.0031 | 0.0056 | 0 | 0.3960 | 0.1416 | 0 | 0.1981 | 0.2787 | 2 | 0.0480 |
| 重庆 | 0.0638 | 0 | 0.2853 | 0.3119 | 2 | 0.0330 | 0.1412 | 0 | 0.4122 | 0.0014 | 0 | 0.4049 |
| 河北 | -0.0129 | 0 | 0.4760 | -0.2254 | 3 | 0.0310 | -0.0101 | 0 | 0.2675 | -0.1303 | 0 | 0.1853 |
| 上海 | 4.7771 | 1 | 0.0139 | 2.3107 | 1 | 0.0680 | 3.6487 | 1 | 0.0460 | 3.5163 | 1 | 0.0602 |
| 北京 | -0.5233 | 0 | 0.4749 | 0.4263 | 0 | 0.3040 | -0.5294 | 0 | 0.4990 | -1.0665 | 0 | 0.4208 |
| 四川 | -0.0692 | 4 | 0.0006 | 0.2919 | 2 | 0.0180 | -0.5247 | 4 | 0.0106 | -0.0555 | 4 | 0.0135 |

**2. 人均衣着消费支出的局部统计量检验结果**

图3-4左图是2009年人均衣着消费支出局部空间自相关检验的显著图。可以看出，在5%水平上显著的省市有5个，包括四川、重庆、云南、江苏和河北；在1%水平上显著的省区有贵州、广西和湖南；海南在0.1%水平上显著。

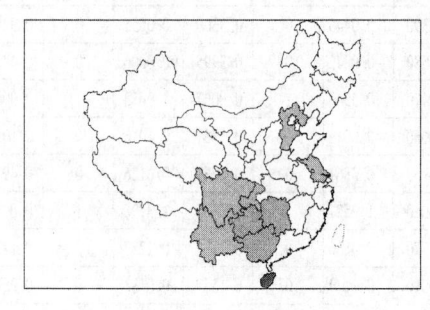

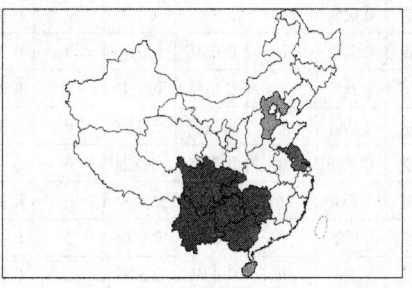

**图3-4　2009年人均衣着消费支出局部空间自相关检验的显著图与集聚图**

图3-4右图是人均衣着消费支出局部空间自相关检验的集聚图，可以看出，2009年呈低—低集聚模式的省份有6个，即湖南、广西、四川、重庆、贵州和云南；江苏呈高—高集聚模式；海南和河北呈低—高集聚模式。

比较人均衣着消费支出与人均纯收入的检验显著图，可以发现31个省区市中有13个存在显著的差异，包括新疆、西藏、青海、甘肃、宁夏、陕西、河北、重庆、广西、贵州、湖南、浙江和上海，此外，四川略有差异；比较两者的检验集聚图，可以发现新疆、西藏、青海、甘肃、宁夏、陕西、河北、重庆、广西、贵州、湖南、浙江和上海等13个省区市有显著的差异。这从一个侧面说明衣着消费支出受收入之外的其他重要因素的影响。

比较人均衣着消费支出与人均消费总支出的检验显著图，可以发现新疆、青海、重庆、河北、广西、贵州、湖南、浙江和上海等9个省份存在显著的差异，此外，四川略有差异，比较两者的检验集聚图，也可以发现新疆、青海、重庆、河北、广西、贵州、湖南、浙江和上海等9个省份存在显著的差异。与食品消费一样，衣着消费支出与消费总支出在空间自相关模式上只有一定程度的相似性。

人均衣着消费支出局部空间自相关检验的数值结果见表3-7。

3. 人均居住消费支出的局部统计量检验结果

图3—5左图是2009年人均居住消费支出局部空间自相关检验的显著图。可以看出，浙江、上海和四川在5%水平上显著；江苏在1%水平上显著；海南在0.1%水平上显著。

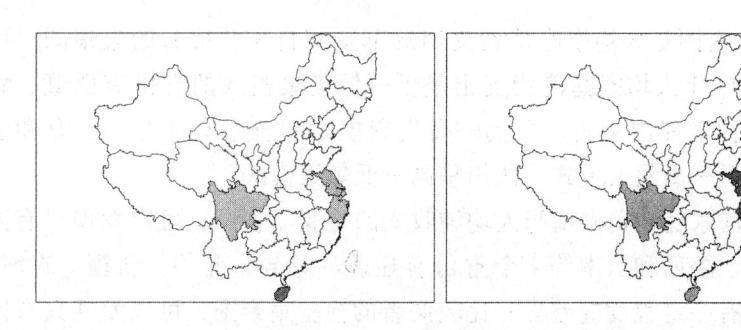

**图3-5　2009年人均居住消费支出局部空间自相关检验的显著图与集聚图**

图3-5右图是人均居住消费支出局部空间自相关检验的集聚图，可以看出，2009年人均居住消费支出呈高—高集聚模式的省市有江苏、上海和浙江；海南呈低—高集聚模式；四川呈高—低集聚模式。

比较人均居住消费支出与人均纯收入的检验显著图，可以发现新疆、西藏、青海、甘肃、宁夏、云南和陕西等7个省份有显著的差异，此外，江苏和四川有一定程度的差异，比较两者的检验集聚图，也可以发现只有新疆、西藏、青海、甘肃、宁夏、云南、陕西和四川等省份有不同或相反的空间集聚模式。这一方面说明收入是居住消费支出的主要影响因素，另一方面也说明居住消费支出还受其他因素的影响。

人均居住消费支出局部空间自相关检验的数值结果见表3-7。

4. 人均家庭消费支出的局部统计量检验结果

图3-6左图是2009年人均家庭消费支出局部空间自相关检验的显著图。可以看出，8个省份在5%水平上显著，包括西藏、新疆、青海、甘肃、内蒙古、四川、浙江和上海；江苏在1%水平上显著；海南在0.1%水平上显著。

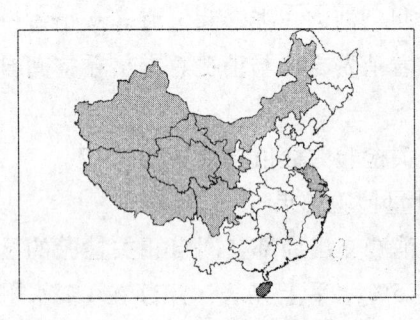

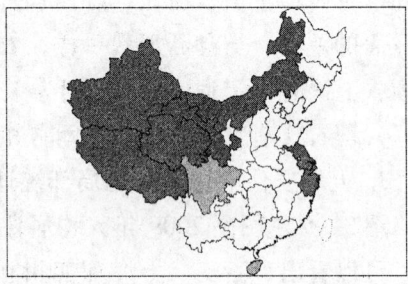

**图3-6　2009年人均家庭消费支出局部空间自相关检验的显著图与集聚图**

图3-6右图是人均家庭消费支出局部空间自相关检验的集聚图，可以看出，2009年人均家庭消费支出呈低—低集聚模式的省份有西藏、新疆、青海、甘肃和内蒙古；呈高—高集聚模式的省市有江苏、上海和浙江；海南呈低—高集聚模式；四川呈高—低集聚模式。

比较人均家庭消费支出与人均纯收入的检验显著图，可以发现只有内蒙古、宁夏、陕西和云南等4个省份有显著的差异，此外，新疆、青海、江苏和四川有一定程度的差异；比较两者的检验集聚图，可以发现只有四川、内蒙古、宁夏、陕西和云南等5个省份有显著的差异。这说明收入是家庭消费支出的首要影响因素。

人均家庭消费支出局部空间自相关检验的数值结果见表3-7。

5. 人均医疗消费支出的局部统计量检验结果

图3-7左图是2009年人均医疗消费支出局部空间自相关检验的显著图。可以看出，7个省份在5%水平上显著，包括新疆、青海、四川、广西、湖南、江苏和天津；云南在1%水平上显著；海南在0.1%水平上显著。

图3-7右图是2009年人均医疗消费支出局部空间自相关检验的集聚图。可以看出，人均医疗消费支出呈低—低集聚模式的省份有云南、四川、青海、广西和湖南；江苏呈高—高集聚模式；海南和天津呈低—高集聚模式；新疆呈高—低集聚模式。

比较人均医疗消费支出与人均纯收入的检验显著图，可以发现西藏、

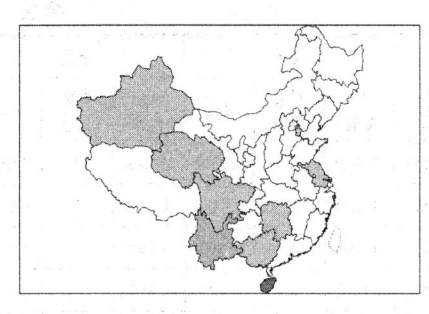

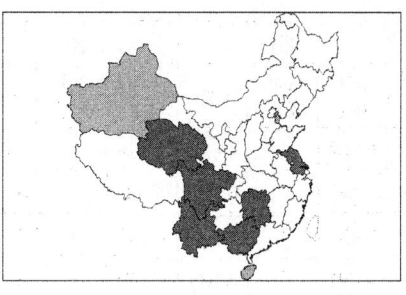

第三章　我国农村居民人均消费支出的空间自相关检验

图 3-7　2009 年人均医疗消费支出局部空间自相关检验的显著图与集聚图

甘肃、宁夏、陕西、广西、湖南、天津、上海和浙江等 9 个省份有显著的差异，此外，新疆、青海、云南和四川有一定程度的差异；比较两者的检验集聚图，可以发现新疆、西藏、甘肃、宁夏、陕西、广西、湖南、天津、上海和浙江等 10 个省份有显著的差异。这一方面说明收入是影响医疗消费支出的主要因素，另一方面也说明还存在其他影响因素。

人均医疗消费支出局部空间自相关检验的数值结果见表 3-8。

表 3-8　2009 年人均分类消费支出局部空间自相关检验结果（二）

| 省份 | 医疗 LISA指数 | 集聚类型 | P值 | 通讯 LISA指数 | 集聚类型 | P值 | 文教 LISA指数 | 集聚类型 | P值 | 杂项 LISA指数 | 集聚类型 | P值 |
|---|---|---|---|---|---|---|---|---|---|---|---|---|
| 黑龙江 | 0.5972 | 0 | 0.1540 | 0.0039 | 0 | 0.3840 | 0.0507 | 0 | 0.3086 | 0.0262 | 0 | 0.4040 |
| 新疆 | -0.0017 | 4 | 0.0320 | 0.3172 | 2 | 0.0380 | 0.8275 | 2 | 0.0049 | 0.9371 | 2 | 0.0180 |
| 山西 | -0.0087 | 0 | 0.4380 | 0.1431 | 0 | 0.3000 | -0.0468 | 0 | 0.4274 | 0.1298 | 0 | 0.2120 |
| 宁夏 | -0.0102 | 0 | 0.4200 | 0.1162 | 0 | 0.2460 | 0.0945 | 0 | 0.4939 | 0.0159 | 0 | 0.1380 |
| 西藏 | 0.4206 | 0 | 0.3180 | 0.3811 | 0 | 0.1320 | 1.0561 | 2 | 0.0005 | 0.7768 | 2 | 0.0140 |
| 山东 | 0.0228 | 0 | 0.3180 | -0.0358 | 0 | 0.4980 | 0.0298 | 0 | 0.3483 | 0.0017 | 0 | 0.4960 |
| 河南 | 0.1139 | 0 | 0.2380 | 0.1695 | 0 | 0.1900 | 0.0520 | 0 | 0.4134 | 0.0829 | 0 | 0.2680 |
| 江苏 | 0.0356 | 1 | 0.0440 | 1.2931 | 1 | 0.0120 | 2.2445 | 1 | 0.0102 | 1.1816 | 1 | 0.0220 |
| 安徽 | -0.0246 | 0 | 0.4500 | -0.1742 | 0 | 0.2060 | -0.1058 | 0 | 0.1273 | -0.1548 | 0 | 0.1380 |
| 湖北 | 0.1658 | 0 | 0.1640 | 0.2802 | 2 | 0.0140 | 0.1220 | 0 | 0.1985 | -0.2061 | 0 | 0.1080 |
| 浙江 | 0.3201 | 0 | 0.2860 | 1.5100 | 1 | 0.0300 | 1.6906 | 1 | 0.0232 | 1.5682 | 1 | 0.0280 |
| 江西 | 0.0549 | 0 | 0.3840 | -0.1606 | 0 | 0.2480 | -0.0908 | 0 | 0.3059 | -0.3491 | 3 | 0.0220 |
| 湖南 | 0.2037 | 2 | 0.0320 | 0.1906 | 0 | 0.0520 | 0.1756 | 0 | 0.0380 | 0.0101 | 0 | 0.3060 |
| 云南 | 0.6050 | 2 | 0.0100 | 0.3695 | 2 | 0.0040 | 0.7410 | 2 | 0.0003 | 0.9995 | 2 | 0.0060 |

续表

| 省份 | 医疗 LISA指数 | 医疗 集聚类型 | 医疗 P值 | 通讯 LISA指数 | 通讯 集聚类型 | 通讯 P值 | 文教 LISA指数 | 文教 集聚类型 | 文教 P值 | 杂项 LISA指数 | 杂项 集聚类型 | 杂项 P值 |
|---|---|---|---|---|---|---|---|---|---|---|---|---|
| 贵州 | 0.5248 | 0 | 0.0920 | 0.5608 | 2 | 0.0240 | 0.5719 | 2 | 0.0229 | 0.9344 | 2 | 0.0160 |
| 福建 | -0.1387 | 0 | 0.3420 | 0.3645 | 0 | 0.1220 | 0.1113 | 0 | 0.2431 | 1.1515 | 1 | 0.0220 |
| 广西 | 0.4212 | 2 | 0.0400 | 0.2315 | 0 | 0.2420 | 0.4349 | 0 | 0.0653 | 0.0918 | 0 | 0.3580 |
| 广东 | 0.2516 | 0 | 0.1140 | -0.1290 | 0 | 0.4260 | 0.0932 | 0 | 0.2981 | -0.1107 | 0 | 0.4480 |
| 海南 | 0.0000 | 3 | 0.0020 | 0.0000 | 3 | 0.0020 | 0.0000 | 3 | 0.0001 | 0.0000 | 3 | 0.0020 |
| 吉林 | 0.6947 | 0 | 0.1540 | 0.0002 | 0 | 0.3600 | 0.0194 | 0 | 0.2897 | 0.0593 | 0 | 0.2500 |
| 辽宁 | 0.2865 | 0 | 0.1960 | 0.0149 | 0 | 0.4960 | -0.0279 | 0 | 0.4413 | -0.0780 | 0 | 0.4900 |
| 天津 | -0.1471 | 3 | 0.0240 | 0.2167 | 0 | 0.1140 | 0.0386 | 0 | 0.0944 | -0.0289 | 0 | 0.2460 |
| 青海 | 0.0931 | 0 | 0.0520 | 0.2454 | 2 | 0.0260 | 0.7284 | 0 | 0.0009 | 0.6550 | 2 | 0.0040 |
| 甘肃 | -0.0554 | 0 | 0.4140 | 0.2673 | 0 | 0.1700 | 0.3020 | 0 | 0.0751 | 0.6343 | 2 | 0.0480 |
| 陕西 | -0.0198 | 0 | 0.2540 | 0.2452 | 0 | 0.0380 | -0.0280 | 0 | 0.1174 | 0.2623 | 0 | 0.0500 |
| 内蒙古 | 0.0954 | 0 | 0.2760 | -0.0422 | 0 | 0.1600 | -0.0066 | 0 | 0.4441 | 0.0039 | 0 | 0.2800 |
| 重庆 | 0.1841 | 0 | 0.1120 | 0.4157 | 2 | 0.0160 | 0.2421 | 0 | 0.1344 | 0.4894 | 0 | 0.1100 |
| 河北 | -0.0744 | 0 | 0.0780 | -0.1192 | 0 | 0.1460 | -0.1803 | 0 | 0.1370 | -0.0959 | 0 | 0.3080 |
| 上海 | 2.1652 | 0 | 0.0740 | 4.8772 | 1 | 0.0200 | 5.1186 | 1 | 0.0068 | 4.1419 | 1 | 0.0120 |
| 北京 | -0.4084 | 0 | 0.3960 | -0.2305 | 0 | 0.4020 | -0.5186 | 0 | 0.4526 | -0.4726 | 0 | 0.4160 |
| 四川 | 0.2177 | 0 | 0.0120 | 0.3105 | 0 | 0.0020 | 0.4862 | 2 | 0.0017 | 0.7642 | 2 | 0.0020 |

**6. 人均通讯消费支出的局部统计量检验结果**

图3-8左图是2009年人均通讯消费支出局部空间自相关检验的显著图。可以看出，9个省份在5%水平上显著，包括新疆、青海、陕西、湖北、湖南、重庆、贵州、浙江和上海；江苏在1%水平上显著；海南、四川和云南在0.1%水平上显著。

图3-8右图是2009年人均通讯消费支出局部空间自相关检验的集聚图。可以看出，人均通讯消费支出呈低—低集聚模式的省份有新疆、云南、四川、青海、贵州、湖南、湖北、重庆和陕西；江苏、上海和浙江呈高—高集聚模式；海南呈低—高集聚模式。

比较人均通讯消费支出与人均纯收入的检验显著图，可以发现西藏、甘肃、宁夏、重庆、贵州、湖南和湖北等7个省份存在显著差异，此外，新疆、青海、云南和江苏存在一定程度的差异；比较两者的检验集聚图，

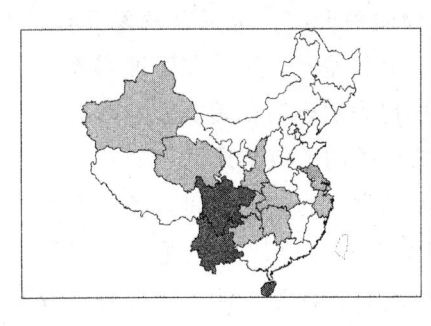

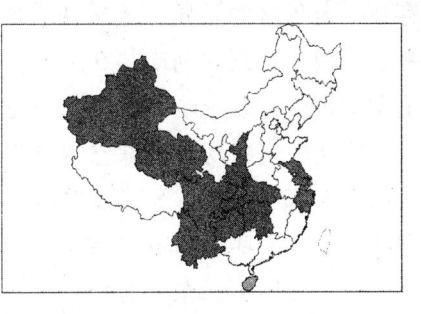

图3-8  2009年人均通讯消费支出局部空间自相关检验的显著图与集聚图

也可以发现西藏、甘肃、宁夏、重庆、贵州、湖南和湖北等7个省份存在显著的差异。这一方面说明收入是通讯消费支出的主要影响因素,另一方面也说明还存在其他影响因素。

人均通讯消费支出局部空间自相关检验的数值结果见表3-8。

7. 人均文教消费支出的局部统计量检验结果

图3-9中左图是2009年人均文教消费支出局部空间自相关检验的显著图。可以看出,5个省市在5%水平上显著,包括湖南、贵州、浙江、江苏和上海;新疆、西藏、青海和四川在1%水平上显著;海南和云南在0.1%水平上显著。

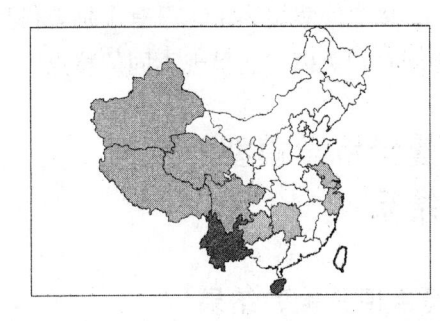

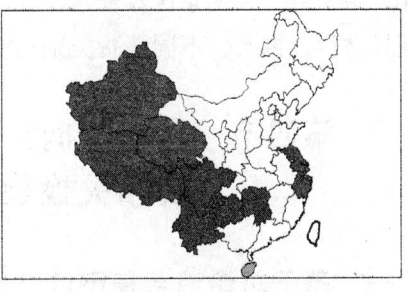

图3-9  2009年人均文教消费支出局部空间自相关检验的显著图与集聚图

图3-9右图是2009年人均文教消费支出局部空间自相关检验的集聚图,可以看出,人均文教消费支出呈低—低集聚模式的省份有西藏、新疆、云南、四川、青海、贵州和湖南;江苏、上海和浙江呈高—高集聚模式;海南呈低—高集聚模式。很显然,海南属于空间异常值。

比较人均文教消费支出与人均纯收入的检验显著图,可以发现只有甘肃、宁夏、陕西、贵州和湖南等5个省份存在显著差异,此外,云南和西藏存在一定程度的差异；比较两者的检验集聚图，也可以发现只有甘肃、宁夏、陕西、贵州和湖南等5个省份有显著差异。这一方面说明收入是文教消费支出的首要影响因素，另一方面也说明还存在其他影响因素。

人均文教消费支出局部空间自相关检验的数值结果见表3-8。

从表3-7和表3-8可以看出，不同省市的局部空间自相关模式具有不同的特点。一些省份从未呈现出空间自相关，比如黑龙江、宁夏、山东、河南、安徽、广东、吉林、辽宁和北京；江苏、浙江、上海、海南和云南在大部分消费类别上都呈现出一致的空间集聚模式，其中江苏、浙江和上海呈现显著的高—高模式，海南呈现低—高模式；新疆和四川尽管也在多种类别的消费上呈现出空间自相关，但是，在有些类别上呈现的是空间集聚，在另外一些类别上呈现的是空间异常值；其余大部分省份只在个别消费类别上呈现出空间自相关模式，其中，山西、西藏、湖北、湖南、贵州、广西、青海、甘肃、陕西、内蒙古和重庆以低—低模式集聚，福建以高—高模式集聚，江西和河北以低—高模式集聚；比较特殊的是天津，它在不同消费类别上呈现出不同的集聚模式：衣着类呈高—高模式，医疗类呈低—高模式。

整体看来，分类消费支出的局部空间自相关检验结果可以归纳为三点：首先，空间自相关现象比较普遍；其次，以空间集聚为主，只有个别省份呈空间异常值；再次，不同消费类别在空间自相关模式上呈现不同的特点。

## 第四节 基于空间计量经济学模型的空间自相关检验结果

### 一 基于总量消费模型的空间自相关检验结果

基于总量消费模型的空间自相关检验结果见表3-9。其中，多重共线性条件数用来衡量多重共线性的程度，一般来讲，条件数超过30表示存在多重共线性问题；雅克—贝拉（Jarque-Bera）统计量用来检验残差正态性；布劳殊—培干检验（Breusch-Pagan test）、凯恩克—巴斯特检验（Koenker-Bassett test）和怀特检验（White test）用于检验异方差。最后6项是空间自相关检验结果，其中，第一项是Moran's I，它涉及3个值：第一个值为Moran's I值本身，第二个值为标准正态分布的z值，第三个值为P值；中间

**表 3-9　基于总量消费模型的空间自相关检验结果**

| 消费假说 | 检验类型 | 多重共线性条件数 | 雅克—贝拉残差正态性检验 | 布劳殊—戈弗雷干扰检验 | 怀特巴—帕斯特检验 | 怀特检验 | Moran's I | $RS_\rho$ | $RS_\rho^*$ | $RS_\lambda$ | $RS_\lambda^*$ | RS (SARMA) |
|---|---|---|---|---|---|---|---|---|---|---|---|---|
| 绝对收入假说 | 自由度/MI/条件数 | 4.9307 | 2 | 1 | 1 | 2 | 0.2553 | 1 | 1 | 1 | 1 | 2 |
| | 值 | - | 44.797 | 16.9704 | 4.7271 | 5.1742 | 2.8123 | 0.2216 | 0.1289 | 4.3147 | 4.2221 | 4.4436 |
| | P值 | - | 0 | 0 | 0.0297 | 0.0752 | 0.0049 | 0.6379 | 0.7196 | 0.0378 | 0.0399 | 0.1084 |
| 相对收入假说 | 自由度/MI/条件数 | 172.1575 | 2 | 2 | 2 | 5 | 0.2557 | 1 | 1 | 1 | 1 | 2 |
| | 值 | - | 44.0017 | 18.3065 | 5.1309 | 6.4239 | 2.9805 | 0.232 | 0.1223 | 4.3291 | 4.2194 | 4.4514 |
| | P值 | - | 0 | 0.0001 | 0.0769 | 0.2671 | 0.0029 | 0.63 | 0.7266 | 0.0375 | 0.04 | 0.108 |
| 持久收入假说 | 自由度/MI/条件数 | 15.6078 | 2 | 2 | 2 | 5 | 0.1921 | 1 | 1 | 1 | 1 | 2 |
| | 值 | - | 1.2933 | 1.9834 | 2.4446 | 12.9264 | 2.1311 | 2.8355 | 2.4986 | 4.2665 | 4.1787 | 4.9421 |
| | P值 | - | 0.5238 | 0.3709 | 0.2945 | 0.0241 | 0.0331 | 0.0922 | 0.1139 | 0.0389 | 0.0409 | 0.0845 |
| 生命周期假说 | 自由度/MI/条件数 | 199.1715 | 2 | 3 | 3 | 9 | 0.2364 | 1 | 1 | 1 | 1 | 2 |
| | 值 | - | 1.4731 | 12.0533 | 11.0083 | 16.4776 | -1.5334 | 0.4948 | 0.2271 | 3.6998 | 3.4321 | 3.9269 |
| | P值 | - | 0.4788 | 0.0072 | 0.0117 | 0.0576 | 0.1252 | 0.4818 | 0.6337 | 0.0544 | 0.0639 | 0.1404 |
| 理性预期消费理论 | 自由度/MI/条件数 | 15.9764 | 2 | 2 | 2 | 5 | 0.1608 | 1 | 1 | 1 | 1 | 2 |
| | 值 | - | 0.9045 | 2.8072 | 3.6153 | 10.0977 | 1.8605 | 1.7108 | 1.4192 | 3.2095 | 2.9179 | 4.6287 |
| | P值 | - | 0.6362 | 0.2457 | 0.164 | 0.0725 | 0.0628 | 0.1909 | 0.2335 | 0.0732 | 0.0876 | 0.0988 |
| 预防性储蓄理论 | 自由度/MI/条件数 | 189.6593 | 2 | 4 | 4 | 14 | 0.2431 | 1 | 1 | 1 | 1 | 2 |
| | 值 | - | 4.3691 | 23.089 | 17.9147 | 27.4966 | -1.6602 | 0.021 | 0.0121 | 3.9106 | 3.9017 | 3.9226 |
| | P值 | - | 0.1125 | 0.0001 | 0.0013 | 0.0166 | 0.0969 | 0.8849 | 0.9126 | 0.048 | 0.0482 | 0.1407 |

注：本表采用 2008 年的相关数据。

4项是标准的拉格朗日乘数检验结果;最后一项为高阶拉格朗日乘数检验结果,其对立模型为同时包含空间滞后和空间误差的空间模型。

对于空间自相关类型的确定问题,即到底是空间滞后依赖还是空间误差依赖,安瑟林和富罗拉克斯(1995:21—74)提出一个简单的决策规则:当$RS_\rho$的显著程度高于$RS_\lambda$,并且$RS_\rho^*$显著而$RS_\lambda^*$不显著时,可以认为存在空间滞后依赖;反之则认为存在空间误差依赖;依此类推。而当出现相互矛盾的情况时,可能意味着模型存在其他方面的误设问题,这时可能需要尝试其他类型的空间加权矩阵,或者检查模型的设定形式。

根据这个标准,从表3-9可以看出,6个总量消费模型中空间误差模型均是优势模型,但是,6个模型的检验结果有所不同。具体来讲,首先,从Moran's I来看,绝对收入假说、相对收入假说和持久收入假说均在5%水平上显著,理性预期消费理论和预防性储蓄理论在10%水平上显著,而生命周期假说并不显著;其次,从$RS_\lambda$和$RS_\lambda^*$来看,绝对收入假说、相对收入假说、持久收入假说和预防性储蓄理论均在5%水平上显著,生命周期假说和理性预期消费理论在10%水平上显著。至于RS(SARMA),除了持久收入假说和理性预期消费理论在10%水平上显著之外,其他模型均不显著,这说明高阶模型并不是优势模型。

从雅克—贝拉检验结果来看,绝对收入假说和相对收入假说模型的残差均不呈正态分布;从多重共线性条件数来看,相对收入假说、生命周期假说和预防性储蓄理论模型存在一定程度的多重共线性问题;从布劳殊—培干检验、凯恩克—巴斯特检验和怀特检验的结果来看,6个总量模型都存在不同程度的异方差问题。因此,这几项检验表明,模型还存在其他方面的问题。

上述基于总量消费模型的空间自相关检验结果可以归纳为两点:首先,从Moran's I检验和拉格朗日乘数检验结果来看,与基于数据的空间自相关检验一样,基于总量模型的空间自相关检验结果表明,我国农村居民人均消费总支出存在显著的空间自相关;其次,从正态性、多重共线性和异方差检验结果来看,除了存在空间自相关之外,模型很可能还存在其他方面的问题。

从三种异方差检验的结果来看,在对相对收入假说、持久收入假说和理性预期消费理论模型的检验中,怀特检验结果与前两者有一定出入。

根据上述空间自相关检验结果,每个总量消费模型中空间误差模型都是优势模型,鉴于此,本书对6个总量消费模型均拟合空间误差模型,结果见表3-10。表3-10中,布劳殊—培干检验是对空间误差模型的残差

第三章 我国农村居民人均消费支出的空间自相关检验

表3-10 总量消费空间误差模型拟合结果

| 消费假说 | 模型类型 | 截距 | $c_{t-1}$ | $y_t$ | $y_{t-1}$ | $\sigma^2$ | 空间误差 | $R^2$ | 对数似然 | AIC | SC | 布劳殊—培干检验 | 空间依赖的似然比检验 |
|---|---|---|---|---|---|---|---|---|---|---|---|---|---|
| 绝对收入假说 | 原始模型 | 328.3074 0.1745 | — | 0.6835 0.0000 | — | — | — | 0.8985 | -236.3160 | 476.6320 | 479.5000 | 16.9704 0.0000 | — |
|  | 空间误差模型 | -753.7436 0.1199 | — | 0.8228 0.0000 | — | — | 0.9697 0.0000 | 0.9295 | -232.4783 | 468.9570 | 471.8246 | 1.8071 0.1789 | 7.6757 0.0056 |
| 相对收入假说 | 原始模型 | 307.6000 0.3237 | — | 0.8170 0.5109 | -0.1482 0.9141 | — | — | 0.8985 | -236.3100 | 478.6190 | 482.9210 | 18.3065 0.0001 | — |
|  | 空间误差模型 | -778.4625 0.1229 | — | 1.0199 0.3696 | -0.2214 0.8622 | — | 0.9703 0.0000 | 0.9296 | -232.4668 | 470.9340 | 475.2356 | 2.5586 0.2782 | 7.6855 0.0056 |
| 持久收入假说 | 原始模型 | — | 1.1319 0.0000 | -0.0041 0.8906 | — | — | — | 0.9993 | -186.3810 | 376.7620 | 379.6300 | 1.9834 0.3709 | — |
|  | 空间误差模型 | — | 1.0817 0.0000 | 0.0231 0.4794 | — | — | 0.7378 0.0000 | 0.9963 | -184.2434 | 372.4870 | 375.3549 | 0.7723 0.3795 | 4.2752 0.0387 |
| 生命周期假说 | 原始模型 | 199.8005 0.0472 | 0.9884 0.0000 | 0.3874 0.3232 | -0.3828 0.3774 | — | — | 0.9904 | -199.7450 | 407.4900 | 413.2260 | 12.0533 0.0072 | — |
|  | 空间误差模型 | 143.3145 0.0035 | 0.9898 0.0000 | 0.6176 0.0022 | -0.6350 0.0044 | — | -1.2004 0.0000 | 0.9935 | -195.5796 | 399.1590 | 404.8951 | 10.9040 0.0123 | 8.3306 0.0039 |
| 理性预期消费理论 | 原始模型 | — | 1.1589 0.0000 | 0.6508 0.0954 | -0.0257 0.4604 | — | — | 0.9993 | -186.0950 | 376.1900 | 379.0580 | 2.8072 0.2457 | — |
|  | 空间误差模型 | — | 1.1074 0.0000 | 0.5782 0.0075 | -0.0053 0.8907 | — | 0.7178 0.0000 | 0.9962 | -184.4345 | 372.8690 | 375.7369 | 3.0432 0.0811 | 3.2211 0.0684 |
| 预防性储蓄理论 | 原始模型 | — | 0.9887 0.0000 | 0.6508 0.0954 | -0.6252 0.1661 | -0.0002 0.2521 | — | 0.9985 | -201.2800 | 410.5600 | 416.2960 | 23.0890 0.0001 | — |
|  | 空间误差模型 | — | 0.9668 0.0000 | 0.5782 0.0075 | -0.5118 0.0500 | -0.0003 0.0041 | -1.1419 0.0000 | 0.9934 | -195.8944 | 399.7890 | 405.5248 | 0.0000 1.0000 | 10.7707 0.0010 |

进行异方差检验。需要指出的是，这里 $R^2$ 并非真实的 $R^2$，而是所谓的伪 $R^2$（pseudo - $R^2$），它与基于最小二乘的 $R^2$ 不具有直接可比性，因此，不能把它作为评判模型拟合优度的指标。这里真正合理的指标是对数似然、赤池信息准则和施瓦茨准则。从表3-10中可以看出，6个总量消费模型中，空间误差模型的对数似然均大于所对应的原始模型，赤池信息指数和施瓦茨信息指数均小于所对应的原始模型，因此，根据这三个指标，空间误差模型均优于所对应的原始模型。

空间依赖的似然比检验（likelihood ratio test）并非检验空间模型（这里是空间误差模型）的残差是否存在空间自相关，而是对空间模型的回归系数进行渐近显著性检验。似然比检验是将虚拟模型与对立模型进行比较的三大经典设定检验之一，其他两个为拉格朗日乘数检验和瓦尔德检验（Wald test），后者等于渐近的 t 值（或 z 值）的平方。这三个检验渐近相等，但是，在有限样本情况下三者之间应有 $W > LR > LM$ 的关系；如果未能遵循这个顺序，说明模型可能存在其他方面的误设问题（安瑟林，2005：209）。6个空间误差模型所对应的三大检验相关结果见表3-11，可以看出，6个模型都符合这个顺序。

表3-11 　　　总量消费空间误差模型的三大设定检验之间的关系

| 消费假说 | W | LR | LM | 结果 |
| --- | --- | --- | --- | --- |
| 绝对收入假说 | 2206.8141 | 7.6757 | 4.3147 | 符合 |
| 相对收入假说 | 2297.8582 | 7.6855 | 4.3291 | 符合 |
| 持久收入假说 | 35.6665 | 4.2752 | 4.2665 | 符合 |
| 生命周期假说 | 39.6556 | 8.3306 | 3.6998 | 符合 |
| 理性预期消费理论 | 30.5209 | 3.3211 | 3.2095 | 符合 |
| 预防性储蓄理论 | 31.7859 | 10.7707 | 3.9106 | 符合 |

从各个方面来看，考虑了空间误差自相关之后，模型的整体拟合状况有所改善，但是，即便如此，异方差仍然是一个严重的问题。异方差的存在一方面表明现有模型设定可能存在问题，由此得到的结果将是误导性的；另一方面，异方差的存在暗示着样本可能由异质的群体所构成，这些群体的内部具有高度的相似性，而群体之间存在显著的差异。因此，作为

方法上的应对之道,可以采用一些非参数或半参数的方法来研究我国农村居民的消费趋同问题。

## 二 基于消费结构模型的空间自相关检验结果

正如前文所述,数据的加总可能会掩盖一些重要的信息,甚至造成信息的扭曲,鉴于此,本书除了基于总量消费模型检验空间自相关之外,还基于消费结构模型进行检验。考虑到 AIDS 模型在消费结构分析方面的优势,这里就采用这个模型作为实证模型。检验结果见表 3 – 12。

根据表 3 – 12,从 Moran's I 检验结果来看,八大类分类消费均在 5% 水平上显著;从各种拉格朗日乘数检验结果来看,根据安瑟林和富罗拉克斯(1995:21—74)的决策规则,对医疗和通讯类消费,空间滞后模型占优势,其他 6 个分类消费模型中空间误差模型均是优势模型。

从雅克—贝拉(Jarque – Bera)检验结果来看,8 个分类消费模型的残差均呈正态分布;从多重共线性条件数来看,8 个分类消费模型的条件数均高达 18330.8700,远高于 30,说明都存在非常严重的多重共线性问题,这很可能是由八大类消费的价格指数非常接近、缺乏区分度造成的;从布劳殊—培干检验和凯恩克—巴斯特检验的结果来看,8 个分类消费模型都不存在显著的异方差问题。

根据上述 Moran's I 和拉格朗日乘数检验结果,本书拟合 8 个空间分类消费模型,即空间 AIDS 模型,其中医疗和通讯类消费采用空间滞后模型,其他 6 个分类模型采用空间误差模型,结果见表 3 – 13。

比较各个原始模型及其所对应的空间模型,从对数似然、赤池信息准则和施瓦茨信息准则来看,空间模型均优于原始模型,但是,从似然比检验结果来看,衣着、居住、文教和杂项类消费的空间模型相对于原始模型的似然比并不显著(见表 3 – 14)。

在前面的总量消费模型研究中,6 个总量模型中只有相对收入假说、生命周期假说和预防性储蓄理论存在一定程度的多重共线性;所有 6 个模型都存在异方差问题。与这个结果不同,在分类消费模型研究中,所有模型都存在严重的多重共线性,但是,都不存在异方差问题。表面上看总量消费模型与分类消费模型存在不同的问题,但是,实际上并不一定如此。这是因为多重共线性与异方差之间往往存在替代关系,或者说,多重共线性掩盖了异方差问题。为了检验这个判断,本书还尝试将人均分类消费支

表 3-12　基于 AIDS 模型的空间自相关检验结果

| 消费假说 | 检验类型 | 多重共线性条件数 | 雅克—贝拉残差正态性检验 | 布劳殊—帕干检验 | 肯凯恩克—巴斯特检验 | Moran's I | $RS_\rho$ | $RS_\rho^*$ | $RS_\lambda$ | $RS_\lambda^*$ | RS (SARMA) |
|---|---|---|---|---|---|---|---|---|---|---|---|
| 食品消费支出 | 自由度/MI/条件数 | 18330.87 | 2 | 9 | 9 | 0.1605 | 1 | 1 | 1 | 1 | 2 |
|  | 值 |  | 0.6183 | 5.878 | 7.1854 | 2.4305 | 0.4462 | 1.8417 | 3.1703 | 3.1001 | 3.5463 |
|  | P 值 | — | 0.7341 | 0.7521 | 0.6178 | 0.0151 | 0.5042 | 0.1747 | 0.075 | 0.0783 | 0.1698 |
| 衣着消费支出 | 自由度/MI/条件数 | 18330.87 | 2 | 9 | 9 | 0.1585 | 1 | 1 | 1 | 1 | 2 |
|  | 值 |  | 0.1162 | 13.054 | 13.509 | 2.1207 | 0.1644 | 0.162 | 3.6367 | 3.6134 | 7.7588 |
|  | P 值 | — | 0.9435 | 0.1602 | 0.1409 | 0.0339 | 0.6852 | 0.6873 | 0.0565 | 0.0573 | 0.0207 |
| 居住消费支出 | 自由度/MI/条件数 | 18330.87 | 2 | 9 | 9 | 0.1978 | 1 | 1 | 1 | 1 | 2 |
|  | 值 |  | 0.3239 | 4.6394 | 6.1736 | 2.6705 | 2.2041 | 2.1905 | 3.2461 | 3.2097 | 5.4138 |
|  | P 值 | — | 0.8505 | 0.8645 | 0.7224 | 0.0076 | 0.1376 | 0.1389 | 0.0716 | 0.0732 | 0.0667 |
| 家庭消费支出 | 自由度/MI/条件数 | 18330.87 | 2 | 9 | 9 | 0.1992 | 1 | 1 | 1 | 1 | 2 |
|  | 值 |  | 0.0637 | 5.95 | 5.419 | 2.8263 | 1.6555 | 0.2531 | 3.8626 | 3.7965 | 2.8799 |
|  | P 值 | — | 0.9686 | 0.7449 | 0.7964 | 0.0047 | 0.1982 | 0.6149 | 0.0494 | 0.0514 | 0.2369 |
| 医疗消费支出 | 自由度/MI/条件数 | 18330.87 | 2 | 9 | 9 | 0.1643 | 1 | 1 | 1 | 1 | 2 |
|  | 值 |  | 1.3128 | 8.5876 | 7.3773 | 2.4691 | 7.8633 | 8.3022 | 1.7859 | 2.2247 | 10.0881 |
|  | P 值 | — | 0.5187 | 0.4762 | 0.5979 | 0.0135 | 0.005 | 0.004 | 0.1814 | 0.1358 | 0.0064 |

第三章 我国农村居民人均消费支出的空间自相关检验

续表

| 消费假说 | 检验类型 | 多重共线性条件数 | 雅克—贝拉残差正态性检验 | 布劳殊—普干检验 | 柯恩克—巴斯特检验 | Moran's I | $RS_\rho$ | $RS_\rho^*$ | $RS_\lambda$ | $RS_\lambda^*$ | $RS$(SARMA) |
|---|---|---|---|---|---|---|---|---|---|---|---|
| 通讯消费支出 | 自由度/ML/条件数 | 18330.87 | 2 | 9 | 9 | 0.1756 | 1 | 1 | 1 | 1 | 2 |
|  | 值 | — | 0.936 | 5.3389 | 6.3943 | 2.5062 | 3.4702 | 3.7364 | 0.0647 | 0.331 | 3.8011 |
|  | P值 | — | 0.6263 | 0.8038 | 0.6999 | 0.0122 | 0.0625 | 0.0532 | 0.7992 | 0.5651 | 0.1495 |
| 文教消费支出 | 自由度/ML/条件数 | 18330.87 | 2 | 9 | 9 | 0.1812 | 1 | 1 | 1 | 1 | 2 |
|  | 值 | — | 0.932 | 3.2732 | 3.0956 | 2.6163 | 0.8862 | 0.7387 | 3.9127 | 3.8852 | 0.9664 |
|  | P值 | — | 0.6275 | 0.9525 | 0.9604 | 0.0089 | 0.3465 | 0.3901 | 0.0479 | 0.0487 | 0.6168 |
| 杂项消费支出 | 自由度/ML/条件数 | 18330.87 | 2 | 9 | 9 | 0.1585 | 1 | 1 | 1 | 1 | 2 |
|  | 值 | — | 1.8227 | 3.2566 | 5.7195 | 2.4352 | 0.1433 | 0.0085 | 4.0201 | 3.9973 | 0.2076 |
|  | P值 | — | 0.402 | 0.9532 | 0.7676 | 0.01489 | 0.7051 | 0.9265 | 0.045 | 0.0456 | 0.9014 |

表 3-13　空间 AIDS 模型拟合结果（一）

| 类别 | 模型 | $\alpha$ | $\gamma_{i1}$ | $\gamma_{i2}$ | $\gamma_{i3}$ | $\gamma_{i4}$ | $\gamma_{i5}$ | $\gamma_{i6}$ | $\gamma_{i7}$ | $\gamma_{i8}$ | $\beta_i$ | $\rho/\lambda$ |
|---|---|---|---|---|---|---|---|---|---|---|---|---|
| 食品 | 原始模型 | 13.8877 | -9.4862 | -1.5225 | -3.1158 | -0.4490 | -3.1139 | -2.9619 | -2.4501 | 20.2516 | -0.0920 | — |
|  |  | 0.0926 | 0.0138 | 0.1407 | 0.0294 | 0.7138 | 0.0332 | 0.0897 | 0.0608 | 0.0416 | 0.0283 | 1.0001 |
|  | 空间误差模型 | 14.8170 | -7.1903 | -2.1087 | -2.4484 | -0.8732 | -2.4198 | -4.1948 | -2.6086 | 18.7583 | -0.0318 | 0.0000 |
|  |  | 0.0043 | 0.0003 | 0.0001 | 0.0008 | 0.1360 | 0.0004 | 0.0000 | 0.0003 | 0.0002 | 0.2131 | — |
| 衣着 | 原始模型 | -1.0686 | 0.9779 | -0.0351 | 0.1234 | -0.3268 | 0.2457 | -0.2246 | -0.1689 | -0.3452 | -0.0062 | — |
|  |  | 0.6658 | 0.3809 | 0.9104 | 0.7678 | 0.3919 | 0.5674 | 0.6674 | 0.6635 | 0.9060 | 0.6138 | -1.0177 |
|  | 空间误差模型 | -0.5593 | 1.4659 | 0.1540 | 0.4523 | -0.3882 | 0.7092 | -0.1691 | -0.1622 | -1.9286 | -0.0036 | 0.0000 |
|  |  | 0.7832 | 0.0486 | 0.5074 | 0.1375 | 0.2671 | 0.0325 | 0.6631 | 0.5302 | 0.3426 | 0.6881 | — |
| 居住 | 原始模型 | -8.0206 | 3.1922 | 0.7338 | 1.0547 | 0.0089 | 0.6725 | 1.4767 | 1.9873 | -7.3573 | 0.0242 | — |
|  |  | 0.2536 | 0.3088 | 0.4044 | 0.3720 | 0.9933 | 0.5763 | 0.3180 | 0.0780 | 0.3735 | 0.4826 | -0.9112 |
|  | 空间误差模型 | -4.8669 | 1.7237 | 0.0903 | 0.0636 | -0.4771 | -0.1294 | -0.0255 | 1.5705 | -1.7230 | 0.0061 | 0.0001 |
|  |  | 0.3980 | 0.4239 | 0.8923 | 0.9422 | 0.6248 | 0.8911 | 0.9817 | 0.0360 | 0.7694 | 0.8125 | — |
| 家庭 | 原始模型 | 0.5530 | -0.1750 | -0.1330 | -0.2692 | -0.3344 | -0.3543 | -0.1772 | 0.1271 | 1.2083 | -0.0020 | — |
|  |  | 0.6657 | 0.7599 | 0.4131 | 0.2213 | 0.0985 | 0.1203 | 0.5135 | 0.5280 | 0.4279 | 0.7494 | 0.9661 |
|  | 空间误差模型 | 0.5314 | -0.1281 | -0.1273 | -0.2119 | -0.2367 | -0.4163 | -0.2052 | -0.0260 | 1.2519 | -0.0052 | 0.0000 |
|  |  | 0.6123 | 0.7512 | 0.2398 | 0.1535 | 0.0482 | 0.0026 | 0.3026 | 0.8607 | 0.2216 | 0.3150 | — |

## 第三章 我国农村居民人均消费支出的空间自相关检验

续表

| 类别 | 模型 | α | $\gamma_{i1}$ | $\gamma_{i2}$ | $\gamma_{i3}$ | $\gamma_{i4}$ | $\gamma_{i5}$ | $\gamma_{i6}$ | $\gamma_{i7}$ | $\gamma_{i8}$ | $\beta_i$ | $\rho/\lambda$ |
|---|---|---|---|---|---|---|---|---|---|---|---|---|
| 医疗 | 原始模型 | -3.2402 | 2.0882 | 0.3352 | 0.7385 | 0.6599 | 0.2762 | 1.4353 | -0.1597 | -4.6567 | 0.0074 | — |
|  |  | 0.4233 | 0.2531 | 0.5105 | 0.2838 | 0.2901 | 0.6921 | 0.1016 | 0.8000 | 0.3329 | 0.7116 | — |
|  | 空间误差模型 | -5.3833 | 0.8472 | 0.2799 | 0.1896 | 0.9147 | 0.2029 | 1.4631 | -0.3376 | -2.3828 | 0.0017 | 0.6892 |
|  |  | 0.0543 | 0.4939 | 0.4219 | 0.6873 | 0.0301 | 0.6696 | 0.0114 | 0.4354 | 0.4656 | 0.9010 | 0.0000 |
| 交通 | 原始模型 | 0.1991 | 0.7680 | 0.3136 | 0.4238 | 0.1076 | 0.7946 | -0.2189 | -0.0299 | -2.2060 | 0.0283 | — |
|  |  | 0.9164 | 0.3708 | 0.1993 | 0.1958 | 0.7118 | 0.0234 | -0.5863 | 0.9200 | 0.3317 | 0.0062 | — |
|  | 空间误差模型 | 1.7221 | 1.0429 | 0.3613 | 0.5756 | 0.0458 | 0.6866 | -0.3424 | 0.0433 | -2.7903 | 0.0332 | -0.2337 |
|  |  | 0.2789 | 0.1096 | 0.0477 | 0.0215 | 0.8370 | 0.0079 | 0.2652 | 0.8489 | 0.1043 | 0.0000 | 0.0224 |
| 文教 | 原始模型 | -1.3887 | 2.4804 | 0.2158 | 0.9261 | 0.2478 | 1.2326 | 0.5989 | 0.6968 | -6.1138 | 0.0389 | — |
|  |  | 0.7273 | 0.1733 | 0.6679 | 0.1782 | 0.6849 | 0.0847 | 0.4786 | 0.2712 | 0.2030 | 0.0587 | — |
|  | 空间误差模型 | -0.7582 | 1.2609 | 0.1410 | 0.4734 | 0.1019 | 0.6269 | 0.1556 | 0.3900 | -2.9841 | 0.0197 | 0.7470 |
|  |  | 0.8212 | 0.3740 | 0.7124 | 0.3537 | 0.8113 | 0.2070 | 0.8211 | 0.4419 | 0.4105 | 0.2558 | 0.0000 |
| 杂项 | 原始模型 | 0.0721 | 0.1560 | 0.0930 | 0.1190 | 0.0893 | 0.2486 | 0.0745 | -0.0037 | -0.7892 | 0.0013 | — |
|  |  | 0.9260 | 0.6544 | 0.3474 | 0.3694 | 0.4560 | 0.0756 | 0.6502 | 0.9759 | 0.3946 | 0.7333 | — |
|  | 空间误差模型 | 0.0322 | -0.0385 | 0.0321 | 0.0219 | 0.0372 | 0.1613 | -0.0354 | -0.0867 | -0.0959 | 0.0015 | 0.6733 |
|  |  | 0.9605 | 0.8908 | 0.6724 | 0.8285 | 0.6629 | 0.1051 | 0.7933 | 0.3858 | 0.8940 | 0.6490 | 0.0000 |

出直接对人均纯收入回归，结果在多个模型中发现比较明显的异方差问题。

表3-14　　空间AIDS模型拟合结果（二）

| 消费类型 | 模型类型 | 对数似然 | AIC | SC | $R^2$ | 空间依赖的似然比检验 值 | P值 | 布劳殊—培干异方差检验 值 | P值 |
|---|---|---|---|---|---|---|---|---|---|
| 食品 | 原始模型 | 58.0765 | -96.1530 | -81.8131 | 0.5770 | - | - | 5.8780 | 0.7521 |
| | 空间误差模型 | 69.4109 | -118.8220 | -104.4819 | 0.8247 | 22.6688 | 0.0000 | 4.2881 | 0.8914 |
| 衣着 | 原始模型 | 94.4304 | -168.8610 | -154.5210 | 0.5461 | - | - | 13.0540 | 0.1602 |
| | 空间误差模型 | 95.0497 | -170.0990 | -155.7595 | 0.5987 | 1.2385 | 0.2658 | 12.2926 | 0.1973 |
| 居住 | 原始模型 | 62.4989 | -104.9980 | -90.6580 | 0.2684 | - | - | 4.6394 | 0.8645 |
| | 空间误差模型 | 62.7113 | -105.4230 | -91.0827 | 0.3293 | 0.4247 | 0.5146 | 5.8618 | 0.7537 |
| 家庭 | 原始模型 | 114.8580 | -209.7160 | -195.3760 | 0.4441 | - | - | 5.9500 | 0.7449 |
| | 空间误差模型 | 119.1578 | -218.3160 | -203.9757 | 0.6259 | 8.5993 | 0.0034 | 2.3011 | 0.9858 |
| 医疗 | 原始模型 | 79.3475 | -138.6950 | -124.3550 | 0.2992 | - | - | 8.5876 | 0.4762 |
| | 空间滞后模型 | 84.1068 | -146.2140 | -130.4400 | 0.5083 | 9.5186 | 0.0020 | 4.0726 | 0.9066 |
| 通讯 | 原始模型 | 102.5910 | -185.1810 | -170.8420 | 0.6706 | - | - | 5.3389 | 0.8038 |
| | 空间滞后模型 | 104.6310 | -187.2620 | -171.4880 | 0.7126 | 4.0806 | 0.0434 | 6.9094 | 0.6466 |
| 文教 | 原始模型 | 79.6526 | -139.3050 | -124.9650 | 0.4347 | - | - | 3.2732 | 0.9525 |
| | 空间误差模型 | 80.5084 | -141.0170 | -126.6769 | 0.4948 | 1.7117 | 0.1908 | 5.7975 | 0.7600 |
| 杂项 | 原始模型 | 130.3020 | -240.6040 | -226.2640 | 0.3162 | - | - | 3.2566 | 0.9532 |
| | 空间误差模型 | 130.7843 | -241.5690 | -227.2287 | 0.3664 | 0.9649 | 0.3259 | 4.0691 | 0.9068 |

与总量消费模型一样，分类消费模型中隐含的异方差问题再一次提醒研究者应该采用一些非参数或半参数的方法来研究我国农村居民的消费趋同问题。这正是后面两章的研究内容。

为了从一个侧面验证空间AIDS模型设定的合理性，这里对似然比检验、拉格朗日乘数检验和瓦尔德检验三大经典设定检验的顺序进行排列，以检验在有限样本情形下三者是否存在 $W > LR > LM$ 的关系。8个空间模型的三大检验相关结果见表3-15，可以看出，8个模型中只有4个模型符合这个顺序。这从一个侧面说明模型存在比较严重的设定问题。

总之，从各个方面来看，考虑了空间自相关之后，模型的整体拟合状况尽管有一定程度的改善，但仍然存在比较明显的误设问题。

表 3 – 15　　　分类消费空间模型的三大设定检验之间的关系

| 模型类型 | W | LR | LM | 结　果 |
|---|---|---|---|---|
| 食品消费支出 | 24.8642 | 22.6688 | 3.1703 | 符　合 |
| 衣着消费支出 | 15.8492 | 1.2385 | 3.6367 | 不符合 |
| 居住消费支出 | 15.0412 | 0.4247 | 3.2461 | 不符合 |
| 家庭消费支出 | 15.1718 | 8.5993 | 3.8626 | 符　合 |
| 医疗消费支出 | 29.3385 | 9.5186 | 7.8633 | 符　合 |
| 通讯消费支出 | 5.2121 | 4.0806 | 3.4702 | 符　合 |
| 文教消费支出 | 16.9958 | 1.7117 | 3.9127 | 不符合 |
| 杂项消费支出 | 26.0518 | 0.9649 | 4.0201 | 不符合 |

这个结果再次暗示：线性回归模型，即便考虑了空间效应，仍然无法有效地反映我国农村居民的消费行为，并非研究我国农村居民消费行为的理想方法，结合第二章文献综述中指出的用回归法研究趋同的固有缺陷，它更不是研究我国农村居民消费趋同的理想方法。

## 第五节　本章小结

本章首先对相关文献进行回顾，然后在呈现我国农村居民人均纯收入、人均消费总支出和人均分类消费支出空间分布状况的基础上，通过数据和模型两个维度对我国农村居民的收入和消费支出进行空间自相关检验。研究结果如下：

（1）我国各地农村居民的人均纯收入、人均消费总支出和人均分类消费支出都存在较为显著的空间自相关。

（2）从人均纯收入、人均消费总支出和人均分类消费支出之间空间模式的比较来看，人均纯收入与人均消费总支出的空间模式存在较高程度的一致性，这一方面说明收入是影响消费的首要因素，另一方面也说明收入并不是影响消费的唯一因素；各分类消费支出与纯收入和消费总支出在空间模式上存在一定程度的差异，这一方面说明数据的加总掩盖了一些信息，另一方面也说明许多类型的消费受收入之外的其他因素的影响；分类消费之间在空间模式上也存在一定的差异，这说明各种消费支出都有各自的特点。

（3）从各省份来看，绝大多数省份的空间分布模式具有一定的稳定性。

（4）从空间自相关类型来看，主要是空间误差自相关，即一种随机干扰性的空间依赖，而非实际空间依赖，空间滞后自相关只涉及个别消费类型。

（5）从空间模式来看，主要表现为空间集聚，只有个别省份表现为空间异常值。

（6）在总量消费模型和分类消费模型（消费结构模型）中纳入空间维度之后，模型的拟合状况有一定程度的改善。但是，尽管如此，模型仍然存在一定程度的误设问题，其中比较明显的是（空间）异方差问题。

以上结论为后文的研究奠定了基础。首先，空间分布的稳定性说明，我国各地农村居民的消费支出可能既非全局性趋同，也非全局性趋异，而是处于一种锁定状态，即具有高度的黏性。其次，既然空间自相关普遍存在于人均纯收入、人均消费总支出和人均分类消费支出，那么，要想得到一致的研究结果，必须在相关研究中明确考虑空间效应。此外，从结论（6）来看，传统的基于线性回归模型的参数方法，即便考虑了空间效应，仍然存在模型误设问题，不是研究消费趋同的理想方法，另一方面，异方差的存在提醒研究者数据样本很可能是由异质的群体所构成，因此，采用一些非参数或半参数的方法来研究我国农村居民的消费趋同问题可能更加合理。这正是本书接下来的三章所要完成的任务。

# 第四章

# 基于核条件密度的探索性研究

## 第一节 引言

第三章的检验结果表明，我国农村居民的各项消费支出存在显著的空间自相关。尽管这种空间自相关主要表现为一种随机性的扰动，而非实际的空间依赖，但是，如果不加以适当的处置，得出的结果将是有偏的。考察空间效应的方式主要有两种：一种是直接把它纳入空间计量经济学模型；另一种是"两步法"：先对原始数据进行空间过滤，以剥离掉空间效应，然后再对过滤后的数据采用适当的研究方法。本书采用"两步法"，其依据主要有两个：首先，由第三章的式（3-5）和式（3-7）可知，空间滞后模型和空间误差模型都可以转化为空间过滤形式，这说明"两步法"与直接的空间自相关模型具有内在的一致性；其次，根据第二章文献综述所述，空间过滤可能会导致解释上的不明确，但考虑到第三章的检验结果表明我国农村居民各种消费支出的空间自相关主要表现为随机扰动，而非实际的空间依赖，在这种情况下，主要任务是克服这种空间因素的影响，以得到有效的结论，而非解释这种因素的效应。就此而言，"两步法"能满足本书的需要。

具体到研究方法，正如第二章的文献综述所述，以截面回归、时间序列回归和面板数据回归为代表的参数研究方法存在各种局限性。不但如此，第三章的研究也表明，用通常的总量消费模型和分类消费模型（结构消费模型）研究我国农村消费问题都存在显著的模型误设问题。因此，本章拟采用非参数性质的分布动态法。

结合上面两点，本章把分布动态法与"两步法"结合起来，以研究我国省际农村居民的消费趋同问题。①

现有趋同研究领域主要有两种分布动态法：一种是马尔科夫链；另一种是随机核（stochastic kernel）。考虑到马尔科夫链（包括空间马尔科夫链）的缺陷，本章采用更具一般性的随机核方法。由于随机核在实际应用中一般表示为核条件密度，因此，这种方法也称为核条件密度，简称条件密度或条件分布。

核条件密度的优势集中体现在它是多种方法的扩展：（1）核条件密度是对马尔科夫链的离散化过程极限细化的版本，因此可以避免离散化过程的随意性，从而比马尔科夫链方法更具一般性。（2）核条件密度是传统的条件均值回归和非参数回归的扩展。因为，对条件密度 $f(y|x)$，如果假定它呈正态分布，而且具有不变的方差和线性于 $X$ 的均值，那么，这就是一个典型的条件均值回归问题；如果放松均值，使均值随 $X$ 柔性变动，这就是一个典型的非参数回归问题。即便是非参数回归方法，也经常假定除了均值可以变化之外条件密度不随 $X$ 取值的变化而变化（海因德曼 et al.，1996）。因此，典型的非参数回归不分析峰度（modality）的变化问题。但是，基于分布动态的趋同研究关注的恰恰是这个峰度随 $X$ 变化的态势，因为它正试图以此来表明趋同的存在与否。因此，相比之下，条件密度的优势就显得非常明显。（3）条件密度是传统的（边际）密度估计的扩展。典型的密度估计不涉及密度如何随条件变量变化的问题。具体来讲，密度估计相当于快照，它只反映某个时间点的截面分布形状，而不反映分布内部的变化。为了说明这个问题，可以对本书所涉及的截面分布所包括的 31 个省份——排序，然后任意交换排列号，可以发现密度估计结果不发生任何变化。具体到消费研究，这相当于省份之间的相对消费水平已经发生了彻底的变化，但是截面分布并没有反映出这种变化。因此，就趋同研究而言，条件密度估计表达的信息远比传统的密度估计丰富。

正因为核条件密度是多种方法的扩展，因此，这种方法在趋同研究方面具有独特的优势。

本章涉及多种方法的结合：为了反映不同时点的截面分布的总体形状，采用典型的核密度估计；为了揭示截面分布内部随时间变化的规律，

---

① Rey 和 Le Gallo（2009：1278）指出，空间自相关的存在对核密度估计值的特性的影响非常复杂。因此，把空间过滤与核条件密度相结合可以避开这个问题。这是一个额外的好处。

采用核条件密度估计;为了解释空间因素和其他变量如何影响分布动态,采用了空间过滤和奎恩的条件规则(conditioning scheme)。

## 第二节 核条件密度研究方法

### 一 核条件密度函数及其估计

设 $X$ 和 $Y$ 分别表示 $t$ 期和 $t+\tau(\tau>0)$ 期的消费支出(或其他变量),于是,样本可以表示为 $\{(X_1,Y_1),\cdots,(X_n,Y_n)\}$,观测值可以表示为 $\{(x_1,y_1),\cdots,(x_n,y_n)\}$,其中 $n$ 表示样本数,在本书中即为省份数。令 $r(x)=E[Y|X=x]$,于是有 $Y_j|(X_j=x_j)=r(x)+\varepsilon_j$,$\varepsilon$ 表示随机误差。假定 $X$ 的分布可以用密度函数表示为 $h_t(x)$,这个分布随时间演变,到 $t+\tau$ 期可以表示为 $h_{t+\tau}(y)$。再假定马尔科夫链转移过程通常所假定的非时变和一阶等特性,那么 $t$ 期与 $t+\tau$ 期截面分布之间的关系可以表示为:

$$h_{t+\tau}(y)=\int_0^\infty f_\tau(y|x)h_t(x)dx \quad (4-1a)$$

其中,$f_\tau(y|x)$ 是条件密度函数,它在给定 $t$ 期消费(或其他变量)$x$ 的条件下给出 $\tau$ 期后消费 $y$ 的密度。从式(4-1a)可以看出,如果边际分布和条件分布都存在密度函数,一阶随机核可以表示为条件密度函数。[①]而且,只要 $f_\tau(y|x)$ 存在,遍历密度(ergodic density)$h_\infty(y)$ 可以由下式解得:

$$h_\infty(y)=\int_0^\infty f_\tau(y|x)h_\infty(x)dx \quad (4-1b)$$

把 $(X,Y)$ 的联合密度表示为 $g_{t,t+\tau}(x,y)$,由于 $X$ 的(边际)密度表示为 $h_t(x)$,那么 $Y|(X=x)$ 的(条件)密度就可以表示为[②]:

$$f(y|x)=\frac{g(x,y)}{h(x)} \quad (4-2)$$

---

① 这是趋同研究中随机核(stochastic kernel)方法经常也被称为核条件密度(kernel conditional density)的原因。此外,之所以称为核条件密度,是因为这个条件密度一般通过核方法(kernel)进行估计。

② 为了表述简洁,以下在不引起歧义的情况下省去下标。

这里假定$f(y|x)$和$h(x)$二阶导数连续、平方可积，这样$r(x)$有连续的二阶导数。对消费支出研究来讲，这些条件都能得到满足。

罗森布拉特（1969：15—31）较早地考虑了条件密度的估计问题，他研究了条件于$X = x$的$Y$的密度估计问题，后来斯科特①（1992：220）给出如下的估计方法：

$$\hat{f}(y|x) = \frac{\hat{g}(x,y)}{\hat{h}(x)} \qquad (4-3)$$

其中，

$$\hat{g}(x,y) = \frac{1}{nab}\sum_{i=1}^{n} K\left(\frac{1}{a}\parallel x - X_j \parallel_x\right) K\left(\frac{1}{b}\parallel y - Y_j \parallel_y\right) \qquad (4-4)$$

$$\hat{h}(x) = \frac{1}{na}\sum_{i=1}^{n} K\left(\frac{1}{a}\parallel x - X_j \parallel_x\right) \qquad (4-5)$$

分别表示$g(x,y)$和$h(x)$的核估计值；$a$和$b$为带宽参数，分别控制$x$和$y$方向的平滑程度；$\parallel\cdot\parallel_x$和$\parallel\cdot\parallel_y$分别表示空间$X$和$Y$上的距离度量，常用欧几里得距离（Euclidean distance），即$\parallel\cdot\parallel_x = |\cdot|_x$，$\parallel\cdot\parallel_y = |\cdot|_y$。

为了得到$f(y|x)$，在核的选择问题上，既可以选择多变量核（multivariate kernel），也可以选择乘积核（product kernel）。但是，乘积核在运算上远比多变量核简单，而且由此得到的条件密度估计值具有几个良好的特性，并且在效率上只略微低于多变量核（瓦特＆琼斯，1995：90—113）。核函数$K(x)$取非负实值的偶函数，可积，值域$R$集中于原点附近，并满足以下条件（西尔弗曼，1986：34—74）：

$$\int_R K(x)dx = 1, \int_R xK(x)dx = 0, \sigma_K^2 = \int_R x^2 K(x)dx < \infty$$
$$(4-6)$$

在实际应用中，$K(x)$通常采用单变量单峰概率密度函数，其中，常用的有高斯核（Gauss kernel）和爱潘尼克尼科夫核（Epanechnikov kernel），本书采用后者。

---

① Scott, D. W., *Multivariate Density Estimation: Theory, Practice, and Visualization*, New York: John Wiley, 1992, p. 220.

式（4-3）可以改写成：

$$\hat{f}(y|x) = \sum_{j=1}^{n} w_j(x) \frac{1}{b} K\left(\frac{\|y - Y_j\|_y}{b}\right) \quad (4-7)$$

其中，

$$w_j(x) = K\left(\frac{\|x - X_j\|}{a}\right) / \sum_{i=1}^{n} K\left(\frac{\|x - X_i\|}{a}\right) \quad (4-8)$$

不管选择哪种核，带宽的选择是偏误与方差之间的权衡：小的带宽产生小的偏误和大的方差；大的带宽产生大的偏误和小的方差。与核的选择问题相比，带宽的选择要重要得多，因为随机核的估计结果直接依赖于带宽的选择。

## 二 修正的核条件密度估计

海因德曼等（1996）表明，上述传统的核条件密度估计值存在很大偏误。由于条件密度估计值 $\hat{f}(y|x)$ 的均值为条件均值 $r(x)$ 提供了一个估计值，于是有：

$$\hat{m}(x) := \int y\hat{f}(y|x)dy = \sum_{j=1}^{n} w_j(x) Y_j \quad (4-9)$$

这说明条件密度估计值的均值与纳达拉雅（1964）和沃森（1964）的核回归的结果相同。尽管核回归提供了一个直观而简单的条件均值的估计值，但是它存在很大的偏误。在以观测值 $X_1, \cdots, X_n$ 为条件的情况下，$\hat{m}(x)$ 的偏误为：

$$E[\hat{m}(x) | X_1 = x_1, \cdots, X_n = x_n] - r(x) = r'(x) \sum_{j=1}^{n} w_j(x)(x_j - x)$$

$$+ \frac{r''(x)}{2} \sum_{j=1}^{n} w_j(x) (x_j - x)2 + R \quad (4-10)$$

其中，$R$ 表示在一定的正则条件（regularity conditions）下由于核的局部性（locality of kernel）所决定的很小的值（Hastie & Loader, 1993）。这种偏误既可能存在于预测空间的边界附近，也可能存在于预测空间的内部。具体来讲，首先，由于核邻域的非对称性，右边第一项是一个很大的值，所以，在预测空间的边界附近会存在很大的偏误；其次，如果真实的均值函数有很大的曲率（curvature），即 $|r''(x)|$ 值较大，从而式（4-10）中的第二项是一个很大的值，因此预测空间的内部也会存在严重偏误；此外，如果样本点在空间呈非规则分布，使得领域呈非对称分布，也

会在预测空间的内部产生偏误（海因德曼 et al., 1996）。

根据式（4-9）可以得到非条件偏误（斯科特, 1992）：

$$E[\hat{m}(x)] - r(x) = \frac{1}{2}a^2\sigma_K^2\{r''(x) + 2r'(x)\frac{h'(x)}{h(x)} + O(a^4)\}$$

(4-11)

从式（4-10）和式（4-11）可以看出，如果 $r(x)$ 是常数，显然有 $r'(x) = r''(x) = 0$，那么，偏误约等于零。实际上，在这种情况下偏误的确切值为零，这是因为，这时 $E(Y_j) = c$，因此，$E[\hat{m}(x)|X_1 = x_1, \cdots X_n = x_n] = \sum_j w_j(x)E(Y_j) = c$。正是这个结果启发了海因德曼等（1996）提出修正的估计法。

鉴于常规的条件密度核估计与核回归一样存在严重的偏误，一些文献陆续提出一些修正的估计方法，其中，海因德曼等[①]（1996）修正的核密度估计法比较常用，因此，本书采用这个估计法。具体来讲，这个估计法包括两个步骤：

第一步，假定实际的条件均值 $r(x)$ 为已知，在这个假定下去寻找一个可能的条件密度估计值，使得这个估计值的均值等于 $r(x)$ 或 $r(x)$ 的均值。由于误差项 $\varepsilon_j$ 与 $y_j$ 具有相同的分布，唯一的差别是两者具有不同的条件均值，不但如此，$\varepsilon|(X = x)$ 具有不变的均值函数，从而均值偏误为零，IMSE 小于常规估计的结果，于是，海因德曼等（1996）采用常规的核密度估计法对 $\{(x_j, \varepsilon_j)\}$ 进行估计，以得到 $Y - r(x)|(X - x)$ 的条件密度估计值。然后，在此基础上加上 $r(x)$，就得到 $Y|(X = x)$ 的条件密度估计值。这个修正的条件密度估计值可以用正式的表达式表示为：

$$\hat{f}_1(y|x) = \frac{1}{b}\sum_{j=1}^{n}w_j(x)K\Big[\frac{\|y - Y_j^{(1)}(x)\|_y}{b}\Big] \quad (4-12)$$

其中，$Y_j^{(1)}(x) = \varepsilon_j + r(x) = Y_j - r(x_j) + r(x)$。这个估计值有均值函数：

$$\hat{r}_1(x) := \int y\hat{f}_1(y|x)dy = r(x) + \hat{m}_1(x) = r(x) + \sum_{j=1}^{n}w_j(x)\varepsilon_j$$

(4-13)

---

[①] Hyndman, R. J., Bashtannyk, D. M., and Grunwald, G. K., "Estimating and Visualizing Conditional Densities," *Journal Compute Graph Statistics*, Vol. 5, No. 4, 1996, pp. 315—336.

于是，有 $E[\hat{r}_1(x)] = r(x)$。不仅如此，由于 $\varepsilon|(X=x)$ 的条件均值是常数，$\hat{f}_1(y|x)$ 的积分均方误（integrated asymptotic mean square error, IMSE）小于常规估计法得到的结果。海因德曼等（1996）还对上述估计方法进行进一步修正：

$$Y_j^{(2)}(x) = Y_j^{(1)}(x) - \hat{m}_1(x) + r(x) = r(x) + \varepsilon_j - \sum_{i=1}^n w_i(x)\varepsilon_i$$
(4-14)

采用常规的条件密度核估计方法对 $[X_j, Y_j^{(2)}(x)]$ 进行估计，得到

$$\hat{f}_2(y|x) = \frac{1}{b}\sum_{j=1}^n w_j(x) K\left[\frac{\|y - Y_j^{(2)}(x)\|_y}{b}\right] \quad (4-15)$$

其均值为：

$$\hat{r}_2(x) := \int y \hat{f}_2(y|x) dy = \sum_{j=1}^n w_j(x) Y_j^{(2)}(x) = r(x)$$
(4-16)

因此，采用这个修正的估计方法，不但可以得到零均值偏误（mean-bias）$\{E[\hat{r}_2(x)] - r(x) = 0\}$，而且所估计的密度函数的均值恰好等于 $r(x)$。此外，其 IMSE 也低于常规估计法得到的结果。

$\hat{f}_2(y|x)$ 的方差为

$$\hat{v}_2 := \int [y - \hat{r}_2(x)]^2 \hat{f}_2(y|x) dy = b^2\sigma_K^2 + \sum_{j=1}^n w_j(x)[Y_j^{(2)}(x) - r(x)]^2$$

$$= b^2\sigma_K^2 + \sum_{j=1}^n w_j(x)\left[\varepsilon_j - \sum_{i=1}^n w_i(x)\varepsilon_i\right]^2 \quad (4-17)$$

第二步，由于实际的 $r(x)$ 经常是未知的，因此，需要对此进行估计。对此，有多种估计方法可供选择，包括局部多项式回归（local polynomial regression）和立方平滑样条（cubic smoothing spline）等（海因德曼 et al., 1996）。这些估计法的偏误特性都优于核回归。

对式（4-15），用有效估计值 $\hat{r}(x)$ 代替 $r(x)$，便得到如下的条件密度估计值：

$$\hat{f}_*(y|x) = \frac{1}{b}\sum_{j=1}^n w_j(x) K\left[\frac{\|y - Y_j^*(x)\|_y}{b}\right] \quad (4-18)$$

其中，

$$Y_j^*(x) = \hat{r}(x) + e_j - \sum_{i=1}^{n} w_i(x)e_i, \ e_i = Y_i - \hat{r}(x_i) \tag{4-19}$$

同样，可以得到 $\hat{f}_*(y|x)$ 的均值等于 $\hat{r}(x)$；$\hat{f}_*(y|x)$ 的方差为

$$\hat{v}_2 := \int [y - \hat{r}(x)]^2 \hat{f}_*(y|x) dy = b^2 \sigma_K^2 + \sum_{j=1}^{n} w_j(x) [e_j - \sum_{i=1}^{n} w_i(x)e_i]^2 \tag{4-20}$$

### 三 带宽的选择

众所周知，带宽的选择是决定核条件密度估计有效与否的关键因素。带宽选择的基本准则是最小的积分均方误（integrated mean square error, IMSE）[①]：

$$IMSE(a,b;\hat{f},f) = \iint E[\hat{f}(y|x) - f(y|x)]^2 h(x) dxdy \tag{4-21}$$

与 IMSE 密切相关的一个概念是积分平方误（integrated square error, ISE）：

$$ISE(a,b;\hat{f},f) = \iint [\hat{f}(y|x) - f(y|x)]^2 h(x) dxdy \tag{4-22}$$

在实际应用中，通常采用下式估计 ISE：

$$I(a,b;X,Y,y',f) = \frac{\Delta}{n} \sum_{j=1}^{N} \sum_{i=1}^{n} [\hat{f}(y'_j|X_i) - f(y'_j|X_i)]^2 \tag{4-23}$$

其中，$X = \{X_1, \cdots, X_n\}$，$Y = \{Y_1, \cdots, Y_n\}$，$\{(X_i, Y_i)\}$ 是一个独立同分布样本，其密度为 $g(\cdot, \cdot)$，$y' = \{y'_1, \cdots, y'_N\}$ 是均匀分布于 $Y$ 样本空间的向量，$y_{i+1} - y_i = \Delta$。通过对式（4-23）求样本均值，就可以估计出 IMSE：

$$\hat{M}(a,b;n,y',f) = \frac{1}{n} \sum_{?=1}^{n} I(a,b;X^{(?)},Y^{(?)},y',f) \tag{4-24}$$

---

[①] Wand, M. P., and Jones, M. C., *Kernel Smoothing*, London: Chapman and Hall, 1995, pp. 90—113.

其中，$n$ 是样本量，$X^{(?)} = \{X_1^{(?)}, \cdots, X_n^{(?)}\}$，$Y^{(?)} = \{Y_1^{(?)}, \cdots, Y_n^{(?)}\}$，$\{(X_i^{(?)}, Y_i^{(?)})\}$ 是一个独立同分布样本，其密度为 $g(\cdot, \cdot)$（巴什特尼克 & 海因德曼，2001）。

基于上述基本准则，具体的带宽选择方法主要有三种。

（一）带宽选择的参照规则法

西尔弗曼（1986：40—42）认为基于参照分布的带宽选择在单变量核密度估计中是行之有效的选择方法。最普遍的做法是在假定正态密度的基础上找到能最小化 IMSE 的带宽。这个方法非常稳健，即便对远非正态的密度也能得到合理的结果（巴什特尼克 & 海因德曼，2001）。

海因德曼等（1996）以及巴什特尼克和海因德曼（2001）计算出估计值 $f(y|x)$ 的渐近均方误（asymptotic mean square error，AMSE）：

$$AMSE = \lim_{n \to \infty} E\left[\hat{f}(y|x) - f(y|x)\right]^2 = \frac{a^4 \sigma_K^4}{4}$$

$$\left\{2\frac{h'(x)}{h(x)}\frac{\partial f(y|x)}{\partial x} + \frac{\partial^2 f(y|x)}{\partial x^2} + \frac{b^2}{a^2}\frac{\partial^2 f(y|x)}{\partial y^2}\right\}^2 +$$

$$\frac{R(K)f(y|x)}{nabh(x)}[R(K) - bf(y|x)] + O\left(\frac{1}{n}\right) + O\left(\frac{b}{an}\right) +$$

$$O\left(\frac{a}{bn}\right) + O(a^6) + O(b^6) + O(a^2 b^4) + O(a^4 b^2)$$

$$(4-25)$$

其中，$R(K) = \int K^2(w) dw$。把式（4-25）代入式（4-21）得到积分均方误：

$$IMSE \approx \frac{c_1}{nab} - \frac{c_2}{na} + c_3 a^4 + c_4 b^4 + c_5 a^2 b^2 \quad (4-26)$$

其中，

$$c_1 = \int R^2(K) dx \quad (4-27)$$

$$c_2 = \iint R(K) f^2(y|x) dy dx \quad (4-28)$$

$$c_3 = \iint \frac{\sigma_K^4 h(x)}{4}\left\{2\frac{h'(x)}{h(x)}\frac{\partial f(y|x)}{\partial x} + \frac{\partial^2 f(y|x)}{\partial x^2}\right\}^2 dy dx \quad (4-29)$$

$$c_4 = \iint \frac{\sigma_K^4 h(x)}{4}\left\{\frac{\partial^2 f(y|x)}{\partial y^2}\right\}^2 dy dx \quad (4-30)$$

$$c_5 = \iint \frac{\sigma_K^4 h(x)}{4} \left\{ 2 \frac{h'(x)}{h(x)} \frac{\partial f(y|x)}{\partial x} + \frac{\partial^2 f(y|x)}{\partial x^2} \right\} \left\{ \frac{\partial^2 f(y|x)}{\partial y^2} \right\} dy dx$$

(4-31)

通过对式（4-26）分别对 $a$ 和 $b$ 求导，并令偏导数为零，经过化简，可以得到最优带宽计算式[1]：

$$a = \left( \frac{c_1}{n} \right)^{1/6} \left\{ 4 \left( \frac{c_3^5}{c_4} \right)^{1/4} + 2c_5 \left( \frac{c_3}{c_4} \right)^{3/4} \right\}^{-1/6} \quad (4-32)$$

$$b = a \left( \frac{c_3}{c_4} \right)^{1/4} = \left( \frac{c_1}{n} \right)^{1/6} \left\{ 4 \left( \frac{c_4^5}{c_3} \right)^{1/4} + 2c_5 \left( \frac{c_4}{c_3} \right)^{3/4} \right\}^{-1/6} \quad (4-33)$$

由于上式中 $c_1$、$c_2$、$c_3$、$c_4$ 和 $c_5$ 都是关于未知的参照分布 $h(x)$ 和 $f(y|x)$ 的函数，因此，要想求出 $a$ 和 $b$，就需要先估计出这两个分布。通常假定 $f(y|x)$ 是正态分布，具有线性均值 $r(x) = c + dx$ 和线性标准差 $\sigma(x) = p + qx$，因此，$[Y|X=x] \sim N[c+dx, (p+qx)^2]$，即条件密度为：

$$f(y|x) = \frac{1}{(p+qx)\sqrt{2\pi}} \exp\left\{ \frac{-1}{2(p+qx)^2}(y-c-dx)^2 \right\}$$

(4-34)

至于边际分布 $h(x)$，一般有两种假定：正态分布和均匀分布。考虑到消费数据的特点，正态分布假定显然更加合理，因此，可以假定边际分布的均值为 $\mu_h$，标准差为 $\sigma_h$。条件分布和边际分布的参数可以通过样本数据估计而得。当 $q \neq 0$ 时，可以通过迭代加权最小二乘（iteratively re-weighted least squares）估计出 $c$ 和 $d$，再通过最小化下式得到 $p$ 和 $q$：

$$\sum_{i=0}^{n} \left\{ (y_i - \hat{c} - \hat{d}x_i)^2 - (p - qx_i)^2 \right\}^2 \quad (4-35)$$

具体来讲，在假定边际分布和条件分布均为正态分布的前提下，把条件密度和边际密度代入 $c_1$、$c_2$、$c_3$、$c_4$ 和 $c_5$，然后先对这些常数项对 $y$ 在整个样本空间求积分，再对 $x$ 在 $\mu_h \pm k\sigma_h$ 上求积分，从而得到：

$$c_1 = 2k\sigma_h R^2(K) \quad (4-36)$$

---

[1] Bashtannyk, D. M., and Hyndman, R. J., "Bandwidth Selection for Kernel Conditional Density Estimation," *Computational Statistics & Data Analysis*, Vol. 36, No. 3, 2001, pp. 279—298.

$$c_2 = \frac{k\sigma_h R(K)}{p\sqrt{\pi}} \qquad (4-37)$$

$$c_3 = \frac{d^2 \sigma_K^4 v(k)}{32\pi\sqrt{2} p^5 \sigma_h^5} \qquad (4-38)$$

$$c_4 = \frac{3\sigma_K^4 \lambda(k)}{32 p^5 \sqrt{\pi}} \qquad (4-39)$$

$$c_5 = \frac{3 d^2 \sigma_K^4 \lambda(k)}{16 p^5 \sqrt{\pi}} \qquad (4-40)$$

其中，$\lambda(k) = \int_{-k}^{k} \varphi(t)dt$，$\varphi(\cdot)$ 是标准正态密度函数；$v(k) = \sqrt{2\pi}\sigma_h^3(3d^2\sigma_h^2 + 8p^2)\lambda(x) - 16k\sigma_h^2 p^2 e^{-k^2/2}$。把这些常数代入式（4-32）和式（4-33），便得到所求的带宽：

$$a_N = \left\{ \frac{16 k R^2(K) p^5 [288\pi^9 \sigma_h^{58} \lambda^2(k)]^{1/8}}{n\sigma_K^4 d^{5/2} v^{3/4}(k) [v^{1/2}(k) + d(18\pi\sigma_h^{10}\lambda^2(k))^{1/4}]} \right\}^{1/6}$$
$$(4-41)$$

$$b_N = \left\{ \frac{d^2 v(k)}{3\sqrt{2\pi}\sigma_h^5 \lambda(k)} \right\}^{1/4} a_N \qquad (4-42)$$

$k$ 控制着 $x$ 方向的样本空间的大小，因此，$k$ 值的增加会导致 $a_N$ 和 $b_N$ 的增加。在实际应用中，$k$ 通常取 2 或 3，分别代表约 95% 和 99.7% 的样本空间（巴什特尼克 & 海因德曼，2001）。

但是，需要指出的是，上述带宽计算公式只对应于传统的条件密度估计方法，即对应于式（4-3）至式（4-5）。此外，巴什特尼克和海因德曼（2001）只给出假定 $h(x)$ 为均匀分布条件下与修正的条件密度估计方法相对应的带宽计算公式。但是，对消费研究而言，假定 $h(x)$ 为均匀分布不但不符合实际，而且也使得本研究毫无意义。[①] 为了弥补这个缺憾，本书推导出与海因德曼等（1996）中修正的估计方法相对应、假定 $h(x)$ 为正态分布的带宽计算公式。考虑到篇幅的限制，推导过程又非常烦琐，因此没有呈现在本书中。

（二）带宽选择的自举法

带宽选择的另一种方法为自举法（bootsrap method）。巴什特尼克和海

---

[①] 对本研究而言，假定 $\beta$ 为均匀分布意味着 31 个省份在同一年的消费支出完全相同，这显然不符合实际，而且从研究意义上讲等于放弃研究。

因德曼（2001）在借鉴霍尔等（1999）方法的基础上，拟合一个参数模型 $Y_i = \beta_0 + \beta_1 X_i + \cdots + \beta_k X_i^k + \sigma \varepsilon_i$，其中 $\varepsilon_i$ 为标准正态独立同分布的随机变量，$k$ 由赤池信息准则（Akaike's Information Criterion，AIC）确定，其他参数可以由数据估计而得。在这个模型的基础上，得到一个参数估计值 $\tilde{f}(y|x)$，然后基于观测值 $X = \{X_1, \cdots, X_n\}$ 模拟一个自举数据集 $Y^{(?)} = \{Y_1^{(?)}, \cdots, Y_n^{(?)}\}$。最后，通过对下式的最小化便可以得到最优带宽 $a$ 和 $b$：

$$\tilde{M}(a,b;n,y',\tilde{f}) = \frac{1}{n} \sum_{?=1}^{n} I(a,b;X^{(?)},Y^{(?)},y',\tilde{f})$$

(4-43)

虽然这种方法假定条件密度是单峰密度（unimodal densities），但是，巴什特尼克和海因德曼（2001）发现这个方法对多峰密度（multimodal densities）也能得到稳健的结果，只是在多峰条件密度情况下有高估带宽 $b$ 的倾向。

**（三）基于回归的带宽选择**

范等（1996）发现，在给定 $x$ 和 $y$ 的情况下，通过式（4-7）得到的条件密度估计值 $f(y|x)$ 等于通过对下式采用加权最小二乘估计得到的 $\beta$ 值：

$$\sum_{i=1}^{n} w_i(x) [v_i(y) - \beta]^2 \quad (4-44)$$

其中，$v_i(y) = b^{-1} K(|Y_i - y|/b)$，是一个核函数。对于给定的带宽 $b$ 和给定的 $y$，估计 $f(y|x)$ 是一个典型的 $v_i(y)$ 对 $X_i$ 的非参数回归问题。此外，哈德尔（1991：258—260）提出通过最小化惩罚后的均方预测误差（penalized average square prediction error）求带宽的方法。巴什特尼克和海因德曼（2001）把这两个方法结合起来，用来确定给定带宽 $b$ 时的带宽 $a$。对于条件密度估计，可以把这个惩罚后的均方预测误差定义为：

$$Q_b(a) = \frac{\Delta}{n} \sum_{k=1}^{N} \sum_{i=1}^{n} \{v_i(y'_k) - \hat{f}(y'_k|X_i)\}^2 p[w_i(X_i)]$$

$$= \frac{\Delta}{n} \sum_{k=1}^{N} \sum_{i=1}^{n} \{v_i(y'_k) - \sum_{j=1}^{n} w_j(X_i) v_j(y'_k)\}^2 p[w_i(X_i)]$$

(4-45)

其中，$\{y'_1, \cdots, y'_N\}$ 均匀分布于 $Y$ 样本空间，并且 $y_{i+1} - y_i = \Delta$，$p(u)$

是惩罚函数，其一阶泰勒展开式为 $p(u) = 1 + 2u + O(u^2)$。巴什特尼克和海因德曼（2001）用数学方法证明：给定带宽 $b$，$Q_b(a)$ 对带宽 $a$ 的最小化等价于最小化式（4-21）的 IMSE。为了计算方便，可以把上式改写成：

$$Q_b(a) = \frac{\Delta}{n} P^T (V - W^T V) \odot (V - W^T V) I \quad (4-46)$$

其中，$V$ 为 $n \times N$ 矩阵，其第 $(i,j)$ 个元素为 $v_i(y'_j)$；$W$ 为 $n \times n$ 矩阵，其第 $(i,j)$ 个元素为 $w_i(x_j)$；$\odot$ 代表阿达马乘积（Hadamard product）；$P$ 表示第 $i$ 个元素为 $p[w_i(x_i)]$ 的向量；$I$ 表示元素均为 1 的向量。

在带宽选择问题上，巴什特尼克和海因德曼（2001）建议采用三步法，这个程序涉及上述三种带宽选择方法。其具体步骤包括：第一步，采用西尔弗曼（1986：34—74）的参照规则找到一个初始带宽 $b$；第二步，在既定带宽 $b$ 的基础上，通过范等（1996）的回归法确定带宽 $a$；第三步，采用霍尔等（1999）的自举法，通过最小化加权均方误来修正 $b$。反复运用第二、三步，直到收敛。

## 四 条件方法

作为一种非参数方法，核条件密度的基本用途是用来说明以 $x$ 为条件的 $y$ 的密度分布。因此，它总体上是一种描述性统计方法，可以用来描述 $y$ 的截面分布如何随 $x$ 而变化，但是其本身并不能对这个过程提供解释，即无法解释是什么因素决定或影响截面分布的动态变化。为了扩大这种方法的解释能力，就需要把其他影响因素纳入模型，以解释这些变量对这个过程的影响。在实际趋同研究中，常用的办法有两种：一种是奎恩的条件法（conditioning），另一种是空间过滤法。

（一）Quah 的条件方法

为了解释其他因素的影响，奎恩（1996c，1997a，1997b）建议采用条件法（conditioning）。奎恩（1996c）提出一种基于比值的简单的条件规则（conditioning scheme）。奎恩（1997a）在此基础上提出一种较为正式的条件规则。其基本思想是，对于一个经济体集合 $S$，定义一种条件规则 $\varpi$：（1）$S$ 中的亚集合 $C_i(t)$ 代表一个与经济体存在某种联系的经济体集合；（2）一个取正整数的滞后期数 $\tau_i(t)$，表示经济体 $i$ 受 $C_i(t)$ 中经济体影响的衰减程度；（3）一组概率权数 $w_i(t)$，在 $C_i(t)$ 之外取非正数。

在这个定义的基础上，如果最初的观测值为 $Y = \{Y_i(t) \in S, t \geq 0\}$，那么条件版本的观测值 $Y|\varpi$ 定义为 $\tilde{Y}_i(t) \equiv Y_i(t)/\hat{Y}_i(t)$，其中，$\hat{Y}_i(t) \equiv \sum_{j \in C_i(t)} w_j(t) Y_j[t - \tau_i(t)]$。在这个条件规则的基础上，为了解释一个或一组因素的影响，只需要估计出把非条件的分布映射到条件分布的随机核，即（核）条件密度。

根据这个条件规则，在空间背景下，地区条件方法（regional conditioning）可以表示为：$\tilde{x}_i = x_i / \sum_j w_{i,j} x_j$，其中 $x_j$ 为 $x_i$ 的空间邻居的消费支出（或其他变量）。因此，地区条件可以理解为一个地区的消费支出对空间邻居消费支出加权平均的相对数。求得各地区消费支出对全国（全地区）加权平均值的相对数，$\hat{x}_i = x_i / \sum_k w_{i,k} x_k$，其中 $k$ 为样本量；然后，采用上述核方法求得 $\tilde{x}$ 相对于 $\hat{x}$ 的核条件密度，如果两者有很大的出入，说明空间效应很显著，反之，如果两者完全重叠，说明不存在空间效应。

奎恩的上述条件规则思路清晰，操作简单，但同时也存在明显的缺陷：首先，它基于直观的想法而非科学的推断，因此缺乏理论基础；其次，许多因素很难条件化，比如，对一些用间距级数据或分类数据表示的因素，它就显得无能为力；再次，如果有多个条件，即要解释多个因素的影响，这种方法就很难应对。

## （二）空间过滤法

核条件密度估计隐含着一个截面分布独立的假定：每个地区代表一个独立的观测值，它们提供独特的信息以估计变量（这里是消费）的转移动态。独立意味着不存在自相关。[1] 空间依赖（空间自相关）反映了地区之间缺乏独立性，它既可能源自测量误差，也可能源自地区间实际存在的互动作用或外部性，包括知识溢出、贸易、人口流动等。这些因素都有可能导致实际研究违反了独立性假定，从而导致估计结果和潜在含义的扭曲（雷伊 & Janikas，2005）。

奎恩的条件规则尽管解决了核条件密度的解释力问题，但是，并没有触及空间独立的假定问题。为了克服这个问题，一个很自然的想法是采用某种

---

[1] 反之则不一定成立。但是，尽管如此，在实际应用中空间自相关检验被默认为是对空间独立的恰当检验（奥德 & 格蒂斯，1995）。

办法来剥离空间效应。空间过滤正是这样一种办法，它与奎恩的条件规则有明显的不同。空间过滤主要有柯蒂斯和奥德[①]（1992）和格蒂斯[②]（1995）提出的方法，其基本思想是把存在空间依赖的变量 $X$ 分为两部分：经过过滤的不存在空间效应的非空间变量 $\tilde{X}$；空间变量残差 $L_X$（格蒂斯，1990）。

空间过滤的关键是找出一个空间距离 $d$，在这个距离之内经济体之间存在空间依赖，而超过这个距离则不存在空间依赖。这个距离也称为关键距离（critical diatance）。柯蒂斯和富兰克林（1987）和格蒂斯（1990）提出一种确定关键距离的方法。即对每个观测值 $i$，都有一个与之相对应的期望的联系比率（expected association ratio）和一个观测到的联系比率（observed association ratio）。期望的联系比率也称为理论联系比率，可以表示为：

$$L_i(d) = \left[ \frac{R \sum_{j=1, i \neq j}^{n} k_{ij}(d)}{\pi(n-1)} \right]^{1/2} \qquad (4-47)$$

其中，分子表示研究范围 $R$ 中与 $i$ 的距离不大于 $d$ 的所有地区单位（经济体）数目的总和，$n$ 表示样本量。观测到的联系比率可以表示为：

$$\hat{L}_i(d) = \left[ \frac{R \sum_{j=1, i \neq j}^{n} k_{ij}(d) y_i y_j}{\pi \sum_{j=1, i \neq j}^{n} y_i y_j} \right]^{1/2} \qquad (4-48)$$

其中，$y_i$ 为第 $i$ 个观测值。

很显然，对式（4-48），如果每个点都赋予同样的权重，则有 $\hat{L}_i(d) = L_i(d)$，因此，理论联系比率代表所有观测值都相等时的情形。如果实际观测到的联系比率大于期望的联系比率，那么就可以把这个"超额联系"（excess association）视为地区 $i$ 对距离 $d$ 内的所有其他地区的依赖。因此，这两个值之差就可以用来衡量空间依赖的强度：

$$A_i(d) = \hat{L}_i(d) - L_i(d) \qquad (4-49)$$

在这个基础上，格蒂斯（1990）根据累积比率差的最大化条件确定

---

[①] Getis, A., and Ord, J. K., "The Analysis of Spatial Association by use of Distance Statistics," *Geographical Analysis*, Vol. 24, No. 3, 1992, pp. 189—206.

[②] Getis, A., *Spatial Filtering in A Regression Framework: Examples Using Data on Urban Crime, Regional Inequality, and Government Expenditures.* Springer, Berlin, Heidelberg and New York, 1995, pp. 172—188.

关键距离 $d^*$：

$$A(d^*) = \sum_i [\dot{L}_i(d^*) - L_i(d^*)]^2 \qquad (4-50)$$

求得关键距离 $d^*$ 后，空间过滤后的观测值 $\tilde{y}$ 可以由下式求得：

$$\tilde{y} = \frac{y_i \left[\frac{1}{n-1} W_i\right]}{G_i(d^*)} \qquad (4-51)$$

其中，$W_i = \sum_{j=1}^n w_{ij}(d^*)$，$j \neq i$，如果某个地区 $j$ 与 $i$ 的距离小于关键距离 $d^*$，则 $w_{ij} = 1$，反之，$w_{ij} = 0$，因此，$W_i$ 表示与地区 $i$ 的距离不大于 $d^*$ 的所有地区总数；$G_i(d^*) = \dfrac{\sum_{j=1}^n w_{ij}(d^*) y_j}{\sum_{j=1}^n y_j}$，$i \neq j$，是柯蒂斯和奥德（1992）提出的衡量空间自相关的统计量，即 $G_i$ 统计量。

把空间过滤方法与核条件密度方法结合起来，便可以刻画经过空间过滤后的消费分布的演变：

$$h_{t+\tau}(\tilde{y}) = \int_0^\infty f_\tau(\tilde{y} \mid \tilde{x}) h_t(\tilde{x}) d\tilde{x} \qquad (4-52)$$

即基于空间过滤后的消费数据，通过建立前后期（或前后 $n$ 期）的核条件密度，便可以研究空间过滤后消费的截面分布演变态势及截面流动性。把式（4-52）扩展到无限远的未来，便得到空间过滤后的消费支出的遍历（极限）密度：

$$h_\infty(\tilde{y}) = \int_0^\infty f_\tau(\tilde{y} \mid \tilde{x}) h_\infty(\tilde{x}) d\tilde{x} \qquad (4-53)$$

其中，$\tilde{x}$ 和 $\tilde{y}$ 都是经过空间过滤的观测值。同理，为了刻画空间效应对趋同过程的影响，只需要求得把 $X$ 分布映射到空间过滤后的 $\tilde{X}$ 分布的核条件密度：

$$f(\tilde{x} \mid x) = \frac{g(x, \tilde{x})}{h(x)} \qquad (4-54)$$

可以看出，空间过滤不但具有剥离空间效应的功能，而且与核条件密度方法相结合，具有解释空间效应的功能，这是这种方法的相对优势。

对于上述两种条件方法，如果只考虑控制（或解释）空间效应或某个其他因素对核条件密度估计的影响，结合这两种方法便已足够。由于本书对消费趋同的研究主要涉及空间效应和收入效应，因此，就决定采用上述两种方法。

对于以前期观测值为条件的核条件密度估计，如果条件密度集中在非条件轴的 1 值附近并平行于条件轴，这表示上端和下端都向中间靠拢，这是典型的趋同态势；如果条件密度集中在 45 度对角线上，说明前后期没什么变化，截面分布缺乏流动性，这表示分布处于锁定状态。对于以原始观测值为条件的空间过滤后的观测值的核条件密度估计，如果条件密度集中在非条件轴的 1 值附近并平行于条件轴，这表明空间效应具有很高的解释力，几乎解释了所有的信息；如果条件密度集中在 45 度对角线上，则说明空间效应不明显。

## 第三节 基于核条件密度的消费趋同性研究结果

为了突出可比性，同时也为了控制价格指数的影响，本章所有的数据均采用相对数据，即各省份的数据（包括人均纯收入、人均消费总支出和人均分类消费支出）对全国平均数据的比值。这也是趋同研究中普遍采用的方法。

### 一 人均消费总支出趋同性研究结果

（一）人均消费总支出截面分布的演变

为了呈现我国农村居民人均消费总支出截面分布的总体形状及其演变，这里采用核方法估计出 1993 年、1998 年、2005 年和 2009 年人均消费总支出的密度函数（见图 4-1），其中带宽的选择采用西尔弗曼（1986：40—42）的方法。总体来看，从 1993 年到 2009 年，人均消费总支出呈现多峰分布（multimodal distribution），其中，主峰非常突出，位于相对数据约 0.85 的位置，几个副峰则位于 1.75—2.80 的位置，但是副峰的轮廓不是很清晰，与其说是山峰，还不如说更像丘陵。

从不同年份密度函数的演变情况来看，主峰（即众数）的位置和形状都没有发生明显的变化，主要变化发生在右侧的丘陵，即消费水平远高于平均水平的省份。但是，也可以看出，这种变化不具有单调的方向，而是呈现一种随机波动的态势。[1] 比如，1998 年密度的右侧与 1993 年相比

---

[1] 林坚和杨奇明（2010）对我国农村居民收入问题的研究得出类似的结论。

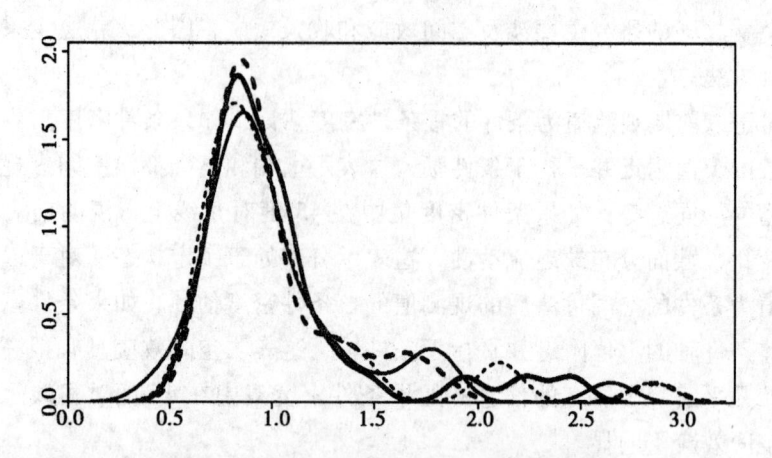

**图 4-1 人均消费总支出密度函数的演变**

说明:(1)粗虚线、细实线、细虚线和粗实线分别表示 1993 年、1998 年、2005 年和 2009 年的密度函数。(2)由于篇幅的限制,所有具体的带宽没有在书中呈现,有需要的读者可以向作者索要,下同。

更靠向左侧,到 2005 年进一步向左侧靠拢,但是,到 2009 年又向右边蔓延。

(二)人均消费总支出截面分布的流动性

正如前文所述,通常的核密度估计相当于快照,它只反映某个时间点上截面分布的形状,而不反映分布内部的流动性,而后者是趋同的必要条件,因此,流动性问题也就构成趋同研究非常重要的一个环节。普通密度函数的这个不足可以由核条件密度来弥补。图 4-2 是一个典型的核条件密度图,它反映以 $\tau$ 年前人均消费总支出为条件的人均消费总支出的核条件密度函数,这里 $\tau$ 取 4(年)。[1] 其中,图 4-2(a)是三维图,其右侧为横轴(即条件变量所对应的轴),下边为纵轴(即核条件密度所对应的轴);峰的高度越高表示密度越高,即分布越集中。图 4-2(c)是图 4-2(a)的横截图,线圈越集中表示密度越高。图 4-2(b)是最高密度区域条件密度估计图(highest density regions and conditional density estimation,HDRCDE)。[2] 所谓最高密度区域(highest density regions)是指样本空间中包含给定概率的最小区域,本书只呈现 50% 和 95% 两个最常见

---

[1] $\tau$ 可以根据样本量和所研究问题的实际情况来确定。

[2] 本书涉及的核条件密度估计采用 R 软件中的 hdrcde 软件包,由海因德曼于 2010 年 4 月 20 日推出,版本为 2.14。

的最高密度区域，其中，长条表示95%最高密度区域，长条中颜色更深的短条表示50%最高密度区域，黑点表示条件众数（conditional mode）的位置。如果短条位于长条的中间，而且黑点位于两者的正中间，这意味着条件密度很可能呈正态分布，同时自然也是单峰分布；如果短条或长条不连续，即断成几段，则说明条件密度呈多峰分布。需要指出的是，有时候间断点位于两端，这种情况往往是由个别异常值引起的，因此可以视为一种随机扰动，而非严格意义上的多峰分布。

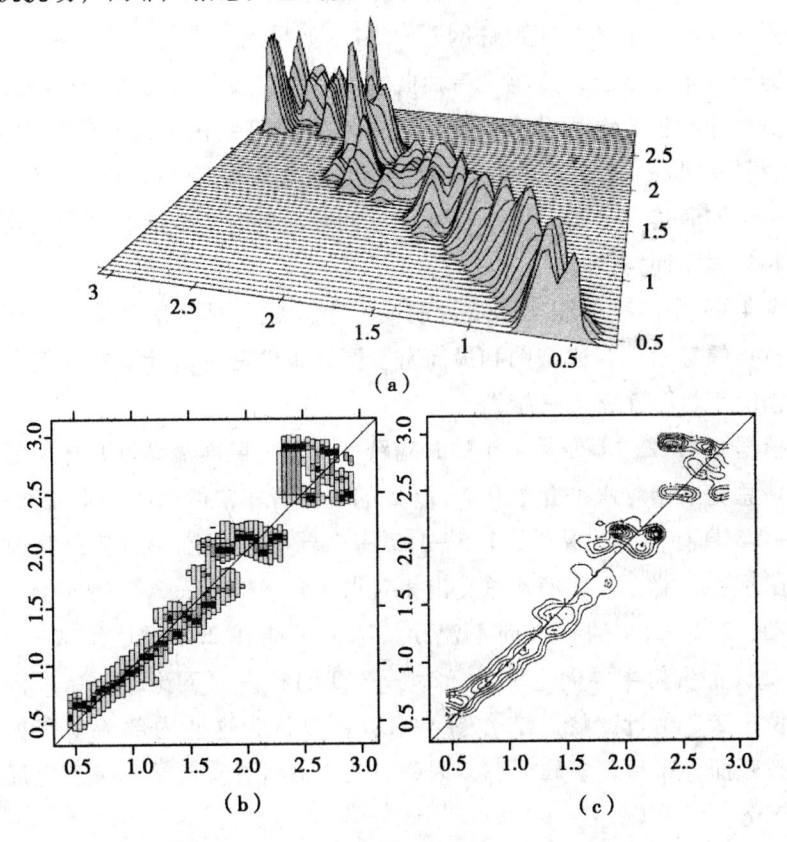

图 4-2 人均消费总支出的核条件密度函数

说明：横轴和纵轴分别对应于 $t$ 期和 $t+4$ 期的人均消费总支出。

核条件密度图中的对角线有特殊的用途，有助于说明截面流动性问题以及趋同态势。令 $y$ 表示纵轴，$x$ 表示横轴，可以证明：（1）如果条件密度只分布在 $y=x$ 与 $y=2-x$ 之间，这种情形代表趋同态势，这类似于

"收敛型蛛网"。① 其中，$y = x$ 与 $y = 1$ 之间的流动性低于 $y = 2 - x$ 与 $y = 1$ 之间。一种极端情形是条件密度全部落在 $y = 1$ 上，这时截面流动性极高并快速趋同，这是因为不管条件变量（比如第 $t$ 期的消费）处于什么水平，条件密度（比如第 $t + \tau$ 期的消费）都为 1，这说明经过一次变动就全部趋同于 1。(2) 如果条件密度只分布在 $y = x$ 和 $y = 2 - x$ 之外，这种情形表示趋异态势，这类似于"发散型蛛网"。(3) 如果条件密度只分布在 $y = 2 - x$ 之上，这种情形表示振荡，这时截面流动性极高，但是并没有发生趋同，这类似于"封闭型蛛网"。② (4) 如果条件密度只分布在 $y = x$ 之上，即与对角线重合，这也是一种极端情形，它表明（这里是指经过 4 年以后）每个地区在截面分布中的位置不发生任何变化，说明流行性为零，或者说具有最高程度的黏性，这时当然也就不存在趋同态势。(5) 如果条件密度同时落在 $y = x$ 与 $y = 2 - x$ 之间和之外时，趋同与否就视两种力量的相对强弱而定。

图 4 - 2 中的三个图实际上说明同一个问题，只是角度略有不同，为了节省篇幅，后文在横截图和最高密度区域条件密度估计图能清楚说明问题的情况下将一律略去三维图。

根据图 4 - 2，即便从 4 年的时间跨度来看，截面流动性总体偏低。人均消费总支出相对水平介于 0.4—0.6 的省份有非常微弱的向上流动趋势，0.6—1.5 具有很高的黏性，1.5—1.7 有微弱的向下流动趋势；截面流动主要出现在右端，人均消费总支出相对水平介于 1.75—2.2 的省份主要向上流动，2.2—2.4 的省份向下流动，结果可能在 2.2 附近形成一个峰；2.4—2.7 的省份主要向上流动，2.7—3.0 的省份向下流动，结果将产生一个位于 2.7 附近的峰。结合图 4 - 1，可以认为这些内部流动态势很可能导致截面分布呈现多峰形态，因此，人均消费总支出并不呈现全局性的趋同态势。

从对应于条件变量不同取值水平的条件密度本身来看，从 0.6 到 1.5，条件密度大体呈正态分布，分布很集中，这在图 4 - 2 (a) 上表现为底部狭窄的高峰，而且众数大多落在对角线上。这一方面说明这些省份 4 年之后的人均消费总支出相对水平并未发生显著的变化，基本上处于一种锁定

---

① 在消费研究中，为使研究的问题有意义，同时也为简单起见，只在第一象限内讨论问题。
② 这从一个侧面表明截面流动性是趋同的必要条件而非充分条件。

状态，另一方面也说明这个群体内部处于相同消费水平的各个省份之间的消费行为比较一致，即便经过4年也没有出现分化现象。从1.5到3.0，条件密度基本上呈现偏态甚至多峰分布，而且众数远离对角线。这一方面说明这些省份的人均消费总支出相对水平在4年间发生了一定程度的变化，有的上升，有的下降，另一方面也说明这个群体内部的消费行为出现一定程度的变异。比如，原来消费相对水平处于1.7与2.0之间的省份，4年之后有的下降到1.5以下，有的上升到2.3以上，即出现分化。这种现象在图4-2（a）上表现为多个山丘。

（三）人均总消费支出的遍历密度

通过对式（4-1b）求解，可以得到人均消费总支出的遍历密度（即极限分布），见图4-3。

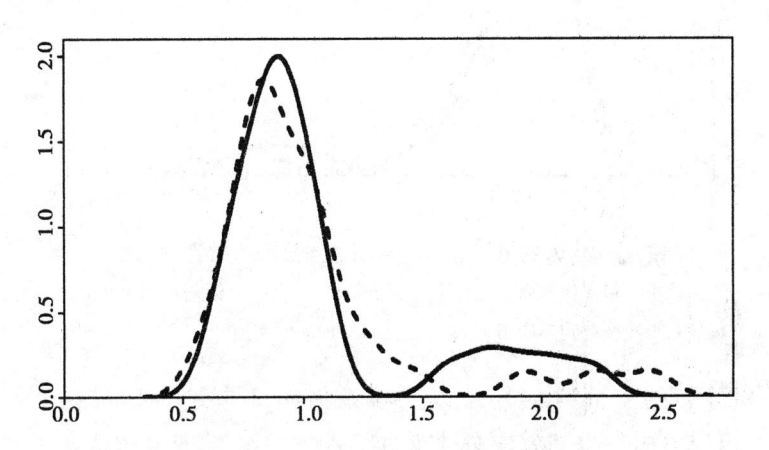

图4-3 人均消费总支出的遍历密度

说明：图中的实线和虚线分别代表人均消费总支出的遍历密度和2009年的密度。

可以看出，极限分布呈双峰分布，左峰位于0.9附近，右峰位于2.2附近。结合图4-3和图4-1可以看出：我国农村居民人均消费总支出既不全局趋同，也不全局趋异，而是呈现一种锁定状态。其中，左峰长期保持不变，只在右端存在一定程度的集中趋势，由原来几个小山丘逐渐演变为一个小山峰。

综合以上截面分布、流动性和遍历密度三个方面的研究结果，可以把我国农村居民人均消费总支出截面分布随时间变化的态势称为双峰锁定，或双峰俱乐部趋同。

(四)人均消费总支出趋同的空间效应

图4-4对空间过滤前后人均消费总支出的核密度函数进行比较。可以看出，不管是1993年还是2009年，过滤后的核密度略微比过滤前集中，[①] 表现出微弱的从右端向左端集中的态势；但是，从左端来看，不管是1993年还是2009年，过滤前后几乎没有差异。因此，从核密度函数整体来看，空间效应非常弱，只影响消费支出水平最高的少数省份。

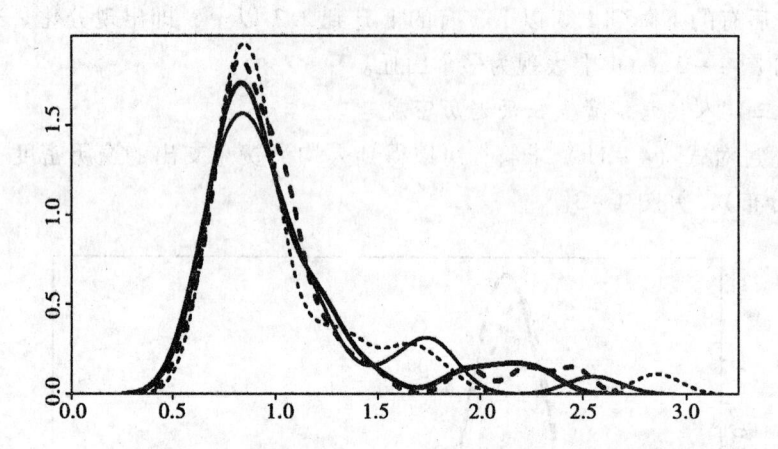

**图4-4 人均消费总支出空间过滤前后的核密度比较**

说明：粗虚线和粗实线分别对应于2009年空间过滤前后的密度；细虚线和细实线分别对应于1993年空间过滤前后的密度。

消费分布的空间效应还可以从核条件密度中进一步得到反映。从图4-5可以看出，空间效应总体上并不明显。条件变量值从0.4一直到2.2，所对应的条件密度一直处在对角线上，不但非常集中，而且呈对称分布，这说明对这个范围的省份来讲空间效应几乎不影响人均消费总支出的截面分布；从2.2到3.0，存在比较弱的集中趋势，过滤后的消费总支出水平低于过滤前，导致分布比过滤前略为集中。一个可能的解释是，对处于最高消费水平的省份来讲，可能存在一种攀比效应，这种效应进一步放大了消费，因此过滤掉这种效应之后，消费水平自然有所下降。换句话说，对于人均消费总支出相对水平处于2.2与3.0之间的省市来讲，空间效应提高了离散程度，因此，剥离掉这种效应之后，离散程度有所下降，

---

[①] Fischer 和 Stumpner（2010：611）的研究结果也表明，空间过滤之后截面分布的离散程度略有下降（标准差下降了3.3%）。

趋同性自然有所提高。

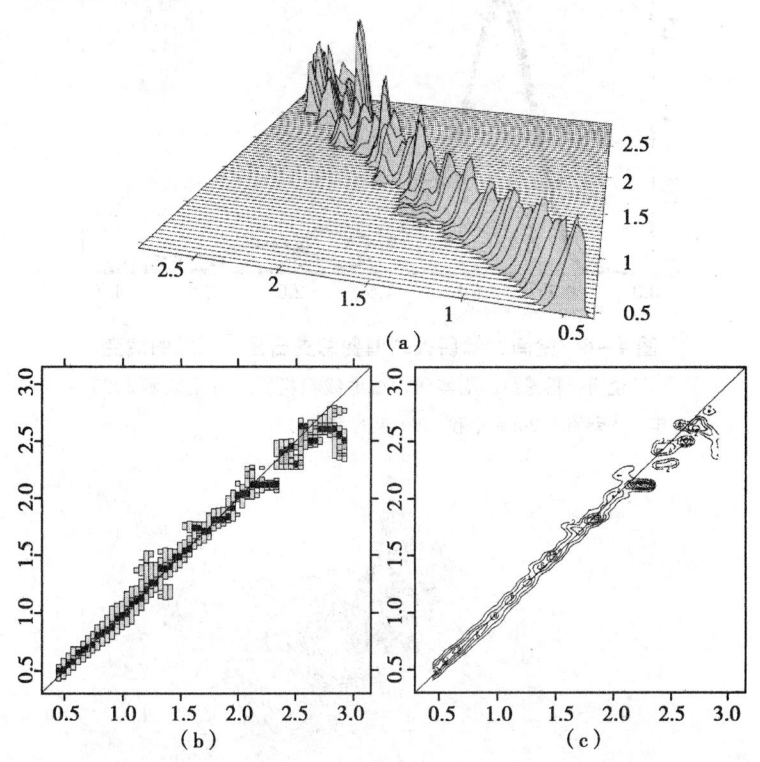

**图4-5 人均消费总支出空间过滤前后的核条件密度**

说明：横轴和纵轴分别对应空间过滤前后的人均消费总支出。

与图4-1相似，图4-6表示空间过滤后我国农村居民人均消费总支出密度函数的演变。可以看出，与过滤前一样，截面分布并没有呈现单调的集中趋势。其内在含义是，空间效应对人均消费总支出趋同性的影响非常微弱，既不足以导致趋同，也不足以导致发散。

为了从另一个角度来考察空间效应对截面分布内部流动性的影响，可以把空间过滤前后的条件密度函数进行比较。图4-7表示空间过滤后人均消费总支出的核条件密度，与空间过滤前人均消费总支出的核条件密度相比（见图4-2），可以看出截面流动性的差异主要存在于2.5以上的区域，表现为空间过滤之后流动性略有下降。

### （五）人均消费总支出趋同的收入效应

由于收入是影响消费的首要因素，因此，对消费趋同的研究就不得不分析收入对其的影响。图4-8为1993年和2009年人均消费总支出与人

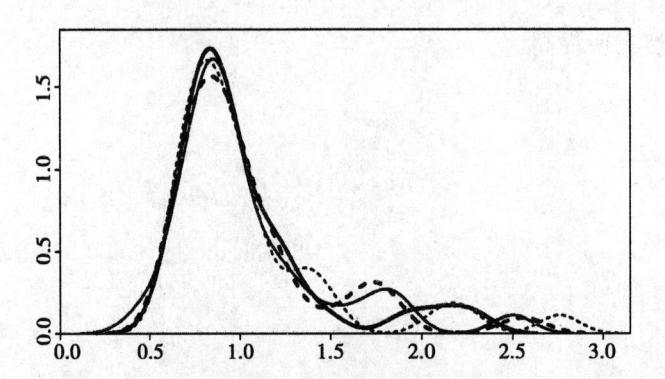

**图 4-6 空间过滤后人均消费总支出密度函数的演变**

说明：粗虚线、细实线、细虚线和粗实线分别表示 1993 年、1998 年、2005 年和 2009 年的密度。

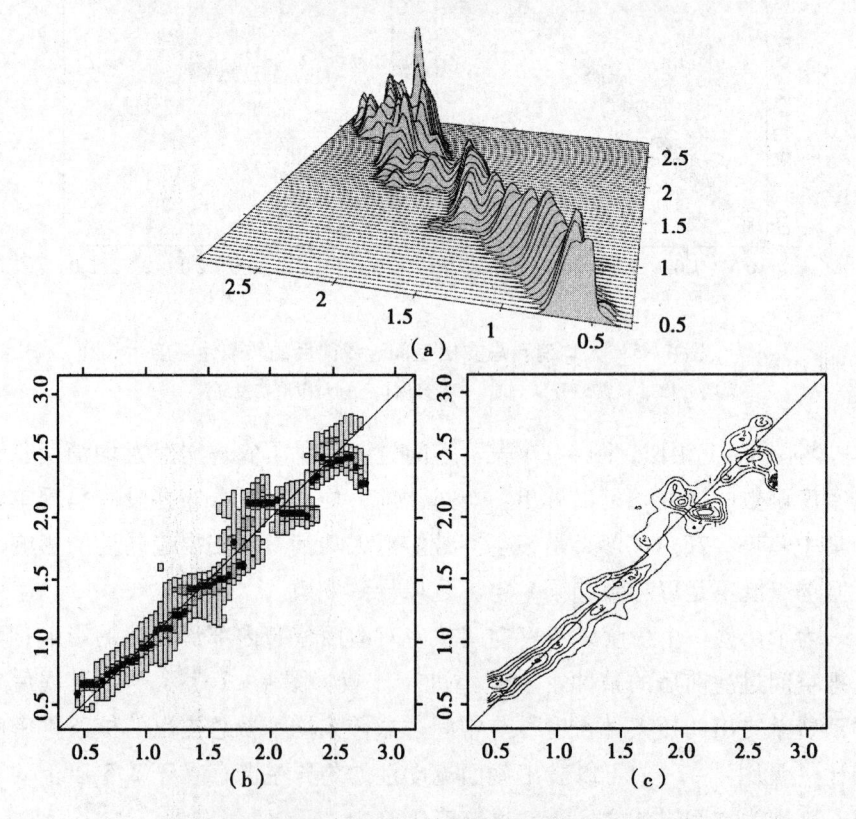

**图 4-7 空间过滤后人均消费总支出的核条件密度**

说明：横轴和纵轴分别对应于 $t$ 期和 $t+4$ 期空间过滤后的人均消费总支出。

均纯收入的密度函数比较。可以看出，不管是 1993 年还是 2009 年，收入

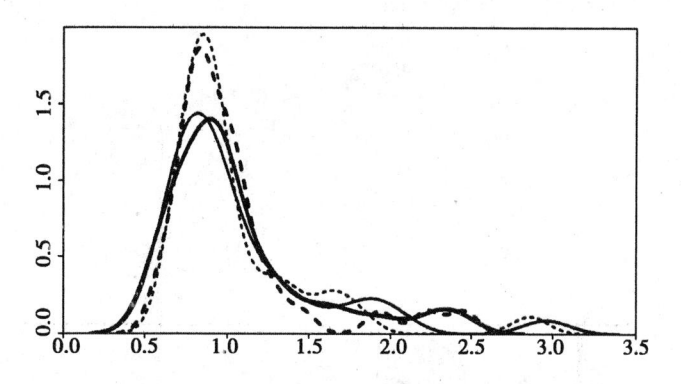

与消费的密度高度吻合,这从一个方面印证了收入对消费的决定性作用。

**图 4-8 人均消费总支出与人均纯收入的密度函数比较**

说明:粗实线和粗虚线分别对应 2009 年的收入和消费;细实线和细虚线分别对应 1993 年的收入和消费。

图 4-8 是从整体上比较了人均消费总支出与人均纯收入的截面分布,要想更加具体地刻画不同收入水平省份的人均消费总支出与人均纯收入之间的关系,可以采用核条件密度(见图 4-9)。

从图 4-9 可以看出,相对收入水平介于 0.5 与 1.7 之间的省份,人均消费总支出的条件密度基本上呈现正态分布,条件密度众数位于对角线附近,分布比较集中,这一方面说明对这些省份来讲,收入基本上解释了消费,另一方面,消费行为具有高度的同质性。但是,相对收入水平介于 1.7 与 3.0 之间的省份,条件密度呈偏态甚至多峰分布,众数经常偏离对角线,而且高度分散,一方面说明这些省份的消费总支出受收入之外的其他因素的影响,另一方面也说明,即便具有相同收入水平的省份,其消费行为也具有高度的异质性。[①]

除了上述核密度比较和核条件密度分析之外,考察人均纯收入对人均消费总支出的影响还有一个办法是考察收入条件后的消费(consumption

---

① 实际上,这也从一个侧面说明传统的基于最小二乘的条件均值回归模型存在明显的不足。如果采用多众数回归(multimodal regression),将得到一个树杈形回归图,它从 1.7 附近开始分叉,即消费开始出现分化。

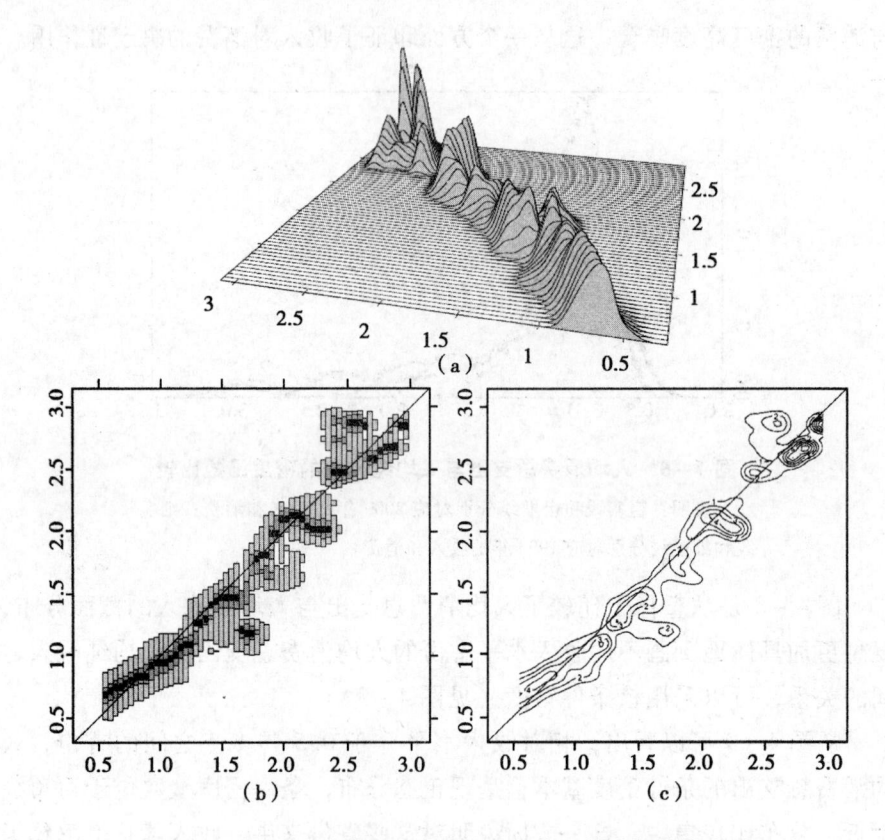

**图 4 - 9　人均消费总支出对人均纯收入的核条件密度**

说明：横轴和纵轴分别对应人均纯收入和人均消费总支出。

conditioned by income）对消费的核条件密度函数。①

从图 4 - 10 中可以看出两个重要信息：首先，人均纯收入几乎完全解释了人均消费总支出的截面分布信息，这比前面两个图更加明确，也更加清晰；其次，收入效应去除之后，人均消费总支出呈现明确的全局趋同态势。

为了进一步分析人均消费总支出趋同的收入效应，可以直接估计出收入条件后人均消费总支出的密度函数和核条件密度函数。

---

① 这里，收入条件后的人均消费总支出是指人均消费总支出的相对数据除以人均纯收入的相对数据；与空间过滤相对应，可以把它看成是收入效应过滤后的人均消费总支出。之所以说收入条件后的消费对原消费的核条件密度能反映收入的影响，是因为如果各省份的收入都相等，这个核条件密度将与对角线完全重叠，说明收入效应不存在；如果两者有较大的偏离，说明收入效应较大。

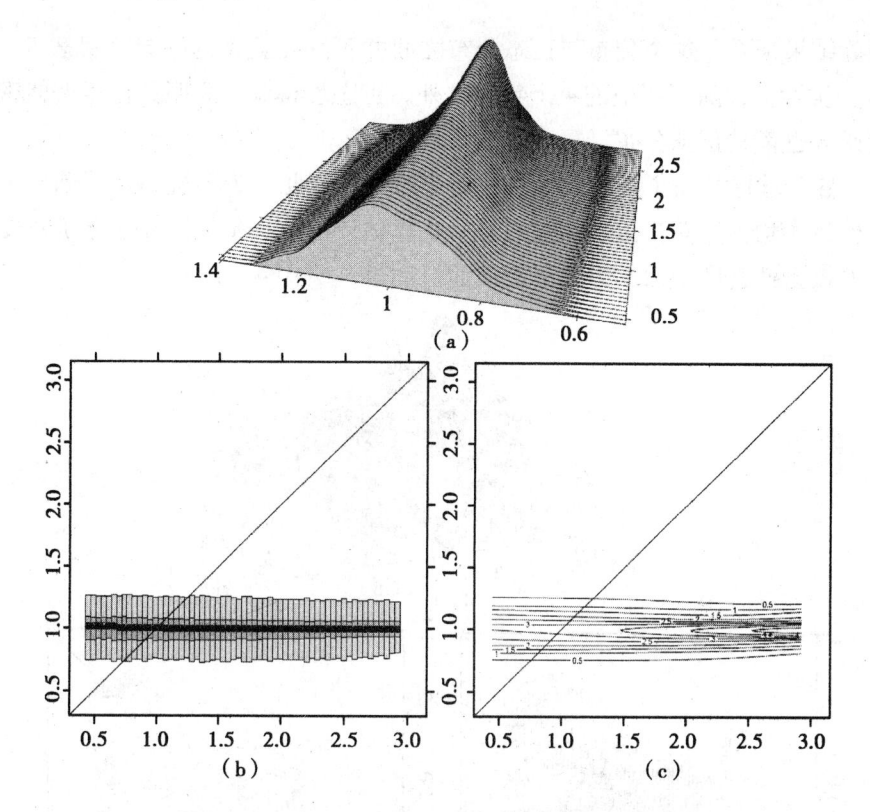

**图 4-10 收入条件后的消费对消费的核条件密度**

说明：横轴代表人均消费总支出，纵轴代表收入条件后的人均消费总支出。

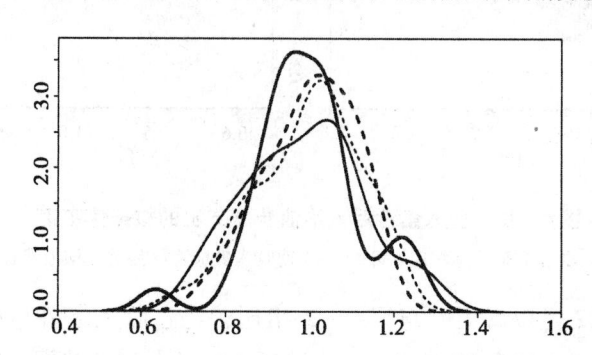

**图 4-11 收入条件后人均消费总支出密度函数的演变**

说明：粗虚线、细实线、细虚线和粗实线分别对应 1993 年、1998 年、2005 年和 2009 年。

从图 4-11 中可以看出，收入效应去除之后，人均消费总支出基本上呈正态分布，远比图 4-1 规整，尽管方差的变化并非单调。图中，2009 年的密度函数从视觉上看似乎不是正态分布，但是，从雅克—贝拉正态性检验结果来看，这个分布与正态分布之间并不存在显著的差异（见表5-6）。实际上，除了图中的4个年度之外，正态性检验还表明其他年度的密度函数也都呈正态分布。

鉴于趋同的一个必要条件是截面流动性，因此，为了进一步明确收入条件后人均消费总支出的趋同态势，这里估计出收入条件后人均消费总支出的核条件密度函数，以此分析截面流动性（见图4-12）。

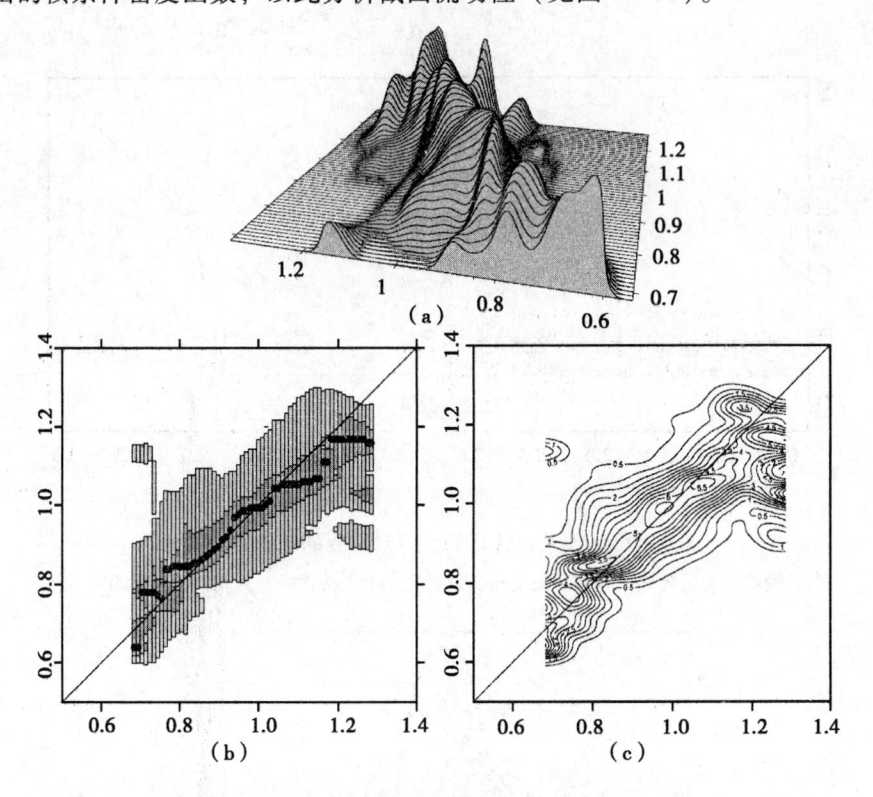

**图4-12 收入条件后人均消费总支出的核条件密度**

说明：横轴和纵轴分别对应 $t$ 期和 $t+4$ 期收入效应去除后的人均消费总支出。

从图4-12可以看出，与图4-2相比，经过收入条件后的人均消费总支出在截面具有较高的流动性，并呈现出比较典型的趋同态势。这从一个侧面验证了收入对消费趋同的影响。换句话说，收入的差异是导致人均消费总支出不存在全局性趋同的首要因素，因此，过滤掉收入的影响之后，人均消费总支出自然就呈现出全局趋同的态势。

（六）人均消费总支出趋同的空间和收入综合效应

从前面消费趋同的空间效应和收入效应的分析中可以看出，两者对人均消费总支出的趋同性都有影响,尽管收入效应远远大于空间效应。鉴于此,有必要分析两者的综合效应。具体的做法是把两种条件方法结合起来:先对原始的人均消费总支出数据进行空间过滤,然后再进行收入条件,最后再对综合条件后的数据进行研究。与图4-10相似,图4-13表示综合条件(即综合过滤)后的消费对原消费的核条件密度函数。可以看出,图4-13反映的信息与图4-10基本一致,只是综合过滤后的条件密度的分布更加紧凑,这自然要归因于空间效应。因此,去除收入和空间双重效应之后,人均消费总支出的趋同态势更加明显。

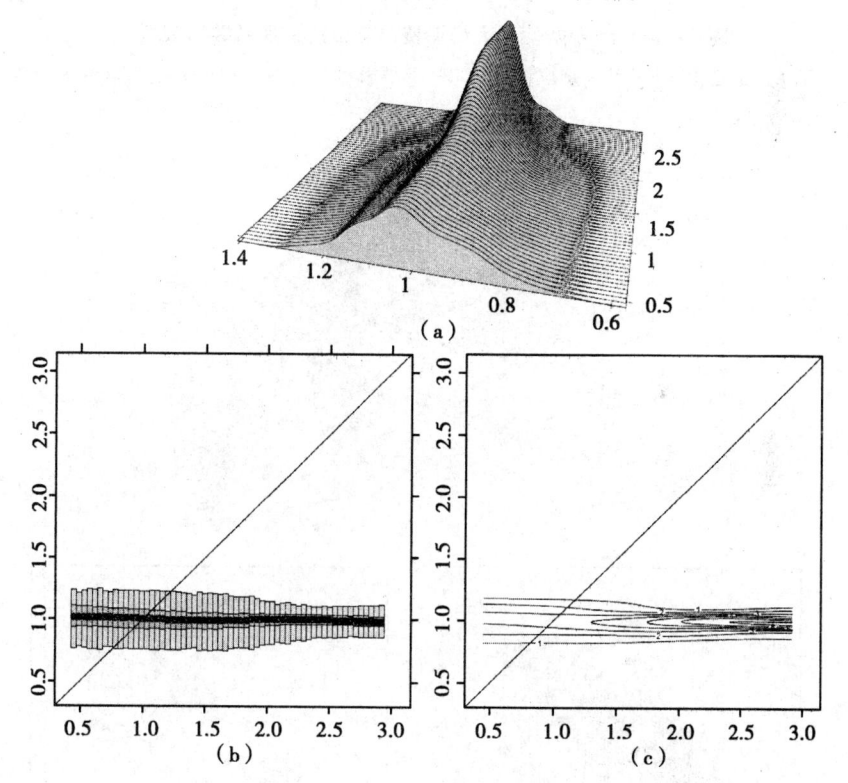

**图4-13 综合条件后的消费对消费的核条件密度**

说明:横轴对应人均消费总支出,纵轴对应综合条件后的人均消费总支出。

与图4-11相比,综合条件后的人均消费总支出的密度函数也更加接近于正态分布(见图4-14)。

同样,从图4-15可以看出,与图4-12相比,综合条件后的人均消费总支出在截面具有更高的流动性,而且更为规整和集中。这从一个侧面表明收入和空间效应可以说是导致人均消费总支出不存在全局性趋同的全部原因。

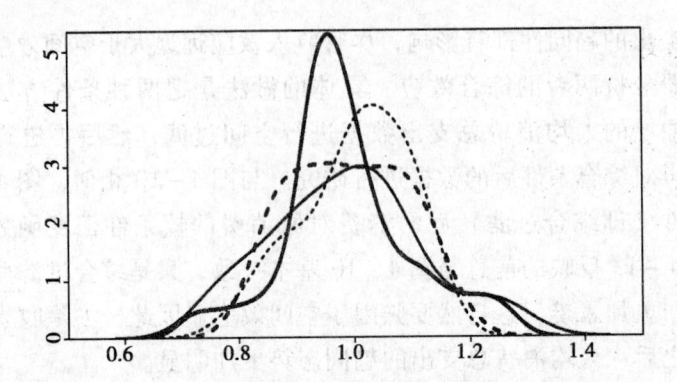

**图 4-14 综合条件后人均消费总支出的密度函数的演变**

说明：粗虚线、细实线、细虚线和粗实线分别表示 1993 年、1998 年、2005 年和 2009 年的密度函数。

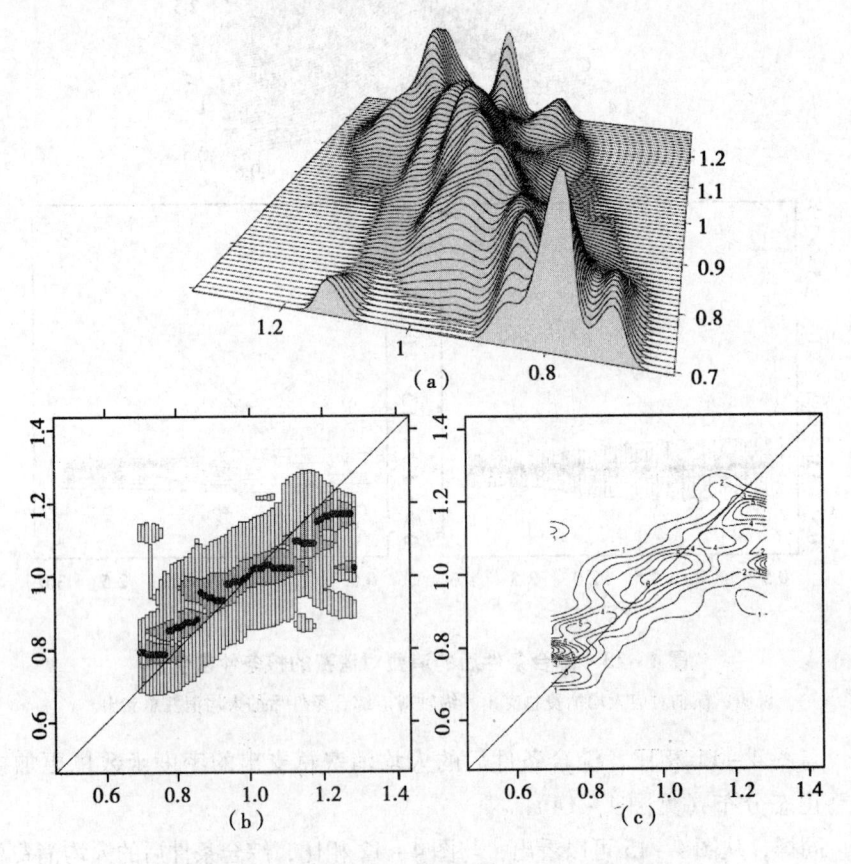

**图 4-15 综合条件后人均消费总支出的核条件密度**

说明：横轴和纵轴分别对应 $t$ 期和 $t+4$ 期综合条件后的人均消费总支出。

## 二 人均分类消费支出趋同性研究结果

(一) 人均分类消费支出截面分布的演变

与人均消费总支出一样,从 1993 年到 2009 年,我国农村居民七大类人均分类消费支出全部呈现多峰分布(见图 4-16)。其中,主峰非常突出,位于 0.85 与 1.0 之间,其余几个副峰位于 1.3 与 5.8 之间,但是,副峰的轮廓不清晰,峰的数量也不明确。

从不同年份各种人均分类消费支出截面分布的演变情况来看,主峰并没有发生明显的变化,只是在集中度和位置上略有变化;主要变化发生在右侧,即消费水平远高于平均水平的省份,但是,这种变化不具有单调的方向,总体上呈现出一种随机波动的态势。

从极差来看,食品消费的极差最小,约为 2.2;家庭消费的极差最大,接近 6。从图 4-16 来看,家庭消费极差异常大的原因是少数几个省份的消费水平异常高,绝大多数省份位于 0.2—3。与消费总支出相比,除了食品消费的极差小于消费总支出之外,其他六大类消费的极差都大于消费总支出。由于消费总支出是由八大类分类消费支出加总的结果,因此,这种差异属于正常现象。

(二) 人均分类消费支出截面分布的流动性

为了考察分类消费支出截面分布的内部流行性,与消费总支出一样,这里也采用核方法估计出各类消费的条件密度函数,见图 4-17。

从图 4-17 中可以归纳出这样几点结论:(1) 总体来看,除了食品之外,其他六大类消费支出的截面流动性均大于消费总支出。食品消费截面流动性最低,考虑到食品消费与各地风俗习惯息息相关,这个现象不难理解。(2) 左端缺乏流动性。即便从 4 年的时间跨度来看,左端基本上没有呈现出明显的流动性,使相对消费水平 1.5 以下的省份基本上处于锁定状态,即 4 年后的相对位置与 4 年前几乎一样。具体来看,通讯类消费具有一定的流动性:低于 0.9 的向上流动,高于 0.9 低于 2.3 的向下流动,呈现出比较明显的趋同态势。除此之外,其他六大类消费只在最低端呈现出非常微弱的向上流动的趋势。(3) 截面流动和趋同主要出现在右端。七大类消费支出都在右端呈现出向上和向下的流动态势。以食品消费为例,介于 1.8 与 2.2 之间的省份向上流动,2.2 与 2.3 之间的省份向下流动,结果将在 2.2 附近形成一个峰。

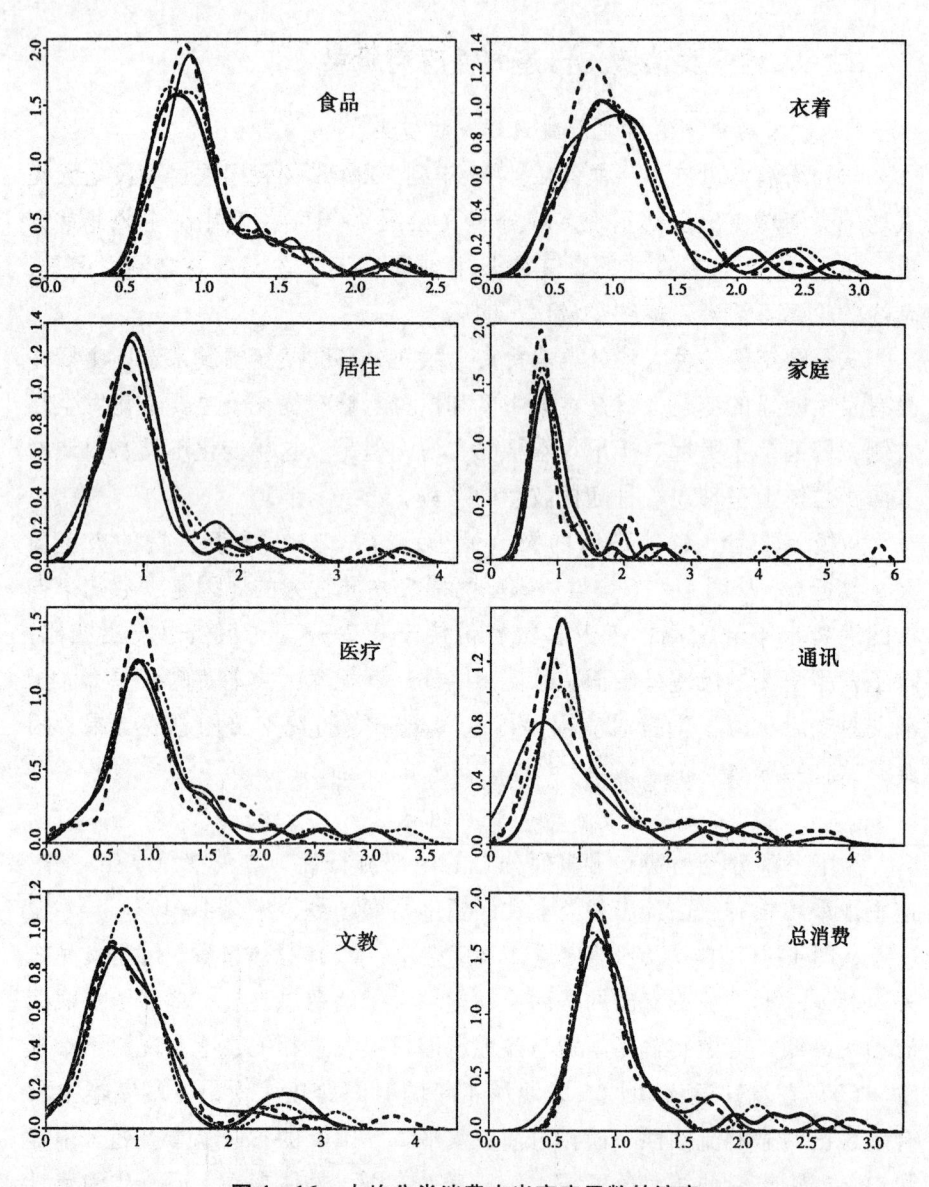

**图 4-16 人均分类消费支出密度函数的演变**

说明：粗虚线、细实线、细虚线和粗实线分别表示 1993 年、1998 年、2005 年和 2009 年的密度。

从条件变量不同取值水平所对应的条件密度本身来看，在左端，条件密度基本呈正态分布，众数落在对角线附近，而且分布比较集中。这一方面说明这些省份 4 年前后分类消费支出相对水平没发生显著的变化，流动性低；另一方面也说明，4 年前处于同一消费水平的省份 4 年后的消费水

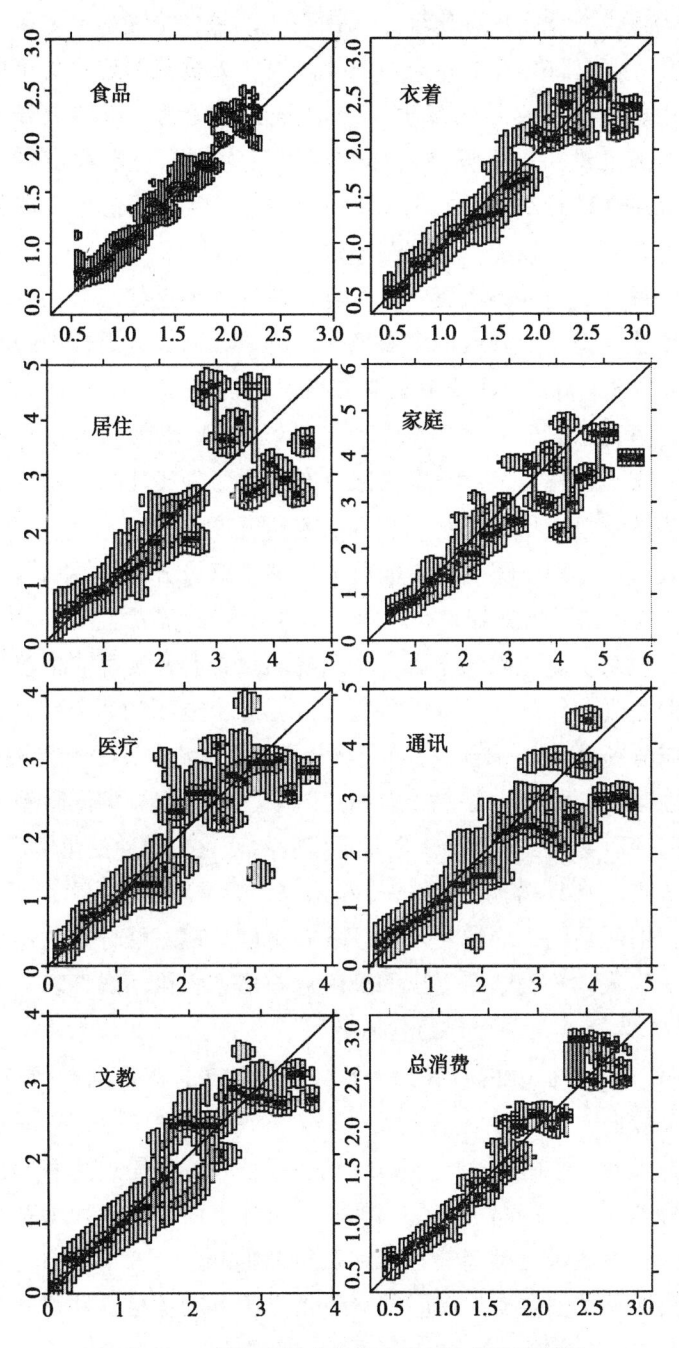

**图 4-17 人均分类消费支出的核条件密度函数**

说明：图中横轴和纵轴分别对应 $t$ 期和 $t+4$ 期的人均分类消费支出。

平仍然比较接近,没出现分化现象。在右端,条件密度基本上呈现偏态甚至多峰分布,而且许多众数远离对角线。这一方面说明这些省市的人均分类消费支出相对水平4年间发生了一定程度的变化,有的上升,有的下降;另一方面也说明这个群体内部的消费行为出现一定程度的变异,比如,原来食品消费相对水平处于2.2的省份,4年之后有的下降到1.6以下,有的上升到2.6以上,出现明显的分化现象。

总之,对七大类分类消费支出而言,左端的锁定状态与右端的集中态势导致整个截面呈现双峰或者多峰俱乐部趋同,而非全局性的趋同态势。

(三) 人均分类消费支出的遍历密度

与人均消费总支出一样,通过对式(4-1b)求解,可以得到各种人均分类消费支出的遍历密度,即极限分布。为了便于比较,图4-18中还包括了人均消费总支出和人均纯收入的遍历密度。

可以看出,各种分类消费的极限分布都呈双峰分布,左峰位于0.8与0.9之间,右峰位于2.1与2.5之间。对于不同的消费类型,尽管各年份有所差异,但是,就极限分布而言,双峰的位置和密度都非常接近。

综合上述截面分布、流动性和遍历密度三个方面的研究结果,可以认为,与人均消费总支出一样,各种人均分类消费支出既不呈全局性趋同,也不呈全局性趋异,而是呈现一种双峰锁定状态,即双峰俱乐部趋同。其中,左峰长期保持不变,只在右端发生一定程度的变化,这种变化尽管使右端由原来的一个或几个小山丘集中为一个小山峰,但是不足以导致全局性趋同。

需要指出的是,人均纯收入的极限分布也呈现双峰分布,这就为人均消费总支出和人均分类消费支出的极限分布形态提供了解释。

(四) 人均分类消费趋同的空间效应

图4-19对空间过滤前后各种分类消费支出的核密度函数进行比较,以考察空间效应。可以看出,不管是1993年还是2009年,空间过滤前后的核密度并没有呈现显著变化,始终呈多峰分布,只是过滤后的极大值略有下降,这意味着上端略为集中。因此,总体上讲,与人均消费总支出一样,空间因素对各种分类消费不存在明显的影响。

各种人均分类消费支出趋同的空间效应还可以从核条件密度中得到更加深刻的反映。从图4-20中可以看出,低端的空间效应并不明显:从左端一直到2.0,七大类分类消费的条件密度基本上都处在对角线上,大致呈对称分布,而且分布比较集中,这说明对这个范围的省份来讲,空间效

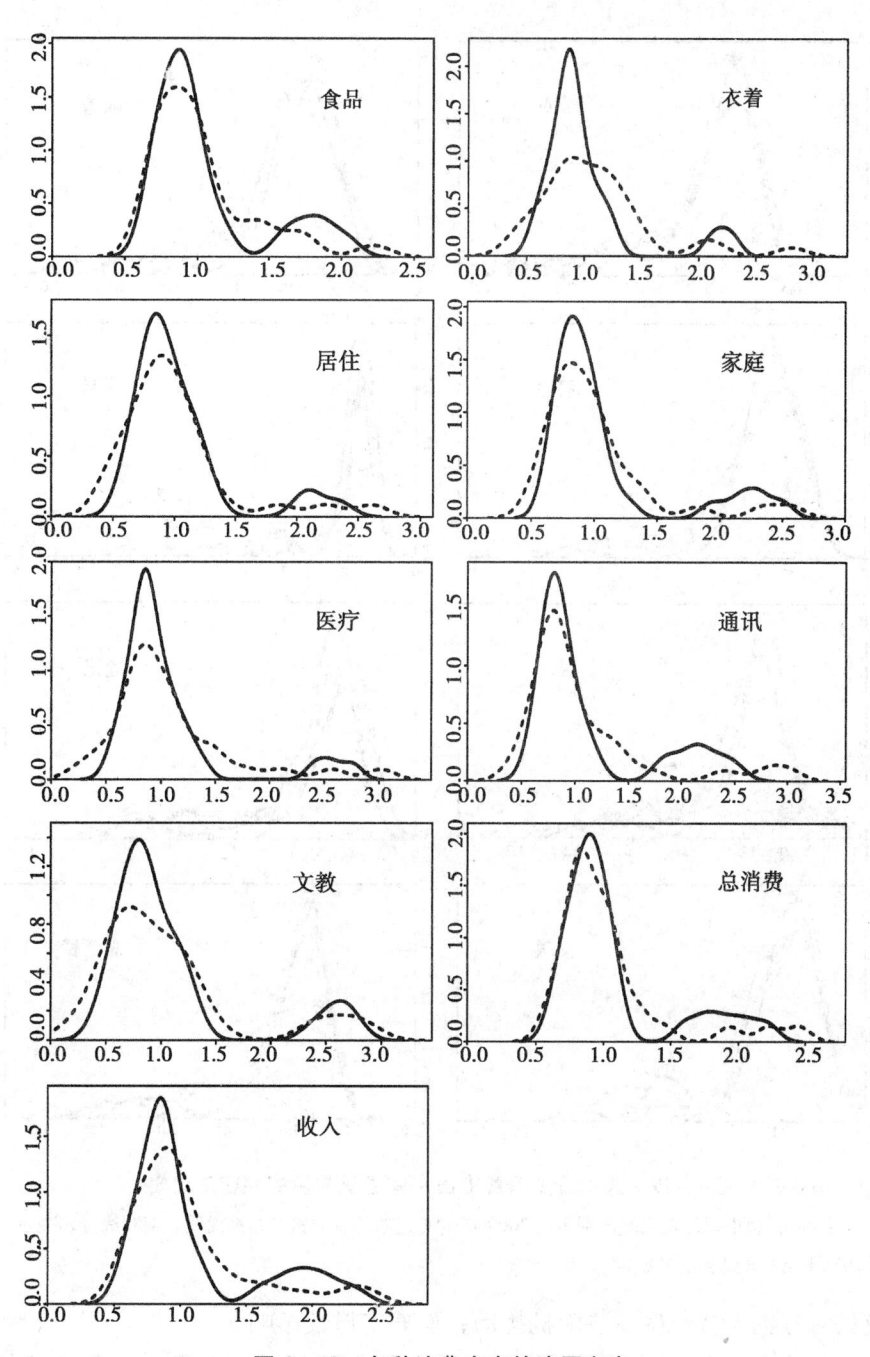

图 4-18 各种消费支出的遍历密度

说明：各图中实线均为遍历密度，虚线为 2009 年的密度。

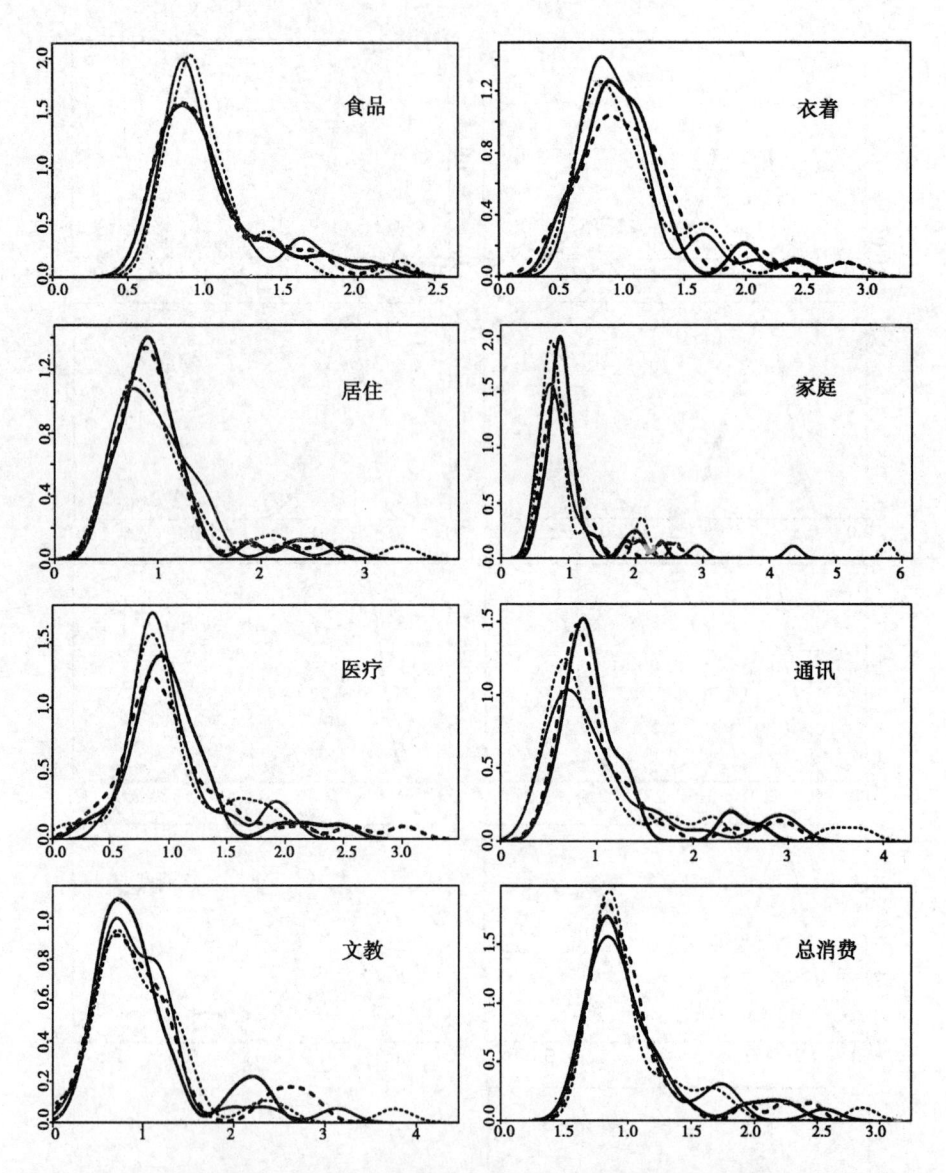

**图 4-19 人均分类消费支出空间过滤前后的核密度比较**

说明：粗虚线和粗实线分别表示 2009 年空间过滤前后的密度；细虚线和细实线分别表示 1993 年空间过滤前后的密度。

应只对分类消费产生一些随机扰动，而非实质性影响。

高端呈现出一定程度的空间效应。具体到对趋同的影响，从条件值 2.0 开始一直到最高端，条件密度的众数基本上位于对角线之下，这说明经过空间过滤之后，截面分布更加集中。换句话说，原来的离散程度里包

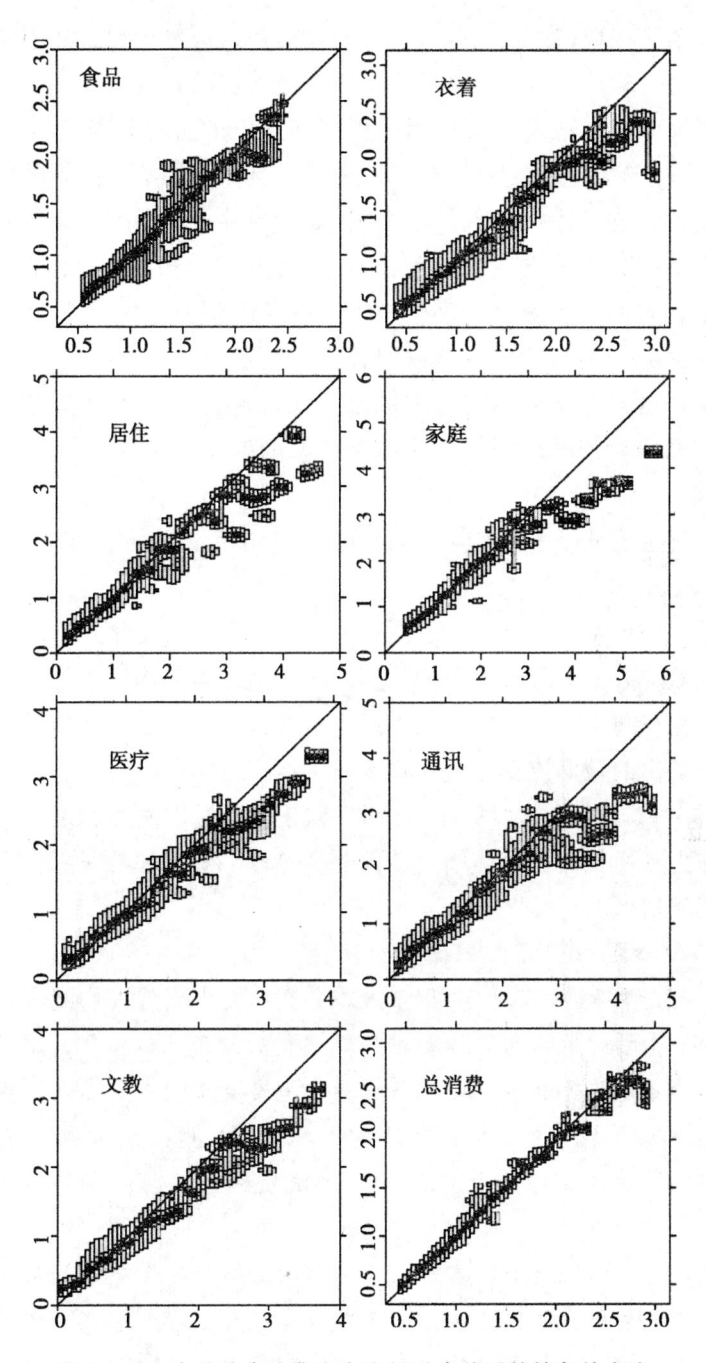

**图 4 – 20　人均分类消费支出空间过滤前后的核条件密度**

说明：横轴和纵轴分别对应空间过滤前后的人均分类消费支出。

含着空间效应,现在这种空间效应被过滤之后,离散程度自然下降,趋同性随之提高。此外,由于条件值2.0以上所对应的条件密度基本上呈现偏态甚至多峰分布,这说明处在同一消费水平上的省份具有不同的空间效应。这从一个侧面表明空间效应的复杂性:不但不同消费水平的省份具有不同的空间效应,而且同等消费水平的省份也存在不同的空间效应。

从图4-20还可以看出,尽管七大类分类消费的空间效应并不明显,但是,它们的核条件密度图中各个细条不但长于消费总支出,而且有更多的众数偏离对角线,这说明各分类消费的空间效应比消费总支出更为明显。这再一次表明数据的加总可能会掩盖一些重要信息。在七大类分类消费中,家庭、居住和通讯类消费的空间效应比其他类型的消费略为明显。

空间效应还可以通过空间过滤后的分类消费支出的核密度进行考察,见图4-21。

与图4-16相比,可以发现图4-21没发生大的变化。这从一个侧面表明空间效应并不对分类消费的截面分布产生显著的影响。

同样,与图4-17一样,可以通过核条件密度来考察空间过滤后各种分类消费支出的截面流动性(见图4-22)。

与图4-17相比,从图4-22可以看出,经过空间过滤之后,截面流动性总体上有所提高。与空间过滤前一样,食品消费和消费总支出的截面流动性仍然较低。

(五)人均分类消费趋同的收入效应

图4-23为1993年和2009年人均分类消费支出与人均纯收入的密度比较。总体上看,收入分布与各种分类消费的分布基本吻合,都呈现多峰分布。这直观地说明收入是影响各种分类消费支出的主要因素。为了更加具体地刻画处于不同收入水平的省份的分类消费与收入之间的关系,这里采用核方法估计出以收入为条件的分类消费的条件密度函数(见图4-24)。

从图4-24可以看出,各种分类消费的低端与高端之间的条件密度截然不同。以衣着消费为例,相对收入水平介于0.5与1.7之间的省份,条件密度基本上呈正态分布,而且众数大多位于对角线附近,但是,各细条都很长,表明分布非常松散,这说明对这个收入范围的大部分省份来讲,收入只在一定程度上(而非完全)解释衣着消费。相对收入水平高于1.7

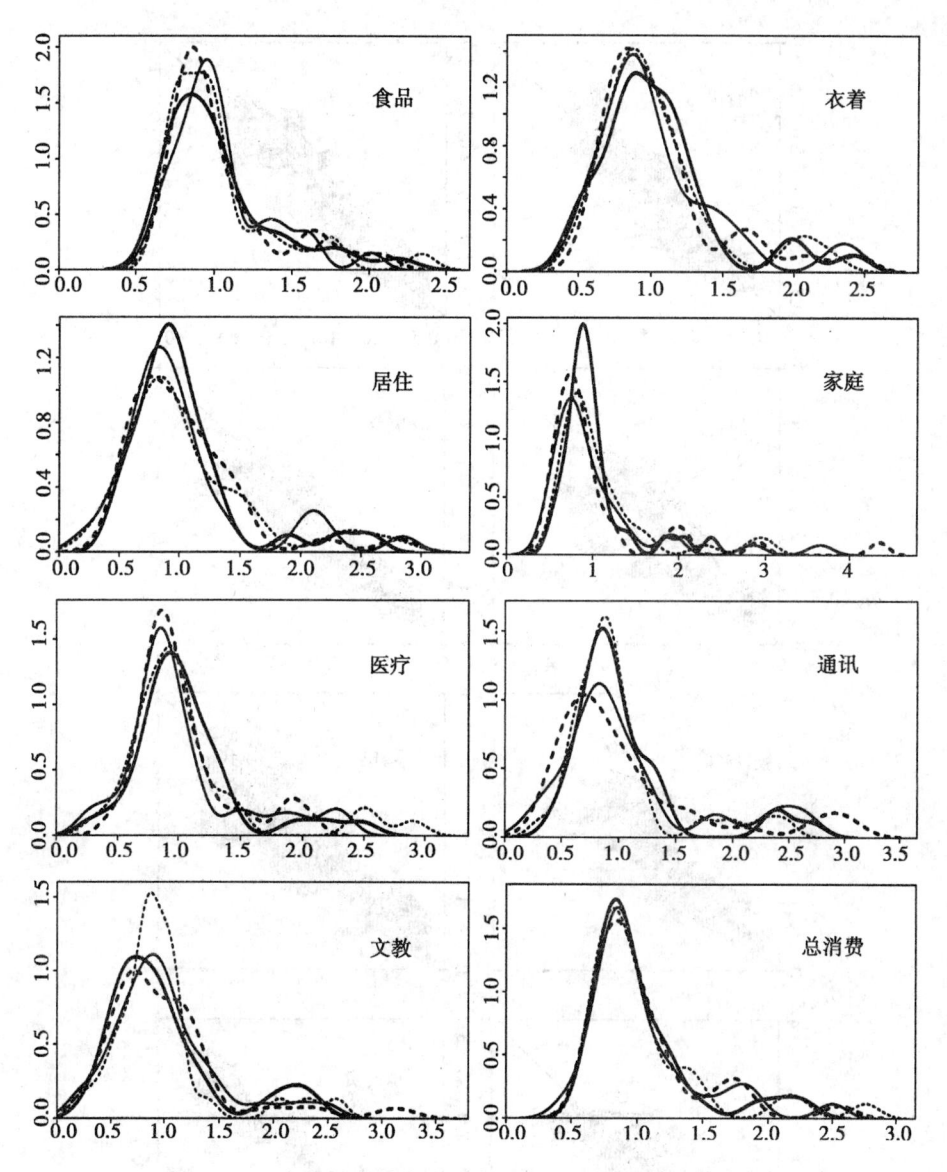

图 4-21　空间过滤后人均分类消费支出的密度函数的演变

说明：粗虚线、细实线、细虚线和粗实线分别表示 1993 年、1998 年、2005 年和 2009 年的密度。

的省份，条件密度大多呈偏态甚至多峰分布，众数经常远离对角线，而且高度松散，这一方面说明这些省份的衣着消费受收入之外的其他因素的影响，另一方面也说明这些省份的衣着消费具有高度的异质性。

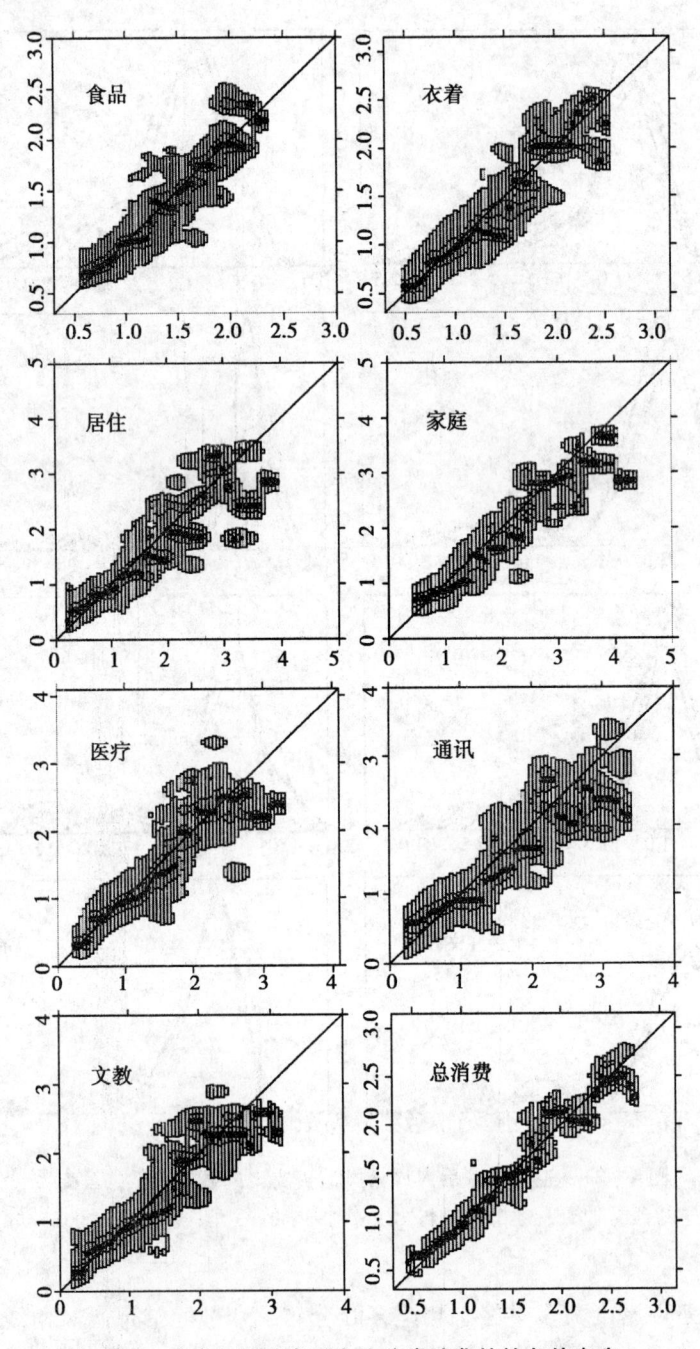

图 4-22 空间过滤后人均分类消费的核条件密度

说明：横轴和纵轴分别代表 $t$ 期和 $t+4$ 期空间过滤后的人均分类消费支出。

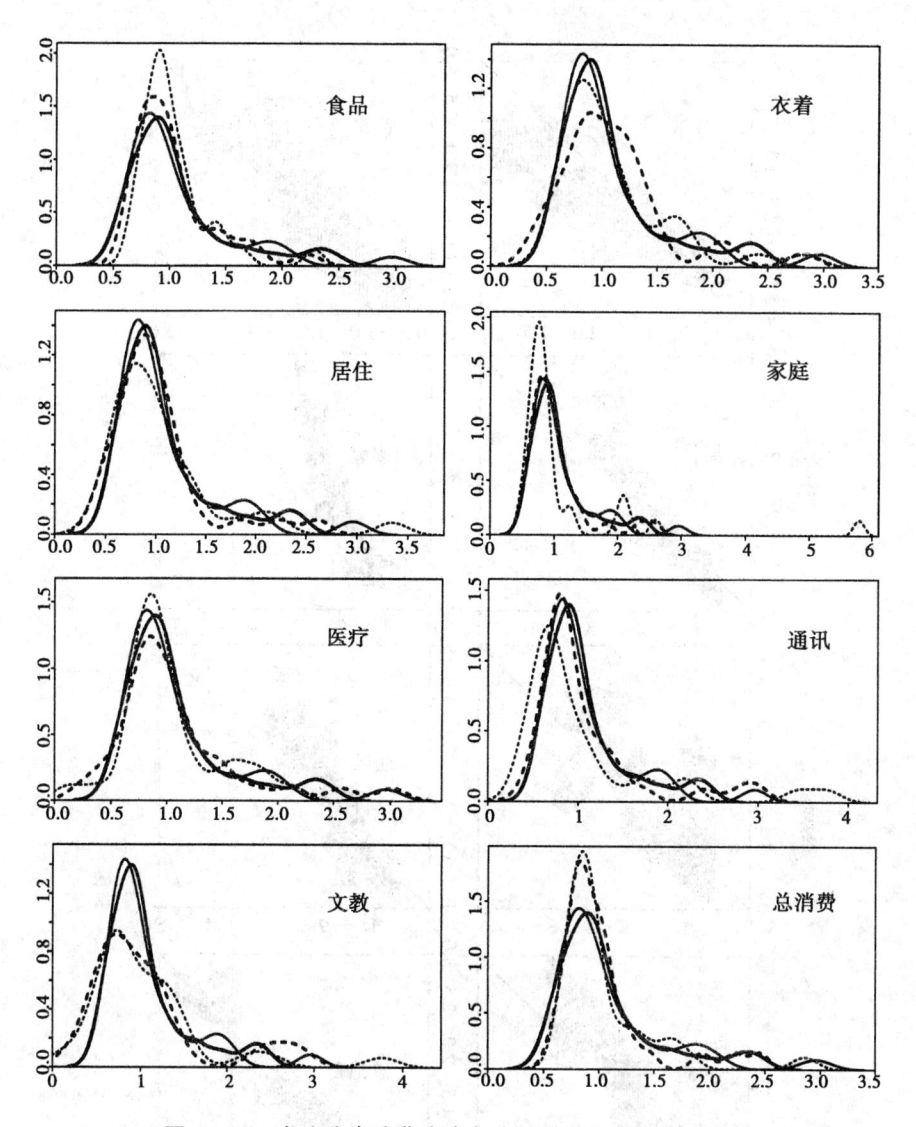

**图4-23 人均分类消费支出与人均纯收入的核密度比较**

说明:粗实线和粗虚线分别表示2009年的收入和消费;细实线和细虚线分别表示1993年的收入和消费。

图4-24中的横轴和纵轴均采用相对数据,即各省份的消费支出(收入)除以全国平均消费支出(收入),因此,各图的斜率大致反映了消费变动相对于收入变动的速度,即弹性。总体上可以看出,食品类消费是必需品,居住、家庭、通讯和文教类消费是奢侈品。尽管这个结果也可以从通常的基于最小二乘的线性回归得到,但是,核条件密度能提供线性回归

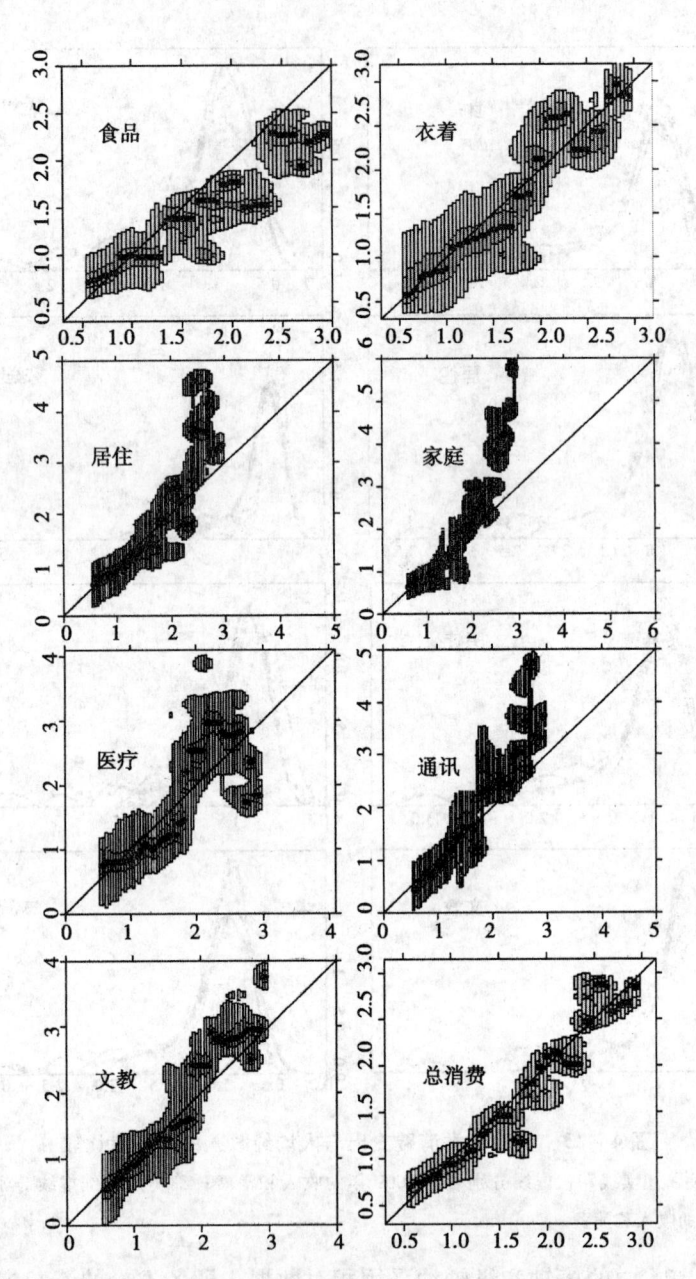

图 4-24 人均分类消费支出对人均纯收入的核条件密度

说明：图中横轴和纵轴分别表示人均纯收入和人均分类消费支出。

所不能提供的信息。以医疗消费为例，随着相对收入水平的提高，医疗消费相对水平先是逐步下降，到 1.7 之后直线上升，然后到 2.4 之后又直线下降，呈现循环变化的态势；如果进行多众数回归，可以得到一个由三段曲线所构成的分段回归曲线，两个间断点分别位于1.7和2.4附近。具体到弹性，对于相对收入水平低于1.7的省份，医疗消费相对水平随相对收入水平的上升而下降，说明医疗是必需品；对相对收入水平处于1.7与2.4之间的省份，医疗消费相对水平随相对收入水平的上升而急剧上升，说明医疗是奢侈品；对相对收入水平高于2.4的省份，医疗又变成了必需品。因此，核条件密度提供的信息远比普通线性回归具体，这从一个侧面反映出核条件密度的优势。

与医疗类消费一样，对其他分类消费而言，不同收入水平的省份对同一类消费有不同的弹性。比如，对收入水平介于0.5与1.8之间的省份，居住消费为必需品，但是，对收入水平更高的省份而言，居住又变成了奢侈品。更有意思的是，如果对衣着类消费的核条件密度进行多众数回归，可以得到一个树权形的回归曲线，分叉点位于1.7附近。可以看出，从0.5到1.7，斜率小于1；到了1.7之后，曲线分为两条，其中一条曲线的斜率大于1，另一条小于1。这说明即便对同一收入水平的省份，衣着既是奢侈品，同时又是必需品。

此外，从图4-24还可以看出，衣着、医疗和食品类消费的核条件密度图中各细条都比较长，这意味着处在同一收入水平的省份的消费行为具有较高的离散度。这暗示这几类消费更易受其他因素的影响。

除了上述核密度比较和核条件密度分析之外，考察分类消费趋同的收入效应另外一个途径是估计收入条件后的分类消费对原分类消费的核条件密度函数。结果见图4-25。

与图4-10相类似，从图4-25可以看出两点重要结论：首先，收入基本上解释了分类消费趋同，这比前面两种图更加明确，也更加清楚；其次，收入效应去除之后，七大类分类消费都呈现出明确的全局趋同态势。这表明分类消费截面分布所呈现出来的非全局趋同态势主要是由收入分布的非全局趋同所引起，因此，去除这种效应之后，分类消费自然就呈现出全局性趋同。

为了进一步分析分类消费趋同的收入效应，可以采用核方法直接估计出收入条件后的分类消费支出的密度函数（见图4-26）和条件密度函数（见图4-27）。

从图4-26可以看出，与图4-16截然不同，收入效应去除之后，各分类消费在大多数年份里都呈现正态分布，只不过方差的变化并非

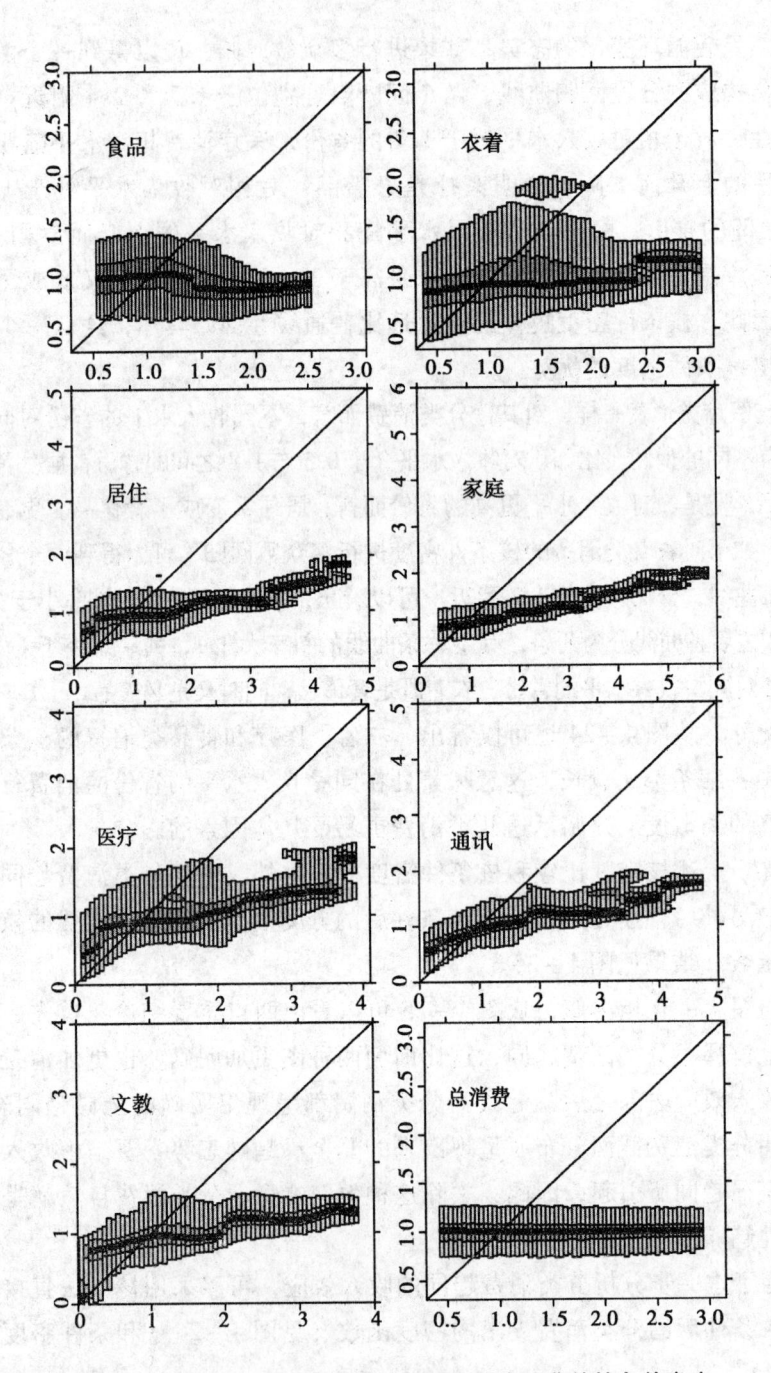

图 4-25　收入条件后的分类消费对原分类消费的核条件密度

说明：横轴表示分类消费支出，纵轴表示收入条件后的分类消费支出。

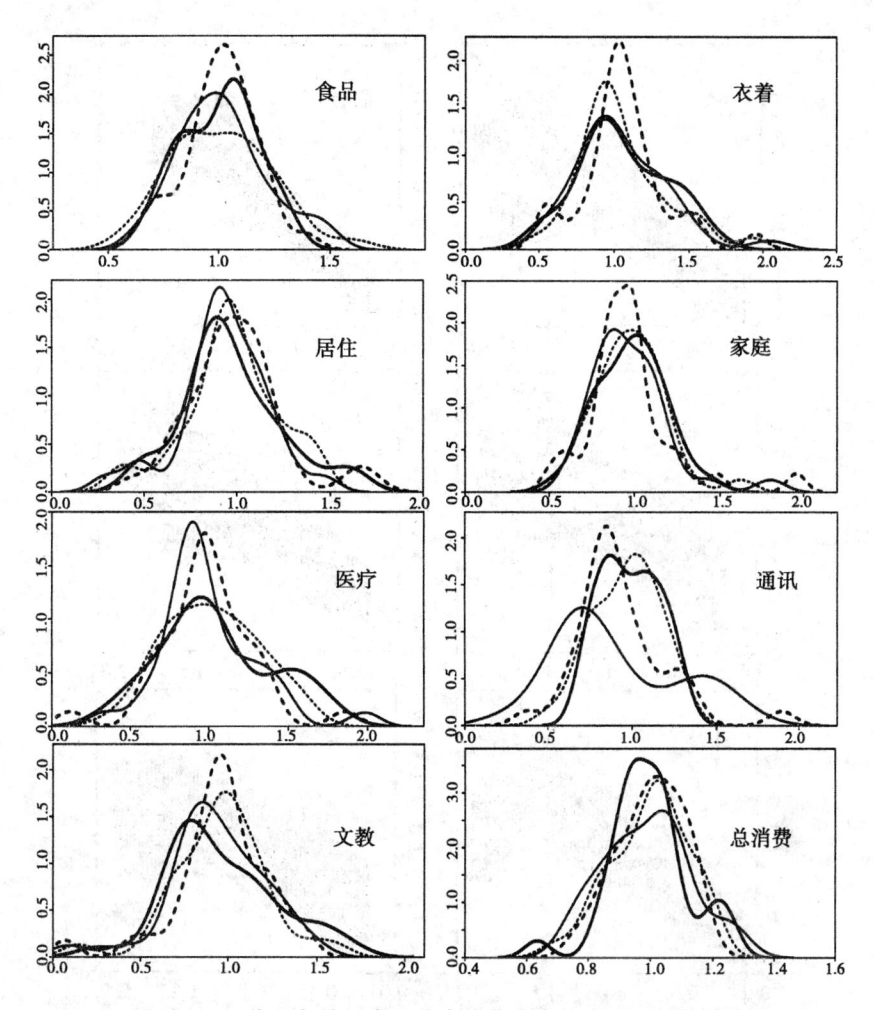

**图4-26 收入条件后人均分类消费支出的密度函数的演变**

说明：粗虚线、细实线、细虚线和粗实线分别表示1993年、1998年、2005年和2009年收入条件后的密度。

单调。

鉴于趋同的一个必要条件是截面流动性，因此，为了进一步明确收入效应去除后各种分类消费的趋同态势，图4-27呈现了收入条件后各种分类消费的核条件密度。

从图4-27可以看出，收入条件后各种分类消费支出在截面呈现出较高的流动性，同时也呈现出比较典型的趋同态势。具体到七大类分类消费之间的对比，居住、通讯和家庭类消费的条件密度的众数更接近于水平排

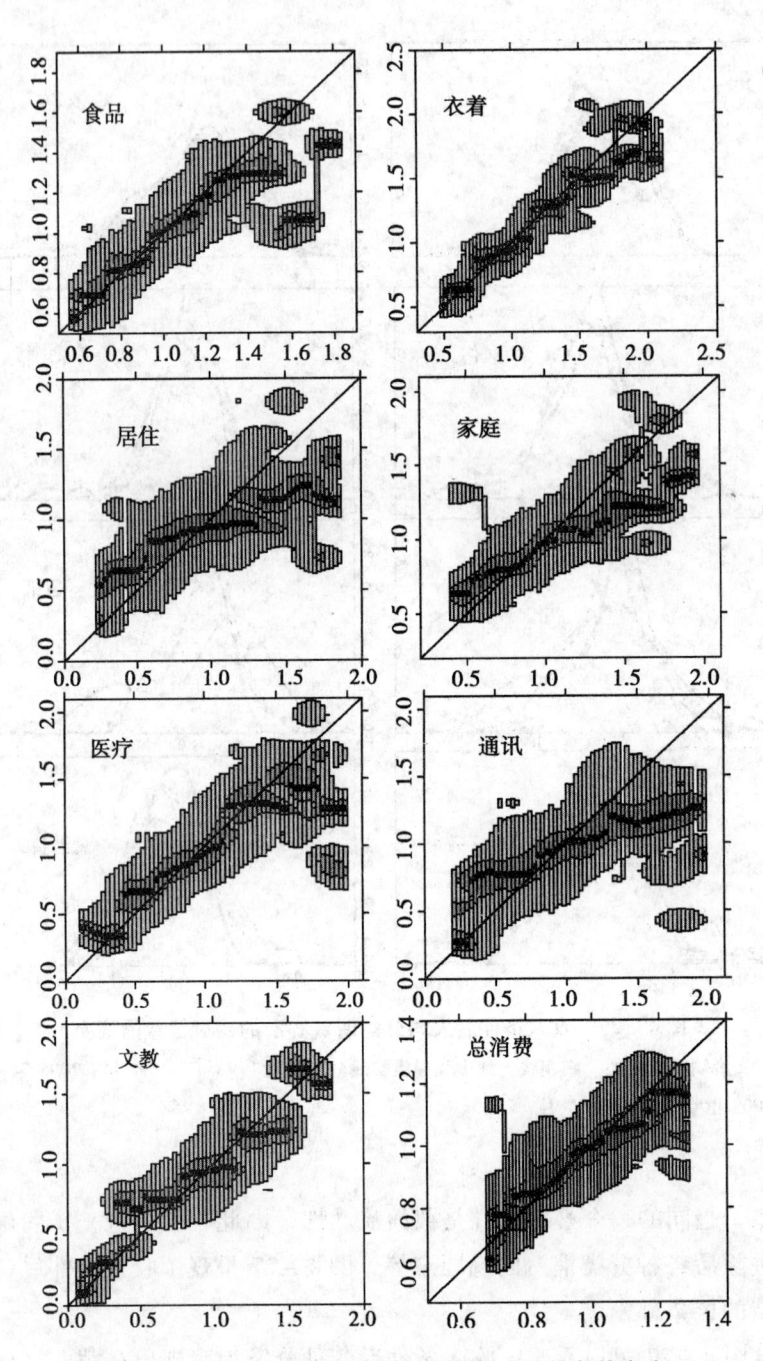

图 4-27 收入条件后人均分类消费支出的核条件密度

说明：横轴和纵轴分别对应 $t$ 期和 $t+4$ 期收入条件后的分类消费支出。

列,说明流动性较高,趋同态势也较为明显,远高于食品、衣着和文教类消费。

与图4-2和图4-17相比,图4-27呈现的流动性和趋同态势要明显得多,这从一个侧面验证了收入对分类消费趋同的影响。与收入对消费总支出趋同的影响一样,收入的差异是导致分类消费非全局趋同的首要原因,因此,剥离掉收入的影响之后,分类消费自然就呈现出全局性趋同。

此外,在图4-27中对比分类消费支出与消费总支出的核条件密度,可以发现各种分类消费在流动性和趋同性两个方面都明显高于消费总支出。这再一次表明数据加总掩盖了重要的信息,并导致信息的扭曲。

(六)人均分类消费趋同的空间和收入综合效应

鉴于空间因素和收入对各种人均分类消费支出的趋同性都有影响,有必要采用核条件密度同时考察这两者的综合效应。这里采用的条件方法与考察人均消费总支出趋同的综合效应时所采用的条件方法完全一致:先对原始数据进行空间过滤,然后再采用收入条件。各种人均分类消费支出的核条件密度函数估计结果见图4-28。为了便于比较,图中还包括了人均消费总支出的核条件密度函数估计结果。

图4-28反映的信息与图4-25相近,唯一的区别是综合条件后的条件密度的分布更加紧凑,也更加规整。这个非常容易理解,因为图4-28中除了体现收入效应之外,还体现了空间效应,而图4-25只体现收入效应。因此,去除了收入和空间双重效应(即综合条件)之后,分类消费趋同的态势更加明显。

与图4-26相比,综合条件后各分类消费的密度更加接近于正态分布(见图4-29)。

同样,从图4-30的核条件密度可以看出,与图4-27相比,经过综合条件后各种分类消费具有更高的截面流动性,并呈现出更加明显的趋同态势。这从一个方面证实收入和空间因素共同构成分类消费支出非全局趋同的全部原因,或者说收入和空间效应几乎完全解释了分类消费的非全局性趋同。

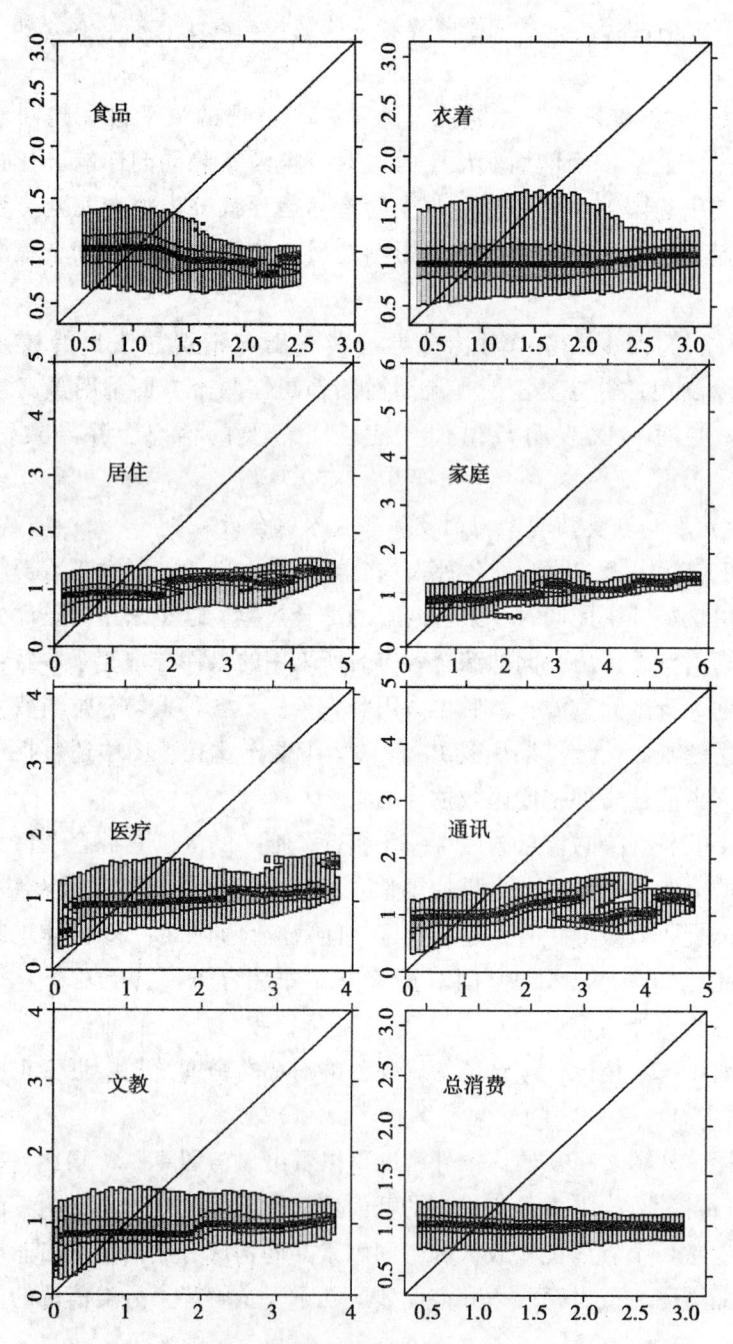

**图 4-28　综合条件后的分类消费对原分类消费的核条件密度**

说明：横轴表示分类消费，纵轴表示收入和空间综合条件后的分类消费。

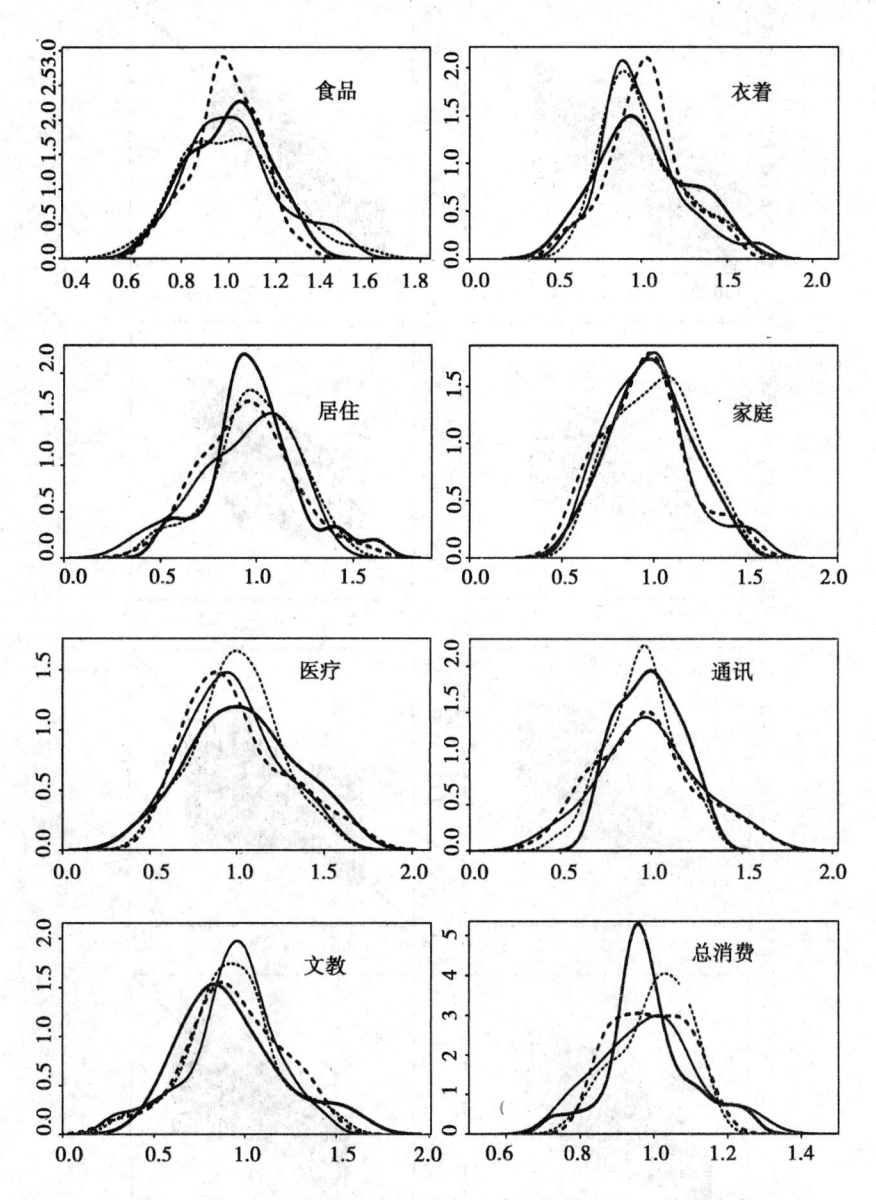

**图 4-29 综合条件后人均分类消费支出的密度函数的演变**

说明：粗虚线、细实线、细虚线和粗实线分别表示 1993 年、1998 年、2005 年和 2009 年综合条件后的密度。

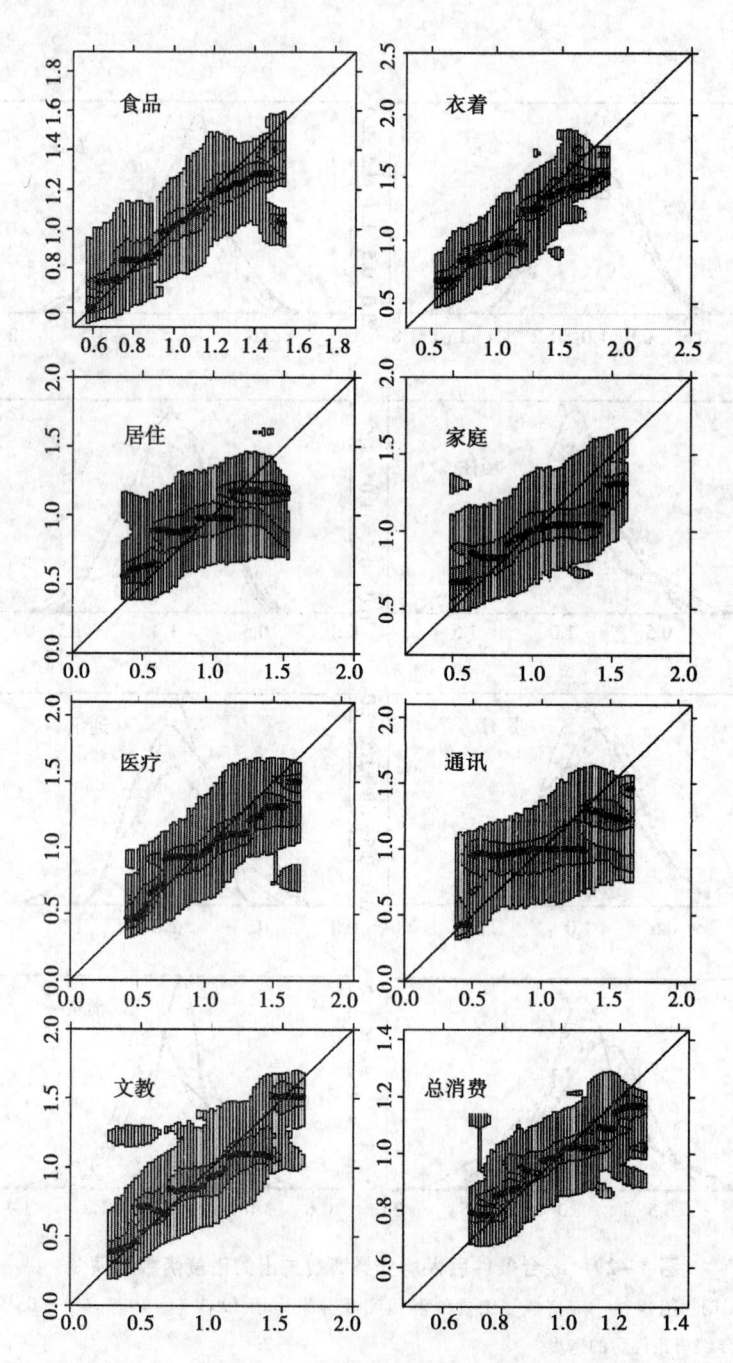

图 4-30 综合条件后人均分类消费支出的核条件密度

说明：横轴和纵轴分别对应 $t$ 期和 $t+4$ 期综合条件后的分类消费支出。

## 第四节 本章小结

本章首先对相关文献进行回顾，然后结合核密度和核条件密度两种方法，对我国农村居民的人均消费总支出和人均分类消费支出的趋同性进行研究。不但求得各类消费支出的遍历密度，还结合条件方法研究了消费趋同的空间效应和收入效应。主要研究结果如下：

（1）从核密度来看，人均消费总支出和七大类人均分类消费支出在各年份的截面分布既不呈现全局性趋同态势，也不呈现全局性趋异态势，而是呈现双峰分布，其中，左峰基本保持不变，右峰略有波动；从核条件密度来看，截面流动性总体偏低，只在右侧呈现较低水平的流动性。

（2）人均消费总支出和七大类人均分类消费支出的极限分布都呈现双峰分布。结合核密度和核条件密度的研究结果，可以认为我国农村居民的各项消费支出总体上都呈双峰锁定型的俱乐部趋同。

（3）空间效应对消费趋同产生一定程度的影响，但是，空间效应总体上非常微弱，只在消费水平最高的省份有所体现，其本身不能决定趋同与否；收入是消费趋同的首要影响因素，基本解释了各类消费支出的非全局性趋同；收入和空间效应结合在一起，几乎可以解释所有的消费趋同信息，即如果去除收入和空间两者的综合效应，所有的消费支出都呈现全局性趋同。

（4）比较各类消费支出的趋同性，可以发现尽管在总体上呈现相当高的一致性，但是，在具体方面仍有一定程度的差异，体现出各自的特点。比如，消费总支出和食品消费支出的截面流动性最低，意味着在其他方面都一样的情况下趋同速度最慢。家庭、居住和通讯类消费的空间效应比消费总支出和食品消费支出略为明显。

（5）利用核条件密度研究收入对消费的影响可以发现普通的线性回归所不能发现的信息。比如，同一类消费对不同收入水平的省份有不同的弹性，既可以是奢侈品，也可以是必需品，甚至循环变化；即便对处于同一收入水平的省份，同一类消费既可以是奢侈品，也可以是必需品。

# 第五章

# 基于有限混合高斯分布模型的证实性研究

## 第一节 引言

第四章整合了核密度与核条件密度两种方法的优势,直观地呈现了我国农村居民各类消费支出的截面分布及其流动性。这种基于核条件密度的随机核方法相对于传统的基于线性回归的参数方法以及马尔科夫链方法具有明显的优势,但是,需要指出的是,核条件密度方法缺乏适当的(与之相匹配的)推断理论(费希尔 & 斯塔姆普涅,2010:623),使得这种方法把趋同研究基本上局限于描述性分析(或者说探索性研究)层面。鉴于此,需要寻求一种具备一定统计检验功能的研究方法与之相匹配,以便从统计意义上明确地给出是否存在趋同以及何种形式趋同的结论。本章所采用的有限混合模型(finite mixture model)正是这样一种研究方法。

混合模型的优势表现在多个方面:(1)许多采用核密度方法研究趋同的文献仅仅通过观察峰数及其形态变化就给出趋同与否的结论(亨德森 et al.,2008),这种方法尽管直观,但是缺乏坚实的统计学基础,也就是说无法从统计意义上给出明确的结论。事实上,有时候峰的数目与俱乐部数目之间并不存在一一对应关系。例如,麦克拉克伦和皮尔(2000:10)把两个方差同为1、均值分别为1和2的正态分布进行混合,结果只呈现出一个峰,由此可见,多峰形态并不是存在多个子分布(俱乐部趋同)的必要条件。相反,有时候即便从视觉上看存在多个峰,这很可能是由测量误差或者随机现象所引起(亨德森 et al.,2008),而事实上这些峰从统计上讲属于同一个分布,不能把它们看成是多个趋同俱乐部(多个子分布)。由此可见,多峰形态也并非存在多个子分布(俱乐部趋同)的充分条件。这些核密度方法所无法准确表达的信息都可以用混合模型来应对。

由于任何一个连续分布都可以无限接近地表示为由有限个正态分布所构成的混合模型,(有限)混合模型为刻画未知的分布形式提供了一个非常便利的半参数框架。在这个框架内有一些检验统计量,特别是决定子分布数目的统计量,可以用于确定趋同俱乐部的数目,这种确定方法比直接用视觉确定峰数从而确定趋同俱乐部的数目具有更为坚实的理论依据和更高的统计效度。(2) 为了在子分布与趋同俱乐部之间建立——对应关系,一个前提条件是观测值在子分布之间缺乏流动性。[①] 俱乐部趋同存在的一个必要条件是截面分布内部不存在或者只存在很低的流动性,为此,需要对流动性进行测算。尽管核条件密度方法能直观地反映流动性,但是,并不能定量地给出流动性的准确测度。相比之下,在混合模型框架内,可以估计出各观测值属于各子分布的概率,然后基于这个概率不但可以把各观测值分派到各子分布,而且还可以衡量各观测值与各子分布之间联系的紧密程度,从而定量地衡量截面流动性。因此,混合模型又一次显示出优势。(3) 混合模型在确保足够精确度的情况下,能大幅提高建模效率。比如,普里布(1994)用10000个观测值进行模拟,结果表明一个对数正态密度可以非常近似地表示为30个正态密度的混合;相比之下,核密度估计实际上采用了10000个正态密度的混合。由此可见,通过选择适当的子分布来准确表达真实分布的支集局域,混合模型能够准确地表达非常复杂的分布。(4) 第三章在检验消费支出的空间效应时发现了空间异方差的存在。这不但给基于模型的参数研究方法(包括截面回归、基于时间序列的单位根和协整检验、面板数据回归)带来额外的困难,而且也给以马尔科夫链和随机核为代表的非参数研究方法带来挑战,而混合模型可以有效地解决这个问题,因为在聚类分析框架内,混合模型在对异质性建模方面具有明显的作用(麦克拉克伦＆皮尔,2000:1)。(5) 在缺乏截面流动性的情况下,构成混合模型的各个子分布都可以看成是一个趋同俱乐部,因此,在确定存在俱乐部趋同的基础上,可以对各俱乐部的各种相关参数进行进一步分析。[②]

因此,从以上多个方面来讲,混合模型是对第四章核密度和核条件密

---

[①] Pittau, M. G., Zelli, R., and Johnson, P. A., "Mixture Models, Convergence Clubs, and Polarization," *Review of Income and Wealth*, Vol. 56, No. 1, 2010, pp. 102—122.

[②] 实际上可以把全局性趋同看成是俱乐部趋同的一种特殊形式,即只存在一个趋同俱乐部。

度研究方法的有效补充。

有限混合模型将数学方法运用于多种随机现象的统计建模。不管是从实践还是从理论的角度来看，由于其自身的高度灵活性，有限混合模型在最近20年以来一直受到广泛的关注。混合模型的正式应用可以追溯到100年前的著名生物统计学家 Pearson，他拟合了一个包含两个不同均值和反差、比例各为 $\pi_1$ 和 $\pi_2$ 的正态分布的混合模型。在过去20年里，混合模型的应用范围不断扩大，被成功地应用于天文学、生物学、遗传学、医学、精神病学、经济学、工程学和市场营销等领域。

鉴于混合模型的独特优势，它为趋同研究提供了一个很自然的研究方法（皮涛 et al.，2010），但是这种方法在趋同研究领域的应用还处于起步阶段。迄今趋同研究领域只有有限的几篇文献采用了这种方法，如皮涛和策里（2006）、皮涛。

可以看出，现有基于混合模型的趋同研究还没有涉及消费趋同。鉴于混合模型的独特优势，本章借助于这个方法来进一步研究我国农村居民的消费趋同问题。这一方面是对第四章研究的延伸，另一方面也是这两种方法的优势互补。

## 第二节　有限混合高斯分布模型方法

### 一　混合模型的基本概念

设 $Y_1,\cdots,Y_n$ 表示样本量为 $n$ 的随机样本，其中 $Y_j$ 表示一个 $p$ 维的随机向量，其概率密度函数为 $\mathbb{R}^p$ 空间上的 $f(y_j)$。可以用 $Y=(Y_1^T,\cdots,Y_n^T)^T$ 来表示整个样本，用 $y=(y_1^T,\cdots,y_n^T)^T$ 来表示样本观测值，其中 $y_j$ 是随机向量 $Y_j$ 的观测值。假定 $Y_j$ 的密度函数 $f(y_j)$ 可以表示为如下形式：

$$f(y_j) = \sum_{i=1}^{g} \pi_i f_i(y_j) \qquad (5-1)$$

其中，$f_i(y_j)$ 表示密度；$\pi_i$ 称为混合比例，它是总和为1的非负数，即 $0 \leqslant \pi_i \leqslant 1$（$i=1,\cdots,g$）且 $\sum_i \pi_i = 1$。由于 $f_1(y_j),\cdots,f_g(y_j)$ 均表示密度，因此，式（5-1）也表示密度。我们把式（5-1）称为包含 $g$ 个子密度的有限混合密度（finite mixture density）模型，其中 $f_i(y_j)$ 称为混合模型的子密度（component density）；$f(y_j)$ 对应的分布函数 $F(y_j)$ 称为包

$g$ 个子分布（component distribution）的有限混合分布（finite mixture distribution）模型。两者都被称为有限混合模型，在不存在歧义的情况下，有限混合密度模型与有限混合分布模型经常交替使用。之所以被称为有限混合模型，是因为这里的子密度（或子分布）数目 $g$ 被假定为有限；反之，则称为无限混合模型。在存在先验知识的情况下 $g$ 可能是已知的，但是在许多实际应用中 $g$ 是未知的，因此与其他参数一样需要通过观测数据加以估计。

## 二　混合模型的估计

（一）直接的 ML 估计

式（5-1）并没有对 $f_i(y_j)$ 的分布作出任何假定，在实际应用中，可以根据所研究问题的性质进行假定。在消费研究中，可以合理地假定 $f_i(y_j)$ 来自正态分布族，即把 $f_i(y_j)$ 设定为 $f_i(y_j;\mu_i,\sigma_i^2)$，其中 $\mu_i$ 和 $\sigma_i^2$ 分别表示正态分布的均值和方差。这时的混合模型可以称为有限混合正态分布模型，在实际应用中习惯称为有限混合高斯分布模型。在这种假定下，为了估计混合分布模型的参数，可以把式（5-1）改写为：

$$f(y_j;\psi) = \sum_{i=1}^{g} \pi_i f_i(y_j;\mu_i,\sigma_i^2) \qquad (5-2)$$

其中，$\psi = (\pi_1,\cdots,\pi_{g-1},\xi^T)^T$，它包含了混合模型中的所有参数，[①] 其中 $\xi$ 包含各子分布的所有参数，包括均值 $\mu_1,\cdots,\mu_g$ 和方差 $\sigma_1^2,\cdots,\sigma_g^2$。为了确保一般性，假定这些子分布具有不同的均值和方差。

混合模型的估计方法有图示法、矩法、最小距离法和极大似然估计法等。之所以有如此众多的估计方法，主要原因是参数估计值往往没有具体的表达式。其中，最常用的是极大似然估计法。具体来讲，这种方法还包括直接的极大似然估计法和基于 EM 算法的极大似然估计法。

为了估计式（5-2），在给定样本观测值的情况下，可以构建关于 $\psi$ 的对数似然函数：

$$\log L(\psi) = \sum_{j=1}^{n} \log f(y_j;\psi) = \sum_{j=1}^{n} \log\left[\sum_{i=1}^{g} \pi_i f_i(y_j;\mu_i,\sigma_i^2)\right]$$

$$(5-3)$$

---

[①] 由于 $\sum_g \pi_i = 1$，因此……其中一个是多余的，故此省略。

为了得到$\psi$的极大似然估计值$\hat{\psi}$，可以先对该似然函数求关于$\psi$的偏导数，并建立似然等式：$\partial \log L(\psi)/\partial \psi = 0$；然后，求解该似然等式，使$\psi$的极大似然估计值$\hat{\psi}$满足以下条件：

$$\hat{\pi}_i = \sum_{j=1}^{n} \tau_i(y_j;\hat{\psi})/n, \quad i = 1,\cdots,g \quad (5-4)$$

$$\sum_{i=1}^{g}\sum_{j=1}^{n} \tau_i(y_j;\hat{\psi})\partial \log f_i(y_j;\hat{\theta}_i)/\partial \xi = 0 \quad (5-5)$$

其中，

$$\tau_i(y_j;\psi) = \pi_i f_i(y_j;\theta_i)/\sum_{h=1}^{g} \pi_h f_h(y_j;\theta_h) \quad (5-6)$$

它表示$y_j$属于混合模型第$i$个子分布的后验概率（麦克拉克伦 & 皮尔，2000：47）。

### （二）基于 EM 算法的 ML 估计

混合模型的上述直接极大似然估计法在逻辑上不存在问题，也有许多实证研究采用过这种方法，但是其运算过程非常烦琐。在一些早期研究中，许多研究者注意到式（5-4）和式（5-5）隐含着一种迭代计算方法：对于等式右边$\psi$的一个初始值$\psi^{(0)}$，可以得到其估计值$\psi^{(1)}$，然后把$\psi^{(1)}$代入等式右边便得到一个新的修正的估计值$\psi^{(2)}$，依此类推，直到收敛。很显然，这实际上就是 EM 算法的基本思路。

最近二十年，混合模型的广泛应用与 EM 算法运用于混合模型的极大似然估计有密切联系，因为直到登普斯特等（1977）EM 算法的提出，才真正极大地激发了运用混合模型来研究异质性数据的兴趣。此后，基于 EM 算法的混合模型极大似然估计显然是最常用的方法。麦克拉克伦和皮尔[1]（2000：47—50）详细地介绍了这种估计法。

EM 算法涉及两个数据向量：非完整数据向量（incomplete-data vector）和完整数据向量（complete-data vector）。非完整数据向量即为样本观测值$y = (y_1^T,\cdots,y_n^T)^T$；与此相对应的完整数据向量为$y_c = (y^T, z^T)^T$，其中$z = (z_1^T,\cdots,z_n^T)^T$，$z_j$是一个$g$维向量，根据$y_j$是否来自混合模型的第$i$个子分布，$z_{ij} = (z_j)_i = 1$或$0$（$i = 1,\cdots,g; j = 1,\cdots,n$）。两组对应数据

---

[1] McLachlan, G. J., and Peel, D., *Finite Mixture Models*, New York：Wiley, 2000, pp. 47—50.

的这种设置意味着完整数据 $Y_c$ 是非完整数据 $Y$ 的适当分布。这种构建方法非常有用，因为它为采用 EM 算法解决极大似然估计问题创造了条件。$\psi$ 基于完整数据的对数似然可以表示为：

$$\log L_c(\psi) = \sum_{i=1}^{g} \sum_{j=1}^{n} z_{ij}[\log \pi_i + \log f_i(y_j;\mu_i,\sigma_i^2)] \quad (5-7)$$

1. EM 算法的 E 步

当 EM 算法运用于极大似然估计时，它把 $z_{ij}$ 当作缺失值。迭代过程分两步：E 步（expectation step, E – Step）和 M 步（maximization step, M – Step）。

非观测数据 $z_j$ 的加入通过 E 步来完成，它对完整数据的对数似然 $\log L_c(\psi)$ 取给定观测数据 $y$ 下的条件期望，其中，$\psi$ 采用现期拟合值。令 $\psi^{(0)}$ 表示 $\psi$ 的初始设定值，那么 EM 算法的 E 步需要计算给定 $y$ 时的条件期望值，其中 $\psi$ 由 $\psi^{(0)}$ 来表示，即：

$$Q(\psi;\psi^{(0)}) = E_{\psi^{(0)}}\{\log L_c(\psi) | y\} \quad (5-8)$$

同理，在第 $(k+1)$ 步的迭代中，E 步需要计算 $Q(\psi;\psi^{(k)})$，其中 $\psi^{(k)}$ 是经过 $k$ 次 EM 迭代的 $\psi$ 的值。

由于完整数据的对数似然函数 $\log L_c(\psi)$ 是非观测数据 $z_{ij}$ 的线性函数，E 步（第 $k+1$ 次迭代）只需要计算给定 $y$ 时 $Z_{ij}$ 的现期期望值，其中 $Z_{ij}$ 是对应于 $z_{ij}$ 的随机变量，即

$$E_{\psi^{(K)}}(Z_{ij}|y) = pr_{\psi^{(k)}}\{Z_{ij} = 1 | y\} = \tau_i(y_j;\psi^{(k)}) \quad (5-9)$$

其中，与 (5-6) 相对应，

$$\begin{aligned}\tau_i(y_j;\psi^{(k)}) &= \pi_i^{(k)} f_i(y_j;\mu_i^{(k)},\sigma_i^{2(k)})/f(y_j;\psi^{(k)}) \\ &= \pi_i^{(k)} f(y_j;\mu_i^{(k)},\sigma_i^{2(k)})/\sum_{h=1}^{g} \pi_h^{(k)} f_h(y_j;\mu_h^{(k)},\sigma_i^{2(k)})\end{aligned} \quad (5-10)$$

其中，$\tau_i(y_j;\psi^{(k)})$ 表示第 $j$ 个样本观测值 $y_j$ 属于第 $i$ 个子分布的后验概率。根据上面几个等式，可以得到：

$$Q(\psi;\psi^{(k)}) = \sum_{i=1}^{g} \sum_{j=1}^{n} \tau_i(y_j;\psi^{(k)})\{\log \pi_i + \log f_i(y_j;\mu_i,\sigma_i^2)\}$$

$$(5-11)$$

2. EM 算法的 M 步

EM 算法中第 $(k+1)$ 次迭代的 M 步需要求 $Q(\psi;\psi^{(k)})$ 对 $\psi$ 在整个参

数空间 $\Omega$ 上的全局最大值，以得到修正的估计值 $\psi^{(k+1)}$。对有限混合模型而言，混合比例 $\pi_i$ 的修正估计值 $\pi_i^{(k+1)}$ 的计算独立于参数向量 $\xi$ 的修正估计值 $\xi^{(k+1)}$ 的计算。

如果 $z_{ij}$ 能够通过观测得到，$\pi_i$ 的完整数据极大似然估计值可以表示为：

$$\hat{\pi}_i = \sum_{j=1}^{n} z_{ij}/n, \quad i = 1, \cdots, g \qquad (5-12)$$

由于 E 步只涉及用完整数据对数似然函数中的现期条件期望值 $\tau_i(y_j; \psi^{(k)})$ 代替每个 $z_{ij}$，修正的 $\pi_i$ 估计值可由 $\tau_i(y_j; \psi^{(k)})$ 代替式（5-12）中的 $z_{ij}$ 得到：

$$\pi_i^{(k+1)} = \sum_{j=1}^{n} \tau_i(y_j; \psi^{(k)})/n, \quad i = 1, \cdots, g \qquad (5-13)$$

至于第 $(k+1)$ 次迭代时 M 步中参数 $\xi$ 的修正值，从式（5-11）可以看出，$\xi^{(k+1)}$ 可以通过求下式中适当的根得到：

$$\sum_{i=1}^{g} \sum_{j=1}^{n} \tau_i(y_j; \psi^{(k)}) \partial \log f_i(y_j; \theta_i)/\partial \xi = 0 \qquad (5-14)$$

EM 算法的一个优点是式（5-14）的解往往以闭形存在。在 EM 算法中，E 步和 M 步交替进行，直到 $L(\psi^{(k+1)}) - L(\psi^{(k)})$ 收敛。

### 三 有限混合分布模型子分布数目的确定

上述参数估计过程实际上假定子分布的数目 $g$ 是既定的，但是，在实际应用中，除了在特定情况下能够先验地知道这个数目之外，更加一般的情况是需要对此进行估计。因此，就混合分布模型的参数估计而言，既涉及子分布数目的确定问题，也涉及各子分布的参数估计问题。常用的办法是把这两个问题分开处理：先确定子分布的数目，再估计各子分布的参数。本书就采用这种模式。

从现有文献来看，确定有限混合分布模型子分布数目的方法主要有四种：第一种方法以似然函数为基础，具体包括两种方式。第一种方式称为子分布数目选择的信息准则法，它以一种惩罚形式的似然为基础，因为随着子分布数目的增加似然值会随之增加，因此，这个似然值（一般情况下是对数似然值）需要加以"惩罚"，具体的做法是从似然值中减去一项，以惩罚由于子分布数目的增加所导致的分布参数数目的增加；第二种方式是基于似然比统计量的假设检验，在实际应用中一般借助于参数自举法

（bootstrap）来进行。第二种方法为非参数方法，其中包括基于核密度估计的非参数估计法以及基于图示法的非参数估计法。第三种方法基于上确界度量（sup metric），即条件密度函数偏离单峰的程度。但是这种方法只有在子分布之间存在相当大的间隔时才能区分得开。因此，这种推断方法的检验效度不高。第四种方法为矩法。

上述四种方法中第一种最为常用，因此，本书采用这种方法。为了确保检验结果的稳健性，本书同时采用了这种方法里的两种方式，即贝叶斯信息准则法和基于似然比的参数自举法。

在确定子分布数目时，需要考虑子分布的分布类型的不同假定对子分布数目估计的影响。考虑到任何连续分布都可以无限接近地表示为正态分布的混合，因此，子分布的正态假定具有方法论的优势；而且考虑到所研究的消费问题的性质，假定各个子分布呈正态分布也是一个非常合理的假定。因此，本书在估计子分布数目时，延续前文对子分布的正态假定。

（一）确定子分布数目的似然比检验法

确定子分布数目一个很自然的方法是使用似然比统计量（likelihood rate test statistic，LRTS）：

$$-2\log\lambda = 2[\log L(\hat{\psi}_1) - \log L(\hat{\psi}_0)] \qquad (5-15)$$

其中 $\hat{\psi}_0$ 和 $\hat{\psi}_1$ 分别表示虚拟假设和对立假设下的 $\psi$ 的极大似然估计值。设 $H_0: g = g_0$，$H_1: g = g_0 + 1$。如果似然比统计量 $-2\log\lambda$ 足够大，说明增加一个子分布可以显著地提高拟合精度，因此，就有强有力的依据拒绝虚拟假设。在这种情况下，就需要尝试一个更大的子分布数目，直到似然比统计量不再显著（即不能拒绝虚拟假定），由此得到的子分布数即为 $g_0$。似然比统计量检验思路清晰，但是，在实际运用中往往会遇到困难，因为使 $-2\log\lambda$ 具有通常的渐近 $\chi^2$ 分布的正则条件（regularity conditions）往往并不具备。[①] 麦克拉克伦皮尔（1987）建议采用基于似然比统计量的自举法来确定似然比统计量的 P 值。首先，基于原始样本数据估计出虚拟假设下 $\psi$ 的极大似然估计值 $\hat{\psi}_{g_0}$，以此参数代替混合模型中的参数，再根据这个混合模型生成自举样本；其次，对每个自举样本，分别拟合 $g = g_0$ 和 $g = g_1$ 的混合模型，并计算出相应的似然比检验统计量 $-2\log\lambda$；最

---

① McLachlan, G. J., and Peel, D., *Finite Mixture Models*, New York: Wiley, 2000, p. 185.

后，重复这个过程 $B$ 次，由此得到的 $B$ 个值便构成了 $-2\log\lambda$ 的虚拟分布。基于这个分布，再结合根据初始样本得到的 $-2\log\lambda$ 值，便可以得到近似的 P 值。艾特金等（1981）注意到，与霍普（1968）的蒙特卡罗检验程序类似，可以得到样本似然比检验统计量的显著性水平 $\alpha$，它等于 $1-r/(B+1)$，其中，$r$ 表示自举过程中重复产生的 $B$ 个似然比统计量中小于样本似然比统计量的个数。[①]

需要指出的是，除了上述似然比方法之外，还有一种修正的似然比方法（modified LRT），它推导出一个相对简单的渐近似然比检验统计量分布。但是，对本书而言，采用这些方法并没有改变检验结果，因此没有采用这种方法。

（二）确定子分布数目的信息准则法

子分布数目选择的信息准则法可以以偏误纠正的对数似然值（bias-corrected log likelihood）$\log L(\psi) - b(F)$ 为基础，其中 $b(F)$ 为适当估计的偏误。在许多文献中，信息准则经常表示为上式的负 2 倍，[②] 即具有这样的形式：$-2\log L(\psi) + 2d$，其中第一项衡量拟合程度的差异，第二项为惩罚项，衡量模型的复杂程度（麦克拉克伦皮尔 & 皮尔，2000：203）。Akaike（1974）表明，$b(F)$ 渐近等于模型的所有参数的总数 $d$，因此，子分布数目选择的赤池信息准则是使所选择的模型具有最小的赤池信息指数：

$$AIC = -2\log L(\psi) + 2d \qquad (5-16)$$

赤池信息准则是确定混合模型中子分布数目的常用方法，但是，它有高估真实的子分布数目的倾向（Celeux & Soromenho, 1996）。相比之下，贝叶斯信息准则具有更高的统计效度，它近似等于对数贝叶斯因素（log Bayes factor）的 $-2$ 倍：

$$BIC = -2\log L(\psi) + d\log n \qquad (5-17)$$

其中，$d$ 表示模型中待估的独立参数的数目。根据这个准则，BIC 越小，支持该模型的证据就越强。

根据卡斯和拉夫特里（1995），模型之间的 BIC 之差小于 2 可以视为

---

[①] McLachlan, G. J., and Peel, D., *Finite Mixture Models*, New York：Wiley, 2000, p.185.

[②] 也有表示为正 2 倍。两种表示方式的最终结果相同。

存在弱证据，介于 2 与 6 之间视为存在确实的证据，介于 6 与 10 之间为强烈的证据，大于 10 为非常强烈的证据。

尽管与 AIC 一样，BIC 用于混合模型时往往不满足正则条件（regularity conditions），但是，有很多理论和实证研究支持采用这个方法。

在确定子分布数目的基础上，估计出其他参数，包括各子分布（这里是正态分布）的参数 $\pi_i$、$\mu_i$ 和 $\sigma_i^2$，然后便可以由下式得到观测值 $y_j$ 属于子分布 $i$ 的概率：

$$\zeta_{ji} = \tau_i(y_j;\dot{\psi}) = \hat{\pi}_i f_i(y_j;\dot{\theta}_i) / \sum_{h=1}^{g} \hat{\pi}_h f_h(y_j;\dot{\theta}_h) \quad (5-18)$$

这个概率被称为条件概率（conditional probability），与之相对应的概率 $\pi_i$ 被称为非条件概率（unconditional probability）。在实际应用中，正是基于这个条件概率把各个观测值分派到相应的子分布中，分派的依据是最大的条件概率值。另外，根据条件概率值的变化可以知道截面分布流动性的变化，因此，它为定量地衡量流动性提供了一个很好的测量指标。

## 第三节 基于有限混合高斯分布模型的消费趋同性研究结果

正如前文所述，数据的加总可能会掩盖一些重要信息，甚至造成研究结果的扭曲。因此，为了避免这个问题，同时也为了确保研究结果的稳健性，本章从人均消费总支出和人均分类消费支出两个层面来研究我国农村居民的消费趋同性。

### 一 人均消费总支出趋同性研究结果

（一）空间过滤前人均消费总支出趋同性研究结果

1. 子分布数目检验结果

本书同时采用基于似然比检验的参数自举法和贝叶斯信息准则（BIC）法来确定人均消费总支出截面分布所包含的子分布的数目，检验结果见表 5-1。为了从一个侧面来探测截面分布状况，这里还进行了 Shapiro-Wilk 正态性检验。从正态性检验结果来看，所有年份的分布均与正态分布存在显著的差异，这从一个侧面暗示人均消费总支出的截面分布可能是由多个子分布所构成的混合分布。

表 5-1　　　　　人均消费总支出子分布数目的检验结果

| 年份 | Shapiro-Wilk 正态检验 W 值 | P 值 | 参数自举法 观测数×对数似然 | P 值 | 个数 | 贝叶斯信息准则法 BIC 值 | 对数似然 | 个数 |
|---|---|---|---|---|---|---|---|---|
| 1993 | 0.7007 | 0.0000 | 35.5380 | 0.0000 | 2 | -18.3394 | -0.5847 | 2 |
| 1994 | 0.7927 | 0.0000 | 21.6726 | 0.0060 | 2 | -31.1533 | -6.9917 | 2 |
| 1995 | 0.7733 | 0.0000 | 22.4566 | 0.0040 | 2 | -21.0977 | 3.1871 | 3 |
| 1996 | 0.8298 | 0.0002 | 17.9855 | 0.0080 | 2 | -30.2844 | -6.5572 | 2 |
| 1997 | 0.8034 | 0.0001 | 20.7459 | 0.0060 | 2 | -30.5346 | -6.6824 | 2 |
| 1998 | 0.8143 | 0.0001 | 19.6799 | 0.0080 | 2 | -34.3505 | -8.5903 | 2 |
| 1999 | 0.8255 | 0.0000 | 19.8591 | 0.0100 | 2 | -32.5756 | -7.7028 | 2 |
| 2000 | 0.7740 | 0.0000 | 27.3940 | 0.0000 | 2 | -25.7664 | -4.2982 | 2 |
| 2001 | 0.7416 | 0.0000 | 30.1225 | 0.0000 | 2 | -27.3324 | -5.0812 | 2 |
| 2002 | 0.7360 | 0.0000 | 30.8168 | 0.0000 | 2 | -29.6221 | -6.2261 | 2 |
| 2003 | 0.7214 | 0.0000 | 33.0610 | 0.0000 | 2 | -29.9670 | -6.3986 | 2 |
| 2004 | 0.7119 | 0.0000 | 33.7789 | 0.0000 | 2 | -27.5783 | -5.2042 | 2 |
| 2005 | 0.7199 | 0.0000 | 30.6285 | 0.0000 | 2 | -29.2058 | -6.0179 | 2 |
| 2006 | 0.7198 | 0.0000 | 30.7094 | 0.0000 | 2 | -26.2150 | 0.6285 | 3 |
| 2007 | 0.7208 | 0.0000 | 31.5493 | 0.0000 | 2 | -25.1426 | -3.9863 | 2 |
| 2008 | 0.7501 | 0.0000 | 27.9415 | 0.0000 | 2 | -24.0522 | -3.4411 | 2 |
| 2009 | 0.7450 | 0.0000 | 28.5357 | 0.0000 | 2 | -22.7112 | 7.5313 | 4 |
| 极限 | 0.7692 | 0.0000 | 38.7646 | 0.0000 | 2 | -14.1270 | 1.5215 | 2 |

从表 5-1 中可以看出，从 1993 年到 2009 年，除了个别年份之外，两种检验方法得出的结果基本相同。具体来讲，参数自举法的检验结果均为 2 个子分布，而根据贝叶斯信息准则法，1995 年和 2006 年为 3 个，2009 年为 4 个，其他年份均为 2 个。但是，通过观察 BIC 检验的详细结果，[①] 可以发现在发生不一致的年份里，2 个子分布所对应的 BIC 值与最高 BIC 值非常接近，再考虑到自举法的稳健性，因此，可以判定子分布的数目均为 2 个。

---

① 需要指出的是，为了节省篇幅，对于子分布数目选择的贝叶斯信息准则法检验结果，本书只给出基于这个准则的最佳子分布数目以及所对应的 BIC 值和对数似然值，而没有报告其他子分布数目所对应的 BIC 值和对数似然值。完整数据可以向本人索要。下同。

为了求得人均消费总支出极限分布所包含的子分布的数目，这里先对式（4-1b）求解，以得到人均消费总支出的极限分布，在此基础上对所得到的结果数据采用上述两种方法进行检验，结果表明极限分布也包含2个（正态）子分布（见表5-1）。

2. 各子分布的参数

在求得子分布数目的基础上，采用基于 EM 算法的极大似然估计，可以得到不同年份各子分布的参数。表5-2中，第一个子分布对应于人均消费总支出水平较低的省市，其平均比例占74.99%，即在过去的17年里，平均约有23（74.99%×31=23.2469）个省份属于消费总水平较低的俱乐部，其均值平均为总水平的0.8542；第二个子分布对应于人均消费总支出水平较高的省份，约占25.01%，其均值平均为1.6332。相比之下，第二个子分布的标准差平均为0.5413，远高于第一个子分布（0.1431）。

表 5-2　　　　　　　　人均消费总支出各子分布的参数

| 年份 | 子分布一 |  |  | 子分布二 |  |  |
|---|---|---|---|---|---|---|
|  | $\mu_1$ | $\sigma_1$ | $\pi_1$ | $\mu_2$ | $\sigma_2$ | $\pi_2$ |
| 1993 | 0.846339 | 0.090389 | 0.689513 | 1.518845 | 0.534698 | 0.310487 |
| 1994 | 0.845528 | 0.148155 | 0.722884 | 1.539984 | 0.511035 | 0.277116 |
| 1995 | 0.849234 | 0.147276 | 0.728941 | 1.574633 | 0.483478 | 0.271059 |
| 1996 | 0.859809 | 0.165576 | 0.759329 | 1.552652 | 0.460505 | 0.240671 |
| 1997 | 0.864962 | 0.166044 | 0.778883 | 1.615994 | 0.508789 | 0.221117 |
| 1998 | 0.860549 | 0.168234 | 0.736702 | 1.554699 | 0.543761 | 0.263299 |
| 1999 | 0.839307 | 0.159806 | 0.729277 | 1.551693 | 0.485107 | 0.270723 |
| 2000 | 0.842389 | 0.128092 | 0.724222 | 1.587437 | 0.482134 | 0.275778 |
| 2001 | 0.840261 | 0.129774 | 0.729735 | 1.617810 | 0.554469 | 0.270265 |
| 2002 | 0.839745 | 0.135389 | 0.737330 | 1.647597 | 0.605784 | 0.262670 |
| 2003 | 0.839698 | 0.132033 | 0.734392 | 1.667257 | 0.644987 | 0.265608 |
| 2004 | 0.834136 | 0.116875 | 0.708472 | 1.605094 | 0.616956 | 0.291528 |
| 2005 | 0.859389 | 0.144007 | 0.762543 | 1.694178 | 0.614755 | 0.237457 |
| 2006 | 0.860381 | 0.143945 | 0.765172 | 1.684641 | 0.614284 | 0.234828 |
| 2007 | 0.871809 | 0.147350 | 0.798366 | 1.742148 | 0.589741 | 0.201634 |
| 2008 | 0.868409 | 0.141057 | 0.780760 | 1.651990 | 0.520156 | 0.219240 |
| 2009 | 0.898738 | 0.169266 | 0.862539 | 1.957613 | 0.431387 | 0.137462 |
| 极限 | 0.880108 | 0.127893 | 0.806417 | 1.903136 | 0.351622 | 0.193583 |

从 1993 年到 2009 年的动态变化态势来看，两个子分布的离散程度总体上并没有呈现出明显的单调变化的趋势，而是随机波动：第一个子分布的标准差从最小值 0.090389 开始，逐步扩大到 0.168234，然后逐步下降到 0.116875，最后又上升到最大值 0.169266；第二个子分布也呈现类似的波动，只不过到了 2003 年之后呈现单调缩小的变化态势。从两个子分布的均值来看，似乎都有微弱的增加的趋势。这个表面上自相矛盾的现象可以用两个子分布比例的变化来解释：$\pi_1$ 逐渐增大，$\pi_2$ 逐渐变小，即人均消费总支出水平较高的省份的阵容在缩小，于是，随着几个消费水平较高的省份进入子分布一，子分布一的均值被抬高，同时，由于这几个省份的消费在子分布二中属较低水平，因此，随着这些省份的退出，子分布二的均值也随之上升。[1]

同样，还可以在求得人均消费总支出极限分布所包含的子分布数目的基础上，通过基于 EM 算法的极大似然估计得到各子分布的参数（见表 5-2）。在极限状态下，子分布二大约由 6 个省份所构成（0.193583×31=6.001073）。实际上这 6 个省份分别为上海、北京、浙江、福建、江苏和广东。[2]

人均消费总支出的截面子分布（子密度）构成及其动态变化态势还可以直观地用混合图来表示，见图 5-1。

很显然，图 5-1 反映的信息与表 5-2 完全一致。

3. 子分布间的流动性

前文指出，俱乐部趋同存在的一个必要条件是子分布间不存在或者只存在很低的流动性，为此，流动性的测算就显得非常重要。在这方面混合模型显示出独特的优势，因为基于混合模型估计结果的条件概率能够定量地衡量流动性。

流动性可以通过两个测度来衡量。[3] 流动性首先可以用转移率来衡量，

---

[1] 比如，2008 年子分布二包含 7 个省份（0.219240×31=6.79644），2009 年只有 4 个（0.137462×31=4.261322），这意味着有 3 个省份从子分布二转移到子分布一。

[2] 由于本章混合模型的输出结果占据太大篇幅，因此，没有把所有的数据表格在书中一一列出，感兴趣的读者可以向作者索要。

[3] Pittau 等（2010）采用了这两个测度。这里第二个测度实际上衡量 31 个省份归属于各个子分布的明确程度，因为条件概率值越高，说明归属关系越明确。如果转移率低，再加上条件概率值高，说明流动性极低，其他情形可以依此类推。

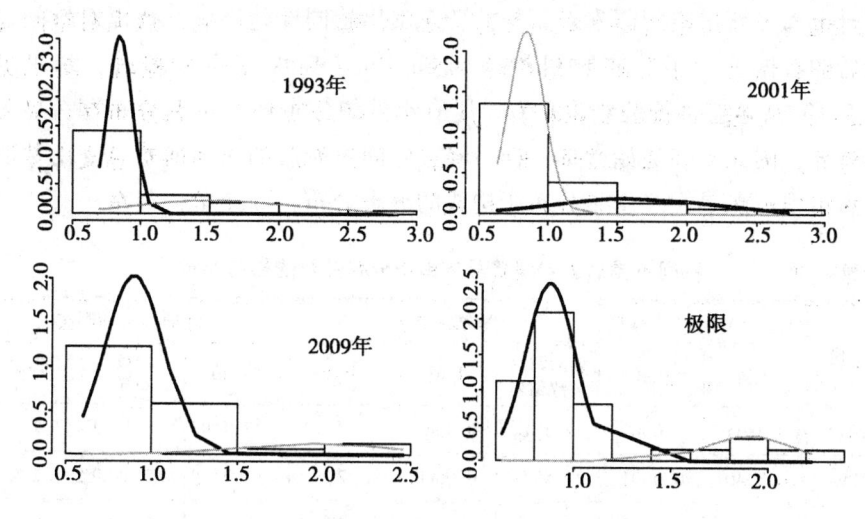

# 第五章 基于有限混合高斯分布模型的证实性研究

**图 5-1 人均消费总支出截面子分布的构成及其演变**

即有多少个省份在两个子分布之间发生了转移。从 1993 年到 2009 年，在可能发生的 496（16×31＝496）次转移中，实际上只发生了 13 次，转移率只有 2.62%，或者说 97.38% 的省份始终被锁定在某个群体里。不但如此，子分布间的流动性还局限于少数几个省份中：在所发生的 13 次转移中，天津占 5 次，湖南 4 次，福建 2 次，广东和辽宁各有 1 次，这从一个侧面说明截面分布的黏性很高。流动性的另一个测度是条件概率值。在已知某个省份属于某个子分布的条件下，条件概率值越高说明两者之间的联系越紧密，流动也就越困难，因此，条件概率值提供了另一个很好的衡量流动性程度的测度。条件概率值大于或等于 0.8 的有 490 个，在全部 527（31×17＝527）个概率中占 92.98%；大于或等于 0.9 的有 451 个，占 85.58%；大于或等于 0.95 的有 371 个，占 70.40%。因此，综合上述两个测度可以得出结论：我国 31 个省份农村居民人均消费总支出的截面流动性极低。

综合上述子分布数目检验和流动性研究两个方面的结果，可以从统计意义上断定我国 31 个省市农村居民人均消费总支出呈现双峰俱乐部趋同。这个结果与第四章的研究结果相一致，从而在统计意义上为第四章的研究结果提供支撑。

（二）空间过滤后人均消费总支出趋同性研究结果

1. 子分布数目检验结果

为了避免空间自相关的存在可能给混合模型方法带来不确定的影响，

同时也为了衡量空间因素对人均消费总支出趋同性的影响，这里对空间过滤后的数据进行子分布数目检验和 Shapiro – Wilk 正态性检验，结果见表5-3。从正态性检验结果来看，所有年份的分布均与正态分布存在显著的差异，因此，与原始数据一样，经过空间过滤后的人均消费总支出截面分布也很可能是由多个子分布所构成的混合分布，而非单一分布。

表5-3 空间过滤后人均消费总支出子分布数目的检验结果

| 年份 | Shapiro-Wilk 正态检验 || 参数自举法 ||| 贝叶斯信息准则法 |||
|---|---|---|---|---|---|---|---|---|
| | W值 | P值 | 观测数×对数似然 | P值 | 个数 | BIC值 | 对数似然 | 个数 |
| 1993 | 0.7805 | 0.0000 | 23.3816 | 0.0040 | 2 | -27.4183 | -5.1242 | 2 |
| 1994 | 0.8040 | 0.0001 | 21.5375 | 0.0000 | 2 | -31.7518 | -7.2909 | 2 |
| 1995 | 0.7684 | 0.0000 | 26.4846 | 0.0000 | 2 | -27.9646 | -5.3973 | 2 |
| 1996 | 0.8351 | 0.0002 | 17.3671 | 0.0080 | 2 | -32.6658 | -7.7479 | 2 |
| 1997 | 0.8186 | 0.0001 | 20.9074 | 0.0020 | 2 | -29.3706 | -6.1003 | 2 |
| 1998 | 0.8321 | 0.0002 | 18.9200 | 0.0140 | 2 | -33.7031 | -8.2666 | 2 |
| 1999 | 0.8406 | 0.0003 | 17.2699 | 0.0160 | 2 | -34.3350 | -8.5825 | 2 |
| 2000 | 0.7900 | 0.0000 | 25.1084 | 0.0000 | 2 | -27.1236 | -4.9769 | 2 |
| 2001 | 0.7474 | 0.0000 | 30.6967 | 0.0000 | 2 | -26.7268 | -4.7784 | 2 |
| 2002 | 0.7769 | 0.0000 | 26.8298 | 0.0020 | 2 | -28.3328 | -5.5814 | 2 |
| 2003 | 0.7849 | 0.0000 | 25.0100 | 0.0020 | 2 | -33.3940 | -8.1121 | 2 |
| 2004 | 0.7635 | 0.0000 | 27.8756 | 0.0000 | 2 | -26.5220 | -4.6760 | 2 |
| 2005 | 0.7429 | 0.0000 | 28.7293 | 0.0000 | 2 | -31.7002 | -7.2651 | 2 |
| 2006 | 0.7781 | 0.0000 | 26.5261 | 0.0000 | 2 | -30.8244 | -6.8272 | 2 |
| 2007 | 0.7776 | 0.0000 | 24.2038 | 0.0020 | 2 | -31.6139 | -7.2220 | 2 |
| 2008 | 0.7570 | 0.0000 | 27.9903 | 0.0000 | 2 | -21.2148 | -2.0224 | 2 |
| 2009 | 0.7759 | 0.0000 | 23.4865 | 0.0000 | 2 | -25.3294 | -4.0797 | 2 |
| 极限 | 0.7796 | 0.0000 | 31.5460 | 0.0000 | 2 | -24.1958 | -3.5129 | 2 |

从表5-3中还可以看出，从1993年到2009年，两种检验方法得出的结果完全一致，即每年的截面分布均是由2个子分布所构成的混合分布。

为了求得空间过滤后人均消费总支出极限分布所包含的子分布的数

目，这里先对式（4-53）进行求解，以得到空间过滤后的极限分布，然后在此基础上对所求得的结果数据采用上述两种方法进行检验，结果表明极限分布也包含2个（正态）子分布（见表5-3）。

2. 各子分布的参数

在求得子分布数目的基础上，采用基于EM算法的极大似然估计，同样可以得到空间过滤后人均消费总支出在各年份所包含的各子分布的参数。表5-4中，第一个子分布对应于人均消费总支出水平较低的省份，其平均比例为75.04%，均值平均为0.8574；第二个子分布对应于人均消费总支出水平较高的省份，其平均比例为24.96%，均值平均为1.6051。相比之下，第二个子分布的标准差（0.4726）远高于第一个子分布（0.1421）。通过与空间过滤前的参数进行比较，可以发现总体上并没有大的变化，只是离散程度及两个子分布之间的距离有非常微弱的下降，表明经过空间过滤后的分布略为紧凑，[①]这正体现了空间效应。这个结果与第四章相一致。

与空间过滤前一样，从1993年到2009年的动态变化情况来看，两个子分布的离散程度总体上并没有呈现明显的单调变化的趋势，而是随机波动。与空间过滤前不太一样的是，两个子分布比例变化的方向不再明确。

同样，还可以在求得空间过滤后人均消费总支出极限分布所包含的子分布数目的基础上，通过基于EM算法的极大似然估计得到各子分布的参数，见表5-4。

表5-4　　　　　空间过滤后人均消费总支出各子分布的参数

| 年份 | 子分布一 | | | 子分布二 | | |
| --- | --- | --- | --- | --- | --- | --- |
| | $\mu_1$ | $\sigma_1$ | $\pi_1$ | $\mu_2$ | $\sigma_2$ | $\pi_2$ |
| 1993 | 0.875671 | 0.085686 | 0.783075 | 1.668533 | 0.465967 | 0.216925 |
| 1994 | 0.846842 | 0.146911 | 0.721798 | 1.558350 | 0.495555 | 0.278202 |
| 1995 | 0.850965 | 0.140510 | 0.736238 | 1.596190 | 0.501860 | 0.263762 |

---

[①] 从严格意义上讲，空间过滤前后两个子分布的均值和离散程度只有在子分布所包含的省份数目相同的情况下才具有直接可比性。举一个简单的例子：同一个省份从子分布二中转移出来，既可能导致子分布二标准差的上升，也可能下降，这取决于这个值与子分布二中其他值之间的距离等因素。

续表

| 年份 | 子分布一 | | | 子分布二 | | |
|---|---|---|---|---|---|---|
| | $\mu_1$ | $\sigma_1$ | $\pi_1$ | $\mu_2$ | $\sigma_2$ | $\pi_2$ |
| 1996 | 0.869821 | 0.036369 | 0.736770 | 1.108451 | 0.453126 | 0.263230 |
| 1997 | 0.874934 | 0.164395 | 0.803720 | 1.709958 | 0.422832 | 0.196280 |
| 1998 | 0.866873 | 0.155299 | 0.697310 | 1.491371 | 0.511322 | 0.302690 |
| 1999 | 0.847640 | 0.154697 | 0.673925 | 1.461515 | 0.474036 | 0.326075 |
| 2000 | 0.846407 | 0.127587 | 0.732982 | 1.562384 | 0.451478 | 0.267018 |
| 2001 | 0.847227 | 0.124728 | 0.720019 | 1.605498 | 0.538177 | 0.279981 |
| 2002 | 0.977749 | 0.126012 | 0.932899 | 1.843449 | 0.209529 | 0.067101 |
| 2003 | 0.841050 | 0.125420 | 0.722978 | 1.650815 | 0.519185 | 0.277022 |
| 2004 | 0.849248 | 0.109870 | 0.728573 | 1.610764 | 0.498669 | 0.271427 |
| 2005 | 0.867957 | 0.135656 | 0.721042 | 1.645473 | 0.583671 | 0.278958 |
| 2006 | 0.874191 | 0.134000 | 0.706852 | 1.610006 | 0.521346 | 0.293148 |
| 2007 | 0.878013 | 0.143885 | 0.721066 | 1.586959 | 0.541461 | 0.278934 |
| 2008 | 0.863864 | 0.124407 | 0.744671 | 1.571181 | 0.475882 | 0.255329 |
| 2009 | 0.901604 | 0.172987 | 0.873457 | 1.944156 | 0.320916 | 0.126543 |
| 极限 | 0.882133 | 0.123000 | 0.801794 | 1.898963 | 0.326001 | 0.198206 |

在极限状态下，第二个子分布大约由6（0.198206×31＝6.144386）个省份构成。实际上这6个省份还是上海、北京、浙江、福建、江苏和广东，与空间过滤前一样。

通过比较空间过滤前后的极限分布，可以发现两个子分布的均值由原来的0.880108和1.903136分别变为0.882133和1.898963，即左分布上移，右分布下移，只是移动的幅度极小；两个子分布的标准差由原来的0.127893和0.351622分别变为0.123000和0.326001，尽管有所下降，但是下降幅度同样十分微小。

空间过滤后人均消费总支出截面子分布的构成及其动态变化态势也可以用混合图来表示，见图5-2。

3. 子分布间的流动性

从转移率来看，从1993年到2009年，在可能发生的496次转移中，

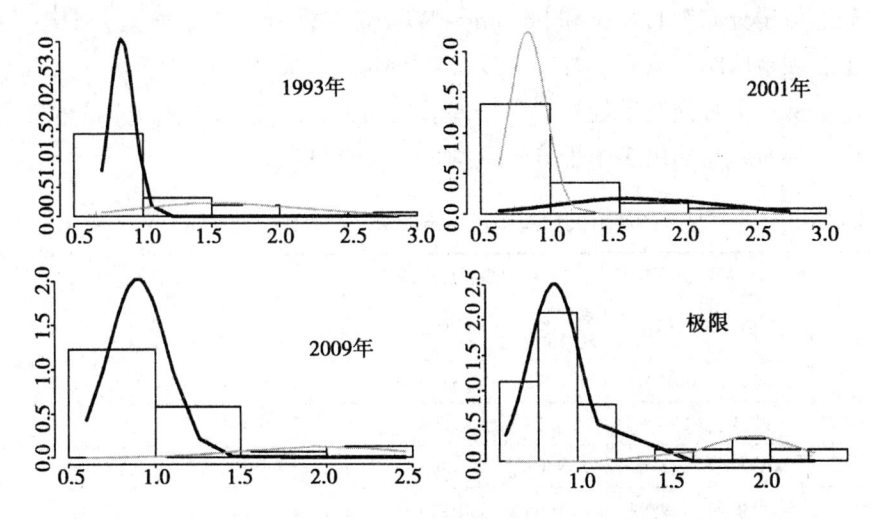

图 5-2　空间过滤后人均消费总支出截面子分布的构成及其演变

实际上只发生了52次，转移率只有10.48%，或者说89.52%的省份始终锁定于某个群体（子分布）。尽管转移率总体上仍然很低，但是与空间过滤前相比有很大程度的提高。不仅如此，绝大多数的省份都在样本期内发生过转移，而不再像过滤前那样只局限于个别省份。但是，需要指出的是，从2003年到2009年没发生一次转移，这说明转移率直线下降。从条件概率值来看，大于或等于0.8的有487个，在527个概率中占92.41%；大于或等于0.9的有448个，占85.01%；大于或等于0.95的有364个，占69.07%。与过滤前相比，条件概率值仍然很高。因此，综合上述两个测度可知，即便经过空间过滤，我国31个省份农村居民人均消费总支出的截面流动性仍然很低。

综合上述子分布数目检验和流动性研究两个方面的结果，可以从统计意义上断定：空间过滤后我国31个省份农村居民人均消费总支出仍然呈现双峰俱乐部趋同。这个结果与第四章的结果一致，从而在统计意义上为第四章的研究结果提供了支撑。

（三）收入条件后人均消费总支出趋同性研究结果

1. 子分布数目检验结果

为了衡量收入对人均消费总支出趋同性的影响，这里对收入条件后的数据进行子分布数目检验和 Shapiro-Wilk 正态性检验，结果见表 5-5。[①] 从正态性检验结果来看，除了 1994 年之外，其他年份都呈正态分布，因此，这从一个方面暗示经过收入条件后人均消费总支出的截面分布很可能是单一分布，而非由多个子分布所构成的混合分布。

表 5-5　　收入条件后人均消费总支出子分布数目的检验结果

| 年份 | Shapiro-Wilk 正态检验 W 值 | P 值 | 参数自举法 观测数×对数似然 | P 值 | 个数 | 贝叶斯信息准则法 BIC 值 | 对数似然 | 个数 |
|---|---|---|---|---|---|---|---|---|
| 1993 | 0.9682 | 0.4704 | 2.8772 | 0.8320 | 1 | 45.2370 | 26.0525 | 1 |
| 1994 | 0.9271 | 0.0365 | 7.3879 | 0.3280 | 1 | 30.1305 | 18.4992 | 1 |
| 1995 | 0.9800 | 0.8117 | 5.4363 | 0.5380 | 1 | 36.0084 | 21.4382 | 1 |
| 1996 | 0.9935 | 0.9994 | 0.1456 | 0.9980 | 1 | 33.8195 | 20.3437 | 1 |
| 1997 | 0.9824 | 0.8750 | 7.9861 | 0.3100 | 1 | 37.2752 | 22.0716 | 1 |
| 1998 | 0.9775 | 0.7407 | 1.9901 | 0.9200 | 1 | 28.1153 | 17.4916 | 1 |
| 1999 | 0.9655 | 0.4045 | 2.7691 | 0.8400 | 1 | 32.8381 | 19.8530 | 1 |
| 2000 | 0.9618 | 0.3254 | 24.6922 | 0.0020 | 2 | 56.0642 | 36.6171 | 2 |
| 2001 | 0.9688 | 0.4872 | 2.3863 | 0.8920 | 1 | 37.3756 | 22.1218 | 1 |
| 2002 | 0.9749 | 0.6621 | 2.6414 | 0.8640 | 1 | 36.6165 | 21.7422 | 1 |
| 2003 | 0.9739 | 0.6313 | 2.3511 | 0.9040 | 1 | 35.6712 | 21.2696 | 1 |
| 2004 | 0.9653 | 0.4000 | 3.9804 | 0.6880 | 1 | 33.6855 | 20.2767 | 1 |
| 2005 | 0.9714 | 0.5582 | 1.7235 | 0.9200 | 1 | 35.3117 | 21.0899 | 1 |
| 2006 | 0.9782 | 0.7614 | 0.9732 | 0.9760 | 1 | 38.3366 | 22.6023 | 1 |
| 2007 | 0.9586 | 0.2683 | 7.3307 | 0.3180 | 1 | 35.4610 | 21.1645 | 1 |
| 2008 | 0.9453 | 0.1160 | 4.0237 | 0.7220 | 1 | 34.3665 | 20.6172 | 1 |
| 2009 | 0.9531 | 0.1898 | 3.8648 | 0.7700 | 1 | 34.0684 | 20.4682 | 1 |
| 极限 | 0.9679 | 0.4638 | 4.3528 | 0.7060 | 1 | 37.8130 | 22.3405 | 1 |

从表 5-5 中可以看出，子分布数目选择的两种检验方法得出完全一致的结论：除了 2000 年截面分布包含 2 个子分布之外，其他年份均为 1 个。

为了求得收入条件后人均消费总支出极限分布所包含的子分布的数

---

① 收入条件的方法见第四章。

目，这里先对式（4-53）求解，以得到极限分布，然后在此基础上对所求得的结果数据采用上述两种方法进行检验，结果表明收入条件后的极限分布本身就是一个单一分布，而非由多个子分布所构成的混合分布（见表5-5）。

2. 分布参数

收入条件后人均消费总支出总体分布参数见表5-6。从表中可以看出，均值、极大值、极小值、极差、标准差等指标在样本期内并没有发生明显的变化，说明分布比较稳定。极限分布的各项分布参数也见表5-6。

表5-6 收入条件后人均消费总支出的总体分布参数

| 年份 | 均值 | 中位数 | 极大值 | 极小值 | 极差 | 标准差 | 偏度 | 峰度 | 雅克—贝拉 | P值 |
|---|---|---|---|---|---|---|---|---|---|---|
| 1993 | 0.9998 | 1.0008 | 1.1690 | 0.7624 | 0.4066 | 0.1061 | -0.3907 | 2.3662 | 1.3075 | 0.5201 |
| 1994 | 0.9813 | 1.0164 | 1.1526 | 0.6935 | 0.4592 | 0.1354 | -0.6026 | 2.2898 | 2.5276 | 0.2826 |
| 1995 | 1.0174 | 1.0016 | 1.2815 | 0.7746 | 0.5070 | 0.1232 | 0.1797 | 2.6192 | 0.3541 | 0.8377 |
| 1996 | 1.0039 | 0.9975 | 1.2793 | 0.6998 | 0.5795 | 0.1276 | -0.0764 | 2.8693 | 0.0522 | 0.9742 |
| 1997 | 0.9997 | 0.9834 | 1.2384 | 0.7499 | 0.4885 | 0.1207 | 0.1297 | 2.6416 | 0.2529 | 0.8812 |
| 1998 | 0.9883 | 0.9882 | 1.2857 | 0.7342 | 0.5515 | 0.1399 | 0.1690 | 2.4938 | 0.4784 | 0.7873 |
| 1999 | 0.9841 | 0.9960 | 1.2539 | 0.7681 | 0.4858 | 0.1296 | 0.2936 | 2.4380 | 0.8532 | 0.6527 |
| 2000 | 0.9994 | 1.0064 | 1.1931 | 0.7431 | 0.4500 | 0.1124 | -0.5459 | 3.0101 | 1.5398 | 0.4631 |
| 2001 | 0.9988 | 1.0171 | 1.2135 | 0.7061 | 0.5074 | 0.1205 | -0.4834 | 3.0522 | 1.2109 | 0.5458 |
| 2002 | 0.9836 | 0.9785 | 1.2606 | 0.6826 | 0.5781 | 0.1220 | -0.0858 | 3.4152 | 0.2607 | 0.8778 |
| 2003 | 0.9836 | 0.9813 | 1.1757 | 0.6855 | 0.4902 | 0.1239 | -0.3761 | 2.5568 | 0.9845 | 0.6112 |
| 2004 | 0.9908 | 1.0057 | 1.2038 | 0.7075 | 0.4963 | 0.1279 | -0.3093 | 2.2455 | 1.2296 | 0.5407 |
| 2005 | 0.9961 | 1.0069 | 1.1997 | 0.6930 | 0.5066 | 0.1246 | -0.3913 | 2.6196 | 0.9780 | 0.6132 |
| 2006 | 0.9942 | 0.9810 | 1.2371 | 0.6802 | 0.5569 | 0.1186 | -0.0937 | 3.3723 | 0.2244 | 0.8939 |
| 2007 | 0.9930 | 0.9689 | 1.2858 | 0.6482 | 0.6376 | 0.1243 | 0.0275 | 4.1222 | 1.6307 | 0.4425 |
| 2008 | 0.9915 | 0.9901 | 1.2535 | 0.6289 | 0.6247 | 0.1259 | -0.1059 | 4.1668 | 1.8166 | 0.4032 |
| 2009 | 0.9951 | 0.9840 | 1.2573 | 0.6347 | 0.6225 | 0.1271 | -0.1201 | 4.0130 | 1.3999 | 0.4966 |
| 极限 | 0.9989 | 1.0171 | 1.2088 | 0.7132 | 0.4956 | 0.1197 | -0.4729 | 2.8950 | 1.1553 | 0.5612 |

结合表5-5与表5-6的结果可以看出，收入基本上解释了我国农村居民人均消费总支出的非全局性趋同。也就是说，我国农村居民人均消费总支出之所以不存在全局性趋同而是呈现双峰俱乐部趋同，主要是由收入的不趋同引起的，因此，扣除收入影响之后，截面分布基本上呈现出全局

性趋同态势。

（四）综合条件后人均消费总支出趋同性研究结果

1. 子分布数目检验结果

考虑到人均消费总支出的趋同既存在空间效应，又存在收入效应，因此，有必要同时考虑这两者的综合效应。具体的做法是先对原始的人均消费总支出数据进行空间过滤，然后再进行收入条件过滤①，最后再对综合条件后的数据进行各种检验。

表5-7　综合条件后人均消费总支出子分布数目的检验结果

| 年份 | Shapiro-Wilk 正态检验 W值 | P值 | 参数自举法 观测数×对数似然 | P值 | 个数 | 贝叶斯信息准则法 BIC值 | 对数似然 | 个数 |
|---|---|---|---|---|---|---|---|---|
| 1993 | 0.9587 | 0.2694 | 4.7757 | 0.6280 | 1 | 50.4979 | 28.6829 | 1 |
| 1994 | 0.9453 | 0.1154 | 0.9057 | 0.9800 | 1 | 35.7508 | 21.3094 | 1 |
| 1995 | 0.9705 | 0.5321 | 4.0579 | 0.6580 | 1 | 37.5775 | 22.2227 | 1 |
| 1996 | 0.9878 | 0.9717 | 1.3170 | 0.9580 | 1 | 38.7653 | 22.8167 | 1 |
| 1997 | 0.9839 | 0.9088 | 2.4217 | 0.8940 | 1 | 40.8777 | 23.8729 | 1 |
| 1998 | 0.9793 | 0.7940 | 3.3169 | 0.7640 | 1 | 31.6684 | 19.2682 | 1 |
| 1999 | 0.9686 | 0.4818 | 5.2146 | 0.5400 | 1 | 34.5364 | 20.7022 | 1 |
| 2000 | 0.9696 | 0.5084 | 1.1909 | 0.9720 | 1 | 48.0088 | 27.4384 | 1 |
| 2001 | 0.9742 | 0.6405 | 6.5662 | 0.3740 | 1 | 43.0390 | 24.9535 | 1 |
| 2002 | 0.9775 | 0.7401 | 3.4573 | 0.7420 | 1 | 40.2393 | 23.5537 | 1 |
| 2003 | 0.9622 | 0.3338 | 7.1491 | 0.3580 | 1 | 57.8715 | 32.3698 | 1 |
| 2004 | 0.9513 | 0.1697 | 5.5685 | 0.5460 | 1 | 43.0915 | 24.9798 | 1 |
| 2005 | 0.9577 | 0.2535 | 4.5885 | 0.6260 | 1 | 53.6947 | 30.2813 | 1 |
| 2006 | 0.9867 | 0.9580 | 4.2681 | 0.6720 | 1 | 51.5156 | 29.1918 | 1 |
| 2007 | 0.9920 | 0.9974 | 0.2219 | 1.0000 | 1 | 60.0626 | 33.4653 | 1 |
| 2008 | 0.9815 | 0.8541 | 3.4206 | 0.8040 | 1 | 39.9437 | 23.4058 | 1 |
| 2009 | 0.9535 | 0.1946 | 8.2136 | 0.3100 | 1 | 41.8138 | 24.3409 | 1 |
| 极限 | 0.9537 | 0.1976 | 7.8098 | 0.3500 | 1 | 42.9347 | 24.9013 | 1 |

各种检验结果见表5-7。从 Shapiro-Wilk 正态性检验结果来看，综

---

① 具体的条件方法见第四章。

合条件后所有年份都呈正态分布，因此，这从一个方面暗示经过综合条件后的人均消费总支出截面分布很可能是单一分布，而非混合分布。从子分布数目的检验结果来看，基于似然比的参数自举法和贝叶斯信息准则法得到完全一致的结论：从 1993 年到 2009 年，综合过滤后的人均消费总支出只包含一个分布，而非由多个子分布所构成的混合分布。

为了求得综合条件后人均消费总支出极限分布所包含的子分布的数目，同样先对式（4-53）求解，以得到极限分布，然后在此基础上对所求得的结果数据采用上述两种方法进行检验，结果表明极限分布也是单一（正态）分布，而非混合分布（见表 5-7）。

2. 分布参数

综合条件后人均消费总支出总体分布参数见表 5-8。从表中可以看出，均值、极大值、极小值、极差、标准差等指标在样本期内并没有发生明显的变化。极限分布的各项分布参数与各年份相比也没用明显的差异，这说明去除收入和空间效应之后，人均消费总支出的截面分布非常稳定。

综合上述研究结果，可以认为收入和空间效应综合在一起几乎完全解释了我国农村居民人均消费总支出的非全局性趋同，因此，扣除收入和空间效应之后，31 个省份农村居民的人均消费总支出呈现出明显的全局性趋同态势。

表 5-8　　　　综合条件后人均消费总支出的总体分布参数

| 年份 | 均值 | 中位数 | 极大值 | 极小值 | 极差 | 标准差 | 偏度 | 峰度 | 雅克—贝拉 | P 值 |
| --- | --- | --- | --- | --- | --- | --- | --- | --- | --- | --- |
| 1993 | 0.9910 | 0.9864 | 1.1706 | 0.8323 | 0.3383 | 0.0975 | 0.0535 | 1.8271 | 1.7917 | 0.4083 |
| 1994 | 0.9808 | 0.9995 | 1.1518 | 0.6947 | 0.4571 | 0.1237 | -0.5910 | 2.5213 | 2.1006 | 0.3498 |
| 1995 | 1.0168 | 1.0066 | 1.2853 | 0.7753 | 0.5100 | 0.1201 | 0.1266 | 2.7094 | 0.1919 | 0.9085 |
| 1996 | 1.0024 | 0.9953 | 1.2783 | 0.7209 | 0.5574 | 0.1178 | -0.0539 | 3.0979 | 0.0274 | 0.9864 |
| 1997 | 0.9988 | 0.9912 | 1.2378 | 0.7548 | 0.4830 | 0.1139 | 0.0872 | 2.8270 | 0.0779 | 0.9618 |
| 1998 | 0.9869 | 0.9793 | 1.2808 | 0.7449 | 0.5359 | 0.1321 | 0.1243 | 2.6968 | 0.1986 | 0.9055 |
| 1999 | 0.9863 | 0.9870 | 1.2535 | 0.7730 | 0.4805 | 0.1261 | 0.1381 | 2.5321 | 0.3813 | 0.8264 |
| 2000 | 0.9995 | 1.0115 | 1.1909 | 0.7460 | 0.4449 | 0.1015 | -0.4890 | 3.0298 | 1.2366 | 0.5389 |
| 2001 | 0.9910 | 1.0110 | 1.2094 | 0.7177 | 0.4917 | 0.1100 | -0.4079 | 3.1700 | 0.8970 | 0.6386 |
| 2002 | 0.9919 | 1.0047 | 1.2400 | 0.6983 | 0.5417 | 0.1151 | -0.3506 | 3.1799 | 0.6769 | 0.7129 |
| 2003 | 0.9898 | 1.0022 | 1.1255 | 0.7929 | 0.3326 | 0.0866 | -0.2389 | 2.7515 | 0.3746 | 0.8292 |
| 2004 | 0.9948 | 1.0118 | 1.1674 | 0.7176 | 0.4498 | 0.1099 | -0.1687 | 2.8830 | 0.1647 | 0.9209 |

续表

| 年份 | 均值 | 中位数 | 极大值 | 极小值 | 极差 | 标准差 | 偏度 | 峰度 | 雅克—贝拉 | P值 |
|---|---|---|---|---|---|---|---|---|---|---|
| 2005 | 1.0024 | 1.0157 | 1.1475 | 0.7893 | 0.3582 | 0.0926 | -0.2518 | 2.8433 | 0.3593 | 0.8356 |
| 2006 | 1.0055 | 1.0169 | 1.2224 | 0.8037 | 0.4186 | 0.0959 | 0.1120 | 2.9080 | 0.0757 | 0.9628 |
| 2007 | 1.0013 | 1.0038 | 1.1761 | 0.8083 | 0.3678 | 0.0836 | -0.0865 | 2.7167 | 0.1423 | 0.9313 |
| 2008 | 0.9985 | 0.9887 | 1.2525 | 0.7111 | 0.5414 | 0.1156 | -0.0475 | 3.4194 | 0.2389 | 0.8874 |
| 2009 | 0.9864 | 0.9804 | 1.2561 | 0.7257 | 0.5304 | 0.1122 | 0.0811 | 3.6167 | 0.5252 | 0.7690 |
| 极限 | 0.9864 | 0.9805 | 1.2431 | 0.7486 | 0.4945 | 0.1102 | 0.3229 | 3.0673 | 0.5445 | 0.7616 |

对比表5-6与表5-8，可以发现综合条件后平均极差由0.5264下降到0.4611，标准差由0.1241下降到0.1091，偏度在大多数年份里更接近于0，峰度也更加接近于3。这些都说明综合条件后截面分布比单纯的收入条件更加集中、更加规整。这实际上体现了空间效应。对比收入条件与综合条件后的极限分布，可以发现收入条件后的极差和标准差分别为0.4956和0.1197，综合条件后分别变为0.4945和0.1102，基本相同，只呈现非常微弱的集中态势，这实际上也体现出空间效应。因为空间效应比较弱，所以，综合条件后的结果与单纯收入条件后的结果实际上无明显差异。

## 二 人均分类消费支出趋同性研究结果

(一) 空间过滤前人均分类消费支出趋同性研究结果

1. 子分布数目检验结果

与人均消费总支出研究一样，这里也采用基于似然比的参数自举法和贝叶斯信息准则两种方法来确定人均分类消费支出截面分布所包含的子分布的数目，并进行了Shapiro-Wilk正态性检验。检验结果见表5-9。[①] 从正态性检验结果来看，所有七大类消费支出在所有年份的分布均与正态分布存在显著的差异，这从一个方面暗示截面分布可能是由多个子分布所构成的混合分布。

---

① 为了节省篇幅，这里只报告部分年份的检验结果。其他年份的检验结果，包括每年与多个子分布相对应的BIC值及其对数似然结果可以向笔者索要。下同。

表 5-9　　　　人均分类消费支出子分布数目的检验结果

| 消费类别 | 年份 | Shapiro-Wilk 正态检验 W值 | P值 | 参数自举法 观测数×对数似然 | P值 | 个数 | 贝叶斯信息准则法 BIC值 | 对数似然 | 个数 |
|---|---|---|---|---|---|---|---|---|---|
| 食品 | 1993 | 0.7989 | 0.0000 | 18.3946 | 0.0140 | 2 | 16.2676 | 0.4512 | 2 |
|  | 2001 | 0.8099 | 0.0001 | 21.3251 | 0.0060 | 2 | 19.7751 | -1.3026 | 2 |
|  | 2009 | 0.8184 | 0.0001 | 19.7116 | 0.0040 | 2 | 20.4200 | 3.5260 | 3 |
|  | 极限 | 0.7840 | 0.0000 | 34.0264 | 0.0000 | 2 | 13.2639 | 1.9530 | 2 |
| 衣着 | 1993 | 0.8125 | 0.0001 | 20.1142 | 0.0200 | 2 | 43.7388 | -13.2844 | 2 |
|  | 2001 | 0.8657 | 0.0011 | 13.7079 | 0.0420 | 2 | 46.6659 | -14.7480 | 2 |
|  | 2009 | 0.8719 | 0.0015 | 13.0899 | 0.0540 | 1 | 48.8375 | -15.8338 | 2 |
|  | 极限 | 0.7063 | 0.0000 | 41.9178 | 0.0000 | 2 | 9.7432 | 3.7134 | 2 |
| 居住 | 1993 | 0.7727 | 0.0000 | 22.5767 | 0.0060 | 2 | 49.5701 | -16.2001 | 2 |
|  | 2001 | 0.7822 | 0.0000 | 22.0344 | 0.0080 | 2 | 48.5642 | -15.6971 | 2 |
|  | 2009 | 0.8070 | 0.0001 | 21.4232 | 0.0000 | 2 | 36.6308 | -9.7304 | 2 |
|  | 极限 | 0.7452 | 0.0000 | 33.0292 | 0.0000 | 2 | 17.5033 | -0.1667 | 2 |
| 家庭 | 1993 | 0.5402 | 0.0000 | 62.8550 | 0.0000 | 2 | 41.8347 | -12.3324 | 2 |
|  | 2001 | 0.6341 | 0.0000 | 51.4838 | 0.0000 | 2 | 30.3000 | -6.5650 | 2 |
|  | 2009 | 0.7658 | 0.0000 | 24.6763 | 0.0020 | 2 | 32.5909 | -7.7105 | 2 |
|  | 极限 | 0.7034 | 0.0000 | 47.6664 | 0.0000 | 2 | 17.3639 | -0.0970 | 2 |
| 医疗 | 1993 | 0.9045 | 0.0093 | 16.5010 | 0.0240 | 2 | 36.0252 | -9.4276 | 2 |
|  | 2001 | 0.7818 | 0.0000 | 32.4272 | 0.0000 | 2 | 41.7688 | -12.2994 | 2 |
|  | 2009 | 0.8368 | 0.0003 | 16.7344 | 0.0180 | 2 | 55.2100 | -19.0200 | 2 |
|  | 极限 | 0.6735 | 0.0000 | 45.1498 | 0.0000 | 2 | 20.6347 | -1.7324 | 2 |
| 通讯 | 1993 | 0.7199 | 0.0000 | 35.1509 | 0.0000 | 2 | 57.1145 | -19.9723 | 2 |
|  | 2001 | 0.8307 | 0.0002 | 22.8487 | 0.0000 | 2 | 61.4571 | -22.1436 | 2 |
|  | 2009 | 0.7303 | 0.0000 | 29.8614 | 0.0020 | 2 | 44.6962 | -13.7631 | 2 |
|  | 极限 | 0.7280 | 0.0000 | 49.8950 | 0.0000 | 2 | 26.5097 | -4.6699 | 2 |
| 文教 | 1993 | 0.7932 | 0.0000 | 19.9393 | 0.0060 | 2 | 63.3868 | -17.9574 | 3 |
|  | 2001 | 0.7792 | 0.0000 | 22.2663 | 0.0000 | 2 | 56.5929 | -19.7115 | 2 |
|  | 2009 | 0.8080 | 0.0001 | 28.5272 | 0.0000 | 2 | 51.2618 | -17.0459 | 2 |
|  | 极限 | 0.7053 | 0.0000 | 46.7912 | 0.0000 | 2 | 28.4858 | -5.6579 | 2 |

从表 5-9 中可以看出，从 1993 年到 2009 年，除了个别消费类别和年份

之外，两种检验方法得出的结果基本相同。具体来讲，对于2009年衣着类消费，参数自举法检验结果为1个子分布，信息准则检验结果为2个，但是，考虑到参数自举法的显著程度已经达到0.0540，非常接近于0.050，因此，可以确定为2个。1993年文教类消费和2009年食品类消费的信息准则法结果都为3个，自举法结果都为2个，但是，通过观察BIC检验的详细结果，可以发现2个子分布所对应的BIC值与3个子分布所对应的BIC值非常接近（1993年文教类消费分别为63.4113和63.3868，2009年食品类消费分别为20.4623和20.4200），根据卡斯和拉夫特里（1995），模型之间的BIC之差小于2属于弱证据，再考虑到自举法的稳健性，因此，可以判定子分布的数目均为2个。综上所述，七大类分类消费支出在样本期内都是由2个子分布所构成的混合分布，而非单一分布。

与人均消费总支出一样，为了求得各分类消费支出极限分布所包含的子分布的数目，需要先对式（4－1b）求解，以得到各类消费支出的极限分布，在此基础上对所求得的结果数据采用上述两种方法进行检验，以确定子分布的数目。结果表明，七大类分类消费支出的极限分布也都包含2个（正态）子分布（见表5－9）。

2. 分类消费支出各子分布的参数

在求得子分布数目的基础上，采用基于EM算法的极大似然估计，便可以得到七大类分类消费支出在各年份的各个子分布的参数，见表5－10，其中子分布一和子分布二分别代表由消费水平较低和较高的省份所组成的集群。[①] 从表5－10中可以看出，对食品、衣着、家庭、医疗和通讯类消费而言，第一个子分布所占的比例平均介于73.34%和79.70%之间，居住和文教类消费稍高一点，分别达到84.21%和88.24%。第一个子分布所占比例的总平均为78.96%，这意味着约有24—25个省份属于消费水平较低的群体，其他7—8个省份构成另一个消费水平较高的群体。从两个子分布的均值来看，通讯类消费子分布一的均值最小（0.7584），衣着类最大（0.9007），子分布一均值总平均为0.8476；食品类消费子分布二的均值最小（1.4434），文教类子分布二最大（2.4786），子分布二均值总平均为2.0774，是子分布一总平均值的2.45倍，这说明我国农村居民消费不平等现象非常严重。从标准差来看，子分布一中食品类标准差最小（0.1395），文教类最大（0.3214），子分布一标

---

[①] 这里只报告部分年份的子分布参数估计结果，其他年份的结果备索。

准差总平均为 0.2280；子分布二中也是食品类标准差最小（0.3713），家庭类最大（0.9117），总平均为 0.5846。从几个离散指标来看，食品类消费的离散程度最低，通讯、文教类消费较高。

表 5-10　　　　　　　人均分类消费支出各子分布的参数

| 消费类别 | 年份 | 子分布一 | | | 子分布二 | | |
|---|---|---|---|---|---|---|---|
| | | $\mu_1$ | $\sigma_1$ | $\pi_1$ | $\mu_2$ | $\sigma_2$ | $\pi_2$ |
| 食品 | 1993 | 0.913619 | 0.133930 | 0.766954 | 1.440715 | 0.411536 | 0.233046 |
| | 2001 | 0.873754 | 0.126626 | 0.737340 | 1.480350 | 0.407173 | 0.262660 |
| | 2009 | 0.863491 | 0.132082 | 0.735718 | 1.494215 | 0.372894 | 0.264282 |
| | 极限 | 0.878999 | 0.135602 | 0.806398 | 1.719513 | 0.154379 | 0.193602 |
| 衣着 | 1993 | 0.865868 | 0.177636 | 0.701021 | 1.693300 | 0.573096 | 0.298979 |
| | 2001 | 0.944975 | 0.260863 | 0.867448 | 2.124584 | 0.355820 | 0.132552 |
| | 2009 | 0.970887 | 0.289931 | 0.900917 | 2.301861 | 0.376721 | 0.099083 |
| | 极限 | 0.885546 | 0.167525 | 0.903226 | 2.204433 | 0.081241 | 0.096774 |
| 居住 | 1993 | 0.862484 | 0.244587 | 0.819630 | 2.001922 | 0.758467 | 0.180370 |
| | 2001 | 0.867885 | 0.263939 | 0.867204 | 2.209913 | 0.672792 | 0.132796 |
| | 2009 | 0.880068 | 0.234285 | 0.901523 | 2.216853 | 0.329231 | 0.098477 |
| | 极限 | 0.912218 | 0.183040 | 0.903226 | 2.176800 | 0.129551 | 0.096774 |
| 家庭 | 1993 | 0.749743 | 0.124216 | 0.750690 | 2.286983 | 1.459508 | 0.249311 |
| | 2001 | 0.796344 | 0.114304 | 0.748035 | 1.963711 | 0.899387 | 0.251965 |
| | 2009 | 0.893652 | 0.217513 | 0.900958 | 2.230038 | 0.338282 | 0.099042 |
| | 极限 | 0.872857 | 0.149708 | 0.838709 | 2.230075 | 0.193591 | 0.161291 |
| 医疗 | 1993 | 0.848727 | 0.099998 | 0.525867 | 1.213459 | 0.552329 | 0.474133 |
| | 2001 | 0.907671 | 0.291726 | 0.903226 | 2.730867 | 0.095389 | 0.096774 |
| | 2009 | 0.892687 | 0.282244 | 0.824943 | 2.074778 | 0.654306 | 0.175057 |
| | 极限 | 0.907268 | 0.191828 | 0.903226 | 2.583567 | 0.140932 | 0.096774 |

续表

| 消费类别 | 年份 | 子分布一 $\mu_1$ | $\sigma_1$ | $\pi_1$ | 子分布二 $\mu_2$ | $\sigma_2$ | $\pi_2$ |
|---|---|---|---|---|---|---|---|
| 通讯 | 1993 | 0.707634 | 0.197158 | 0.729587 | 2.109054 | 0.949639 | 0.270413 |
| | 2001 | 0.756358 | 0.282465 | 0.808880 | 2.361914 | 0.497239 | 0.191120 |
| | 2009 | 0.793917 | 0.145867 | 0.667896 | 1.667857 | 0.754339 | 0.332105 |
| | 极限 | 0.840672 | 0.132729 | 0.774186 | 2.153025 | 0.226775 | 0.225814 |
| 文教 | 1993 | 0.876608 | 0.346228 | 0.891708 | 2.662737 | 0.805018 | 0.108292 |
| | 2001 | 0.894713 | 0.325200 | 0.905249 | 2.715602 | 0.711314 | 0.094751 |
| | 2009 | 0.838238 | 0.305652 | 0.870968 | 2.616976 | 0.180033 | 0.129032 |
| | 极限 | 0.852426 | 0.212744 | 0.870968 | 2.591975 | 0.120544 | 0.129032 |

从1993年到2009年的动态变化来看，在所有七大类消费中，两个子分布的均值和离散程度总体上并没有呈现出明显的单调变化的趋势，而是随机波动。相比之下，两个子分布的比例有一定程度的变化：衣着、居住、家庭和医疗类消费都呈现 $\pi_1$ 逐渐增大、$\pi_2$ 逐渐变小的态势，其中衣着类最为明显。这说明对这些类型的消费而言，消费水平较高的省份的阵容在缩小。比如，衣着类消费子分布二在1993年包含9个省份，到2009年只剩下3个。与人均消费总支出一样，这种子分布二向子分布一的转移导致子分布均值（尤其是子分布二均值）的增大。

同样，还可以在确定各类消费支出极限分布所包含的子分布数目的基础上，通过基于EM算法的极大似然估计得到各子分布的参数，见表5-10。在极限状态下，食品类极差仍然最小（0.8405），文教类极差最大（1.7395）。相比之下，极限状态下极差略有提高，原因主要是前面提到的转移效应。从分布比例来看，食品、衣着、居住、家庭、医疗、通讯和文教类消费极限分布的子分布二分别包含6、3、3、5、3、7和4个省份。这几个省份主要是上海、北京、浙江、广东、江苏和福建。与消费总支出极限分布一样，各分类消费支出的极限分布都包含2个子分布；七大类分类消费之间子分布一的均值比较接近，也与消费总支出子分布一的均值相接近，但是分类消费之间子分布二的均值有较大的差异，除了食品消费子分布二的均值小于消费总支出之外，其他均明显大于消费总支出，结果导致除食品外的其他六类消费支出的均值差远大于消费总支出,这从一个方面表明该六类消费的极化程度大于消费总支出。

各种分类消费支出极限分布的子分布构成还可以用混合图来直观表示,见图5-3。

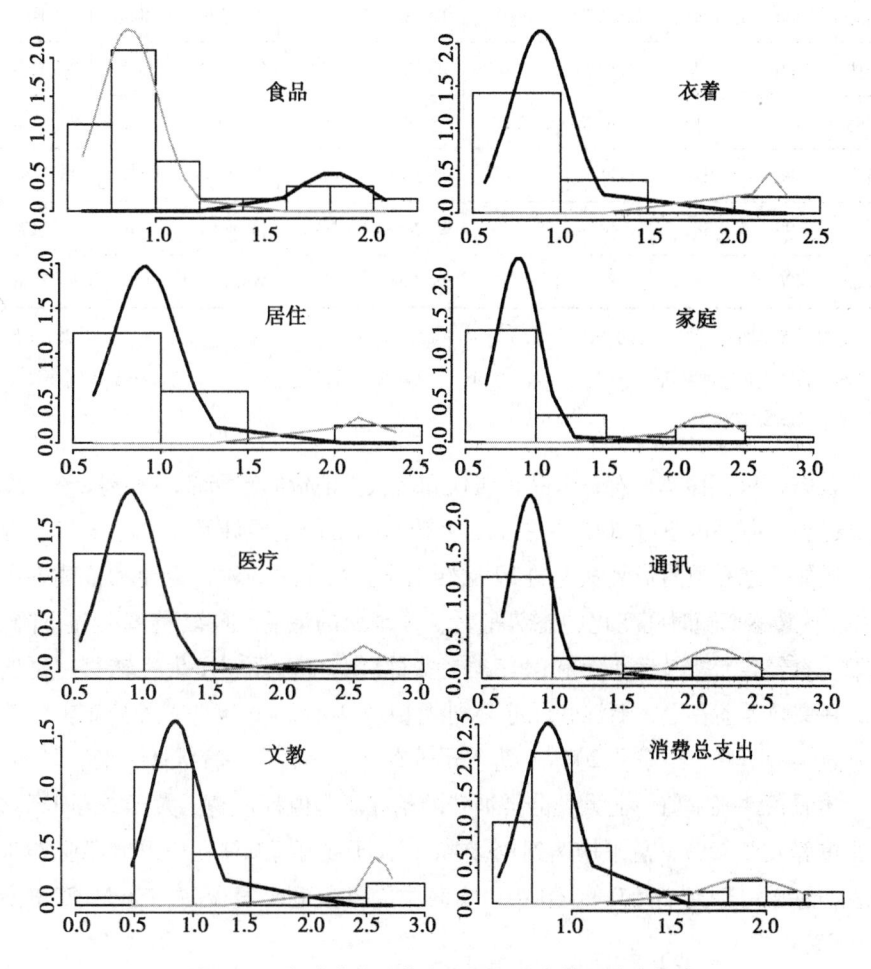

图5-3 各类人均消费支出极限分布的子分布构成

3. 各子分布间的流动性

七大类分类消费子分布间的流动性总体情况见表5-11。

表 5-11　　　　　　　　人均分类消费支出子分布间的流动性

| 消费类别 | 理论转移次数 | 实际转移次数 | 转移率 | 0.8以上条件概率数及比例 | | 0.9以上条件概率数及比例 | | 0.95以上条件概率数及比例 | |
|---|---|---|---|---|---|---|---|---|---|
| 食品 | 496 | 7 | 1.41% | 489 | 92.79% | 422 | 80.08% | 297 | 56.36% |
| 衣着 | 496 | 102 | 20.56% | 490 | 92.98% | 447 | 84.82% | 406 | 77.04% |
| 居住 | 496 | 9 | 1.81% | 507 | 96.20% | 479 | 90.89% | 427 | 81.02% |
| 家庭 | 496 | 19 | 3.83% | 508 | 96.39% | 499 | 94.69% | 448 | 85.01% |
| 医疗 | 496 | 31 | 6.25% | 491 | 93.17% | 421 | 79.89% | 397 | 75.33% |
| 通讯 | 496 | 38 | 7.66% | 502 | 95.26% | 468 | 88.80% | 396 | 75.14% |
| 文教 | 496 | 5 | 1.01% | 519 | 98.48% | 507 | 96.20% | 481 | 91.27% |

说明：样本期是 1993—2009 年，共 17 年，一年转移一次，因此，每个省份理论上能转移 16 次；每个省份的理论转移次数乘以全国省份数目 31 个，便得到理论转移次数为 496。条件概率数则要按 17 年计算，因此有 527 个。

首先，从转移率来看，食品、居住和文教类消费的转移率均不到 2%，衣着类最高，但是也不过 20% 左右。发生转移的省份主要涉及山东、天津和福建。比如，家庭类消费所发生的 19 次转移中，山东占 6 次，天津和福建各占 5 次。从转移率随时间变化的态势来看，样本期的最后几年转移率明显下降。比如，衣着类消费最后 4 年和医疗类消费最后 6 年都没有发生过转移；再比如，在文教类消费上，浙江和江苏分别从 1999 年和 2006 年进入子分布二，然后一直维持不变，广东从 2001 年进入子分布一，然后也一直维持不变。

再看条件概率值。七大类分类消费的条件概率值都很高：大于或等于 0.8 的比重都大于 92%，总平均达到 95.04%；大于或等于 0.9 的比重也都在 79% 以上，总平均达到 87.91%。其中，文教类的条件概率值最高，有 91.27% 高于 0.95。

与消费总支出相比，食品、居住和文教类消费的转移率低于消费总支出，食品和衣着类消费 0.8 以上的条件概率值比例接近于消费总支出。综合两个流动性指标，可以认为与消费总支出一样，七大类分类消费的流动性都很低，尤其是文教类消费。

综合上述子分布数目检验和流动性研究两个方面的结果，可以从统计意义上断定我国 31 个省份农村居民七大类人均分类消费支出都不存在全局性趋同，而是呈双峰俱乐部趋同。这个结果与第四章的结果一致，从而在统计意义上为第四章的研究结果提供了支撑。

(二) 空间过滤后人均分类消费支出趋同性研究结果

1. 子分布数目检验结果

与人均消费总支出一样,为了衡量空间因素对分类消费趋同的影响,这里对空间过滤后的分类消费数据采用基于似然比的参数自举法和贝叶斯信息准则法来确定截面分布所包含的子分布的数目,并进行了 Shapiro – Wilk 正态性检验。检验结果见表 5 – 12。① 正态性检验结果表明,所有年份的分布均与正态分布存在显著的差异,因此,一个初步判断是,与原始数据一样,经过空间过滤后的分类消费支出截面分布也可能是由多个子分布所构成的混合分布,而非单一分布。

表 5 – 12　　空间过滤后人均分类消费支出子分布数目的检验结果

| 消费类别 | 年份 | Shapiro-Wilk 正态检验 W 值 | P 值 | 参数自举法 观测数×对数似然 | P 值 | 个数 | 贝叶斯信息准则法 BIC 值 | 对数似然 | 个数 |
|---|---|---|---|---|---|---|---|---|---|
| 食品 | 1993 | 0.8103 | 0.0001 | 24.3112 | 0.0020 | 2 | 16.5629 | 0.3035 | 2 |
| | 2001 | 0.8132 | 0.0001 | 24.4125 | 0.0040 | 2 | 11.9937 | 2.5881 | 2 |
| | 2009 | 0.8180 | 0.0001 | 19.4846 | 0.0080 | 2 | 21.9454 | -2.3877 | 2 |
| | 极限 | 0.8691 | 0.0013 | 14.9195 | 0.0360 | 2 | 26.2087 | -4.5194 | 2 |
| 衣着 | 1993 | 0.8165 | 0.0001 | 20.8892 | 0.0020 | 2 | 30.7369 | -6.7835 | 2 |
| | 2001 | 0.8686 | 0.0013 | 17.9111 | 0.0100 | 2 | 28.8898 | -5.8599 | 2 |
| | 2009 | 0.8651 | 0.0011 | 15.8644 | 0.0220 | 2 | 36.4429 | -9.6365 | 2 |
| | 极限 | 0.8443 | 0.0004 | 18.9401 | 0.0140 | 2 | 32.6043 | -7.7172 | 2 |
| 居住 | 1993 | 0.8154 | 0.0001 | 16.4616 | 0.0001 | 2 | 43.5744 | -13.2022 | 2 |
| | 2001 | 0.7482 | 0.0000 | 21.2021 | 0.0060 | 2 | 41.5777 | -12.2039 | 2 |
| | 2009 | 0.8000 | 0.0001 | 22.8350 | 0.0060 | 2 | 34.9259 | -8.8780 | 2 |
| | 极限 | 0.7871 | 0.0000 | 25.1899 | 0.0000 | 2 | 24.7149 | -3.7725 | 2 |
| 家庭 | 1993 | 0.6386 | 0.0000 | 47.1536 | 0.0000 | 2 | 43.9584 | -13.3943 | 2 |
| | 2001 | 0.7650 | 0.0000 | 28.7373 | 0.0000 | 2 | 39.1862 | -11.0081 | 2 |
| | 2009 | 0.7704 | 0.0000 | 26.3151 | 0.0020 | 2 | 22.7998 | -2.8149 | 2 |
| | 极限 | 0.7394 | 0.0000 | 39.3219 | 0.0000 | 2 | 11.7597 | 2.7051 | 2 |

① 这里只报告部分年份的检验结果,完整的结果备索。

续表

| 消费类别 | 年份 | Shapiro-Wilk 正态检验 W值 | P值 | 参数自举法 观测数×对数似然 | P值 | 个数 | 贝叶斯信息准则法 BIC值 | 对数似然 | 个数 |
|---|---|---|---|---|---|---|---|---|---|
| 医疗 | 1993 | 0.8531 | 0.0006 | 17.1449 | 0.0120 | 2 | 27.1071 | -4.9686 | 2 |
| 医疗 | 2001 | 0.8461 | 0.0004 | 24.0149 | 0.0000 | 2 | 37.8468 | -10.3384 | 2 |
| 医疗 | 2009 | 0.8530 | 0.0006 | 17.6004 | 0.0300 | 2 | 37.4518 | -10.1409 | 2 |
| 医疗 | 极限 | 0.7232 | 0.0000 | 36.5778 | 0.0000 | 2 | 14.3422 | 1.4139 | 2 |
| 通讯 | 1993 | 0.7766 | 0.0000 | 25.0353 | 0.0020 | 2 | 58.1890 | -20.5095 | 2 |
| 通讯 | 2001 | 0.8401 | 0.0003 | 21.6009 | 0.0060 | 2 | 53.1848 | -18.0074 | 2 |
| 通讯 | 2009 | 0.7455 | 0.0000 | 33.5958 | 0.0000 | 2 | 30.7418 | -6.7860 | 2 |
| 通讯 | 极限 | 0.7085 | 0.0000 | 46.3645 | 0.0000 | 2 | 5.7233 | 5.7233 | 2 |
| 文教 | 1993 | 0.7887 | 0.0000 | 16.5340 | 0.0100 | 2 | 47.7154 | -10.1218 | 3 |
| 文教 | 2001 | 0.8062 | 0.0001 | 22.0084 | 0.0040 | 2 | 44.2853 | -13.5577 | 2 |
| 文教 | 2009 | 0.8328 | 0.0002 | 23.3250 | 0.0040 | 2 | 40.9501 | -11.8901 | 2 |
| 文教 | 极限 | 0.7130 | 0.0000 | 42.7490 | 0.0000 | 2 | 19.6436 | -1.2368 | 2 |

从表5-12中可以看出，从1993年到2009年，除了个别消费类别与年份之外，两种检验方法得出的结果基本相同。具体来看，1993年文教类消费的参数自举法检验结果为2个子分布，信息准则法则为3个，但是，考虑到自举法检验结果的稳健性，以及3个子分布所对应的BIC值接近于2个子分布，因此确定为2个；又比如，1994年衣着类消费的参数自举法检验结果为1个子分布，而信息准则法为2个，但是考虑到自举法的显著程度已接近于0.050（0.0580），因此，也可以把子分布数目确定为2个。其他情况以此类推。因此，可以认为空间过滤后七大类消费支出在整个样本期内都是由两个子分布所构成的混合分布，而非单一分布。这说明即便是经过空间过滤，分类消费仍然没有呈现出全局性趋同。

为了求得空间过滤后分类消费支出极限分布所包含的子分布的数目，这里先对式（4-53）求解，以得到极限分布，然后在此基础上对所求得的结果数据采用上述两种方法进行检验，检验结果表明七大类分类消费支出的极限分布也都包含2个（正态）子分布（见表5-12）。

2. 各子分布的参数

在确定各分类消费子分布数目的基础上，采用基于EM算法的极大似然估计,可以得到空间过滤后七大类分类消费支出在各年份的各子分布的参数,见表5-13。① 第一个子分布的平均比例介于66.78%与84.22%之间,其中,最低和最高分别对应于通讯和衣着类消费,总平均为77.44%,这意味着31个省份中,约有22—23个省份属于消费水平较低的群体,其他8—9个省份构成另一个消费水平较高的群体。从两个子分布的均值来看,通讯类消费子分布一的均值最小(0.7777),衣着类最大(0.9098),子分布一均值总平均为0.8477;食品类消费子分布二的均值最小(1.4823),文教类最大(2.0134),子分布二均值总平均为1.8874,是子分布一的2.23倍,这说明经过空间过滤后,我国农村居民消费支出极化现象仍然非常严重。从标准差来看,子分布一中食品类标准差最小(0.1263),文教类最大(0.2364),子分布一标准差总平均为0.1971;子分布二中衣着类标准差最小(0.2583),家庭类最大(0.6831),子分布二标准差总平均为0.4253。

表5-13　　空间过滤后人均分类消费支出各子分布的参数

| 消费类别 | 年份 | 子分布一 | | | 子分布二 | | |
|---|---|---|---|---|---|---|---|
| | | $\mu_1$ | $\sigma_1$ | $\pi_1$ | $\mu_2$ | $\sigma_2$ | $\pi_2$ |
| 食品 | 1993 | 0.865399 | 0.106712 | 0.694307 | 1.469029 | 0.363850 | 0.305693 |
| | 2001 | 0.887739 | 0.117007 | 0.780120 | 1.580525 | 0.268329 | 0.219880 |
| | 2009 | 0.871675 | 0.136052 | 0.741104 | 1.508739 | 0.374950 | 0.258896 |
| | 极限 | 0.886117 | 0.126367 | 0.803496 | 1.655049 | 0.138246 | 0.196505 |
| 衣着 | 1993 | 0.898750 | 0.175928 | 0.823600 | 1.831677 | 0.383110 | 0.176400 |
| | 2001 | 0.952955 | 0.206326 | 0.871150 | 1.951293 | 0.158518 | 0.128850 |
| | 2009 | 0.939714 | 0.244737 | 0.903230 | 2.128993 | 0.204767 | 0.096770 |
| | 极限 | 0.927643 | 0.148388 | 0.903237 | 2.129403 | 0.137920 | 0.096763 |
| 居住 | 1993 | 0.939568 | 0.290931 | 0.935425 | 2.504577 | 0.308094 | 0.064575 |
| | 2001 | 0.827513 | 0.208627 | 0.789644 | 1.676507 | 0.692002 | 0.210356 |
| | 2009 | 0.904581 | 0.230414 | 0.903013 | 2.261052 | 0.280952 | 0.096987 |
| | 极限 | 0.916759 | 0.179455 | 0.903226 | 2.130045 | 0.119348 | 0.096774 |

---

① 表5-13只报告部分年份的结果,包括所有年份的完整结果备索。

续表

| 消费类别 | 年份 | 子分布一 | | | 子分布二 | | |
|---|---|---|---|---|---|---|---|
| | | $\mu_1$ | $\sigma_1$ | $\pi_1$ | $\mu_2$ | $\sigma_2$ | $\pi_2$ |
| 家庭 | 1993 | 0.770735 | 0.176011 | 0.795232 | 2.297349 | 1.063172 | 0.204768 |
| | 2001 | 0.855945 | 0.174092 | 0.772872 | 1.935236 | 0.566621 | 0.227128 |
| | 2009 | 0.872271 | 0.162209 | 0.850135 | 1.818547 | 0.428691 | 0.149865 |
| | 极限 | 0.894724 | 0.128158 | 0.838222 | 1.949250 | 0.150734 | 0.161778 |
| 医疗 | 1993 | 0.886127 | 0.181768 | 0.842262 | 1.765095 | 0.248142 | 0.157738 |
| | 2001 | 0.909241 | 0.283391 | 0.903229 | 2.322003 | 0.065056 | 0.096771 |
| | 2009 | 0.944855 | 0.246848 | 0.903367 | 2.205292 | 0.224728 | 0.096633 |
| | 极限 | 0.924932 | 0.166658 | 0.903226 | 2.215033 | 0.135256 | 0.096774 |
| 通讯 | 1993 | 0.758675 | 0.224184 | 0.732642 | 2.009465 | 0.747868 | 0.267358 |
| | 2001 | 0.799966 | 0.249399 | 0.806557 | 2.176440 | 0.391110 | 0.193443 |
| | 2009 | 0.908121 | 0.228308 | 0.903226 | 2.490000 | 0.149594 | 0.096774 |
| | 极限 | 0.884666 | 0.114341 | 0.838655 | 1.971288 | 0.160149 | 0.161345 |
| 文教 | 1993 | 0.694230 | 0.058037 | 0.341352 | 1.179812 | 0.643826 | 0.658648 |
| | 2001 | 0.895225 | 0.303741 | 0.935484 | 2.700601 | 0.193100 | 0.064516 |
| | 2009 | 0.817832 | 0.260182 | 0.870992 | 2.170739 | 0.147394 | 0.129008 |
| | 极限 | 0.855915 | 0.170931 | 0.870968 | 2.262300 | 0.114832 | 0.129032 |

从1993年到2009年的动态变化来看，在所有七大类分类消费中，两个子分布的均值和标准差总体上并没有呈现出明显的单调变化趋势。相比之下，两个子分布的比例有一定程度的变化：衣着、医疗和通讯类消费都呈现出 $\pi_1$ 逐渐增大、$\pi_2$ 逐渐变小的态势，其中衣着类最为明显。这意味着对这些类别的消费而言，一些消费水平较高的省份从子分布二中转移出来，进入子分布一。很显然，这种转移会导致子分布的均值（尤其是子分布二的均值）的增加。

同样，还可以在确定各类消费支出极限分布所包含的子分布数目的基础上，通过基于EM算法的极大似然估计得到空间过滤后各类消费极限分布所包含的各个子分布的参数，见表5-14。在极限状态下，食品类消费的极差仍然最小（0.7689），文教类最大（1.4064）。与样本期内各年份相比，极限状态下极差略有提高，原因主要就是转移效应。从分布比例来看，食品、衣着、居住、家庭、医疗、通讯和文教类消费极限分布中子分布二分别包括 6、3、3、5、3、5 和 4 个省份。这几个省份主要是上海、北京、浙江、广东、江苏和福建。

对比空间过滤前后的结果,包括各自的极限分布,可以发现空间过滤后七大类分类消费中子分布一的均值大多略有提高,子分布二的均值大多略有下降,导致极差略为下降。此外,空间过滤之后,两个子分布的标准差也略有下降,尤其是子分布一。这显然是由空间效应所导致。具体来讲,这种空间效应可以这样解释:像新疆、青海、甘肃和宁夏等消费水平较低的省份集聚在一起,空间效应是正的,这种正的效应会拉低消费,因此,空间效应去除之后,消费水平总体上升,缩小了与同类省份的差距,因此,子分布一的离散程度随之下降;而像江苏、上海和浙江等消费水平较高的省份集聚在一起,空间效应也是正的,这种正的效应会拉高消费,因此,空间效应去除之后,消费水平总体下降,缩小了与同类省份的差距,子分布二的离散程度也随之下降。① 具体到各个省份,可以发现空间过滤前后的归类情况偶尔会有所不同。比如,在家庭类消费的极限分布里,福建代替山东进入子分布二,即进入消费水平的第一阵容;在通讯类消费的极限分布里,空间过滤前子分布二包括福建和山东,过滤后则没有。

空间过滤后各种分类消费极限分布的子分布构成也可以用混合图来直观表示,见图 5-4。

从图 5-4 中可以看出,对所有七大类分类消费,包含两个子分布的混合模型都比较恰当地拟合了极限分布。这从一个方面说明上述检验的合理性。

3. 子分布间的流动性

空间过滤后七大类分类消费子分布间的流动性总体概况归纳为表 5-14。

表 5-14　　　　空间过滤后人均分类消费子分布间的流动性

| 消费类别 | 理论转移次数 | 实际转移次数 | 转移率 | 0.8 以上条件概率数及比例 | | 0.9 以上条件概率数及比例 | | 0.95 以上条件概率数及比例 | |
|---|---|---|---|---|---|---|---|---|---|
| 食品 | 496 | 46 | 9.27% | 495 | 93.93% | 446 | 84.63% | 378 | 71.73% |
| 衣着 | 496 | 20 | 4.03% | 514 | 97.53% | 495 | 93.93% | 443 | 84.06% |

① 当然,正如前文所述,严格意义上讲,这种比较的前提条件是子分布的数目以及各子分布所包含的省份数不发生变化。

续表

| 消费类别 | 理论转移次数 | 实际转移次数 | 转移率 | 0.8 以上条件概率数及比例 | | 0.9 以上条件概率数及比例 | | 0.95 以上条件概率数及比例 | |
|---|---|---|---|---|---|---|---|---|---|
| 居住 | 496 | 30 | 6.05% | 502 | 95.26% | 473 | 89.75% | 398 | 75.52% |
| 家庭 | 496 | 31 | 6.25% | 500 | 94.88% | 474 | 89.94% | 433 | 82.16% |
| 医疗 | 496 | 38 | 7.66% | 505 | 95.83% | 460 | 87.29% | 437 | 82.92% |
| 通讯 | 496 | 107 | 21.57% | 501 | 95.07% | 473 | 89.75% | 424 | 80.46% |
| 文教 | 496 | 98 | 19.76% | 502 | 95.26% | 491 | 93.17% | 482 | 91.46% |

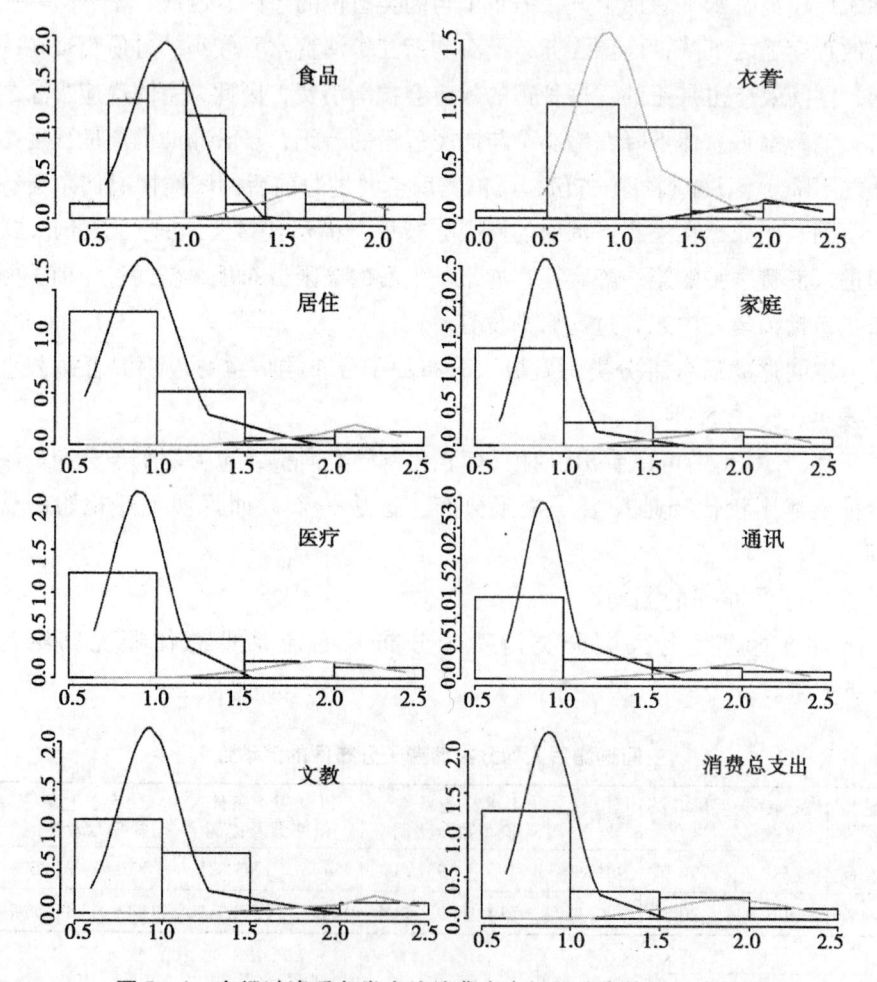

图 5-4 空间过滤后各类人均消费支出极限分布的子分布构成

首先，从转移率来看，食品、衣着、居住、家庭和医疗类消费的转移率都不到10%，通讯类最高，但也只略高于20%。与空间过滤前一样，发生转移的省份主要涉及山东、天津和福建。比如，家庭类消费在整个样本期内共发生了31次转移，其中，福建和天津各占8次，山东占7次。从转移率随时间变化的态势来看，在样本期的最后几年转移频率明显下降。比如，衣着类消费2000年之后只发生2次转移，2004年之后固定不变，医疗类消费2004年之后也无转移发生。

再看条件概率值。七大类消费的条件概率值都很高，大于或等于0.8的比重都高于92%，平均达到95.39%；大于或等于0.9的比重都在84%以上，平均达到89.78%。其中，文教类的条件概率值最高，有91.46%高于0.95。

综合上述两个流动性指标，可以认为与消费总支出一样，空间过滤后七大类分类消费的流动性都很低，尤其是文教类消费。

对比空间过滤前后七大类消费的流动性，可以发现尽管平均转移率由6.08%提高到10.66%，有一定程度的提高，但是转移率总体水平仍然偏低；从条件概率值来看，过滤前后相差不大。因此，总体来看，空间过滤后的流动性仍然偏低。

综合上述子分布数目检验和流动性研究两个方面的结果，可以从统计意义上断定：空间过滤后我国31个省份农村居民七大类人均分类消费支出都不存在全局性趋同，而是呈现双峰俱乐部趋同。这个结果与第四章的结果相一致。

（三）收入条件后人均分类消费支出趋同性研究结果

1. 子分布数目检验结果

为了衡量收入对分类消费支出趋同的影响，这里对收入条件后的分类消费数据进行子分布数目检验和Shapiro-Wilk正态性检验，结果见表5-15。[①] 从正态性检验结果来看，除了个别消费类型在个别年份之外，各类消费在绝大多数情况下都呈正态分布，这个结果暗示经过收入条件后的分类消费截面分布很可能是单一分布，而非由多个子分布所构成的混合分布。

---

[①] 这里只报告部分年份的检验结果，包括样本期内所有年份的完整检验结果备索。

表 5-15　收入条件后人均分类消费支出子分布数目的检验结果

| 消费类别 | 年份 | Shapiro-Wilk 正态检验 W值 | Shapiro-Wilk 正态检验 P值 | 参数自举法 观测数×对数似然 | 参数自举法 P值 | 参数自举法 个数 | 贝叶斯信息准则法 BIC值 | 贝叶斯信息准则法 对数似然 | 贝叶斯信息准则法 个数 |
|---|---|---|---|---|---|---|---|---|---|
| 食品 | 1993 | 0.9813 | 0.8482 | 1.0291 | 0.9840 | 1 | 19.4035 | 13.1358 | 1 |
| 食品 | 2001 | 0.9806 | 0.8283 | 0.1854 | 0.9980 | 1 | 1.7731 | 4.3205 | 1 |
| 食品 | 2009 | 0.9695 | 0.5059 | 3.8465 | 0.7360 | 1 | 16.3813 | 11.6246 | 1 |
| 食品 | 极限 | 0.9424 | 0.0963 | 7.0779 | 0.3940 | 1 | 15.5746 | 11.2213 | 1 |
| 衣着 | 1993 | 0.9337 | 0.0555 | 8.5018 | 0.2380 | 1 | -17.3861 | -5.2591 | 1 |
| 衣着 | 2001 | 0.9447 | 0.1116 | 4.6460 | 0.6380 | 1 | -22.6267 | -7.8794 | 1 |
| 衣着 | 2009 | 0.9673 | 0.4483 | 2.8609 | 0.8280 | 1 | -18.7486 | -5.9403 | 1 |
| 衣着 | 极限 | 0.9652 | 0.3966 | 3.8624 | 0.7200 | 1 | -16.6745 | -4.9032 | 1 |
| 居住 | 1993 | 0.9422 | 0.0947 | 4.3491 | 0.6500 | 1 | -10.2544 | -1.6932 | 1 |
| 居住 | 2001 | 0.9835 | 0.8998 | 8.4008 | 0.2820 | 1 | 12.7038 | 9.7859 | 1 |
| 居住 | 2009 | 0.9579 | 0.2570 | 5.4305 | 0.5540 | 1 | -12.9267 | -3.0294 | 1 |
| 居住 | 极限 | 0.9758 | 0.6883 | 1.1913 | 0.9800 | 1 | 0.8709 | 3.8694 | 1 |
| 家庭 | 1993 | 0.8628 | 0.0010 | 11.1945 | 0.1120 | 1 | -10.4921 | 3.3389 | 2 |
| 家庭 | 2001 | 0.9122 | 0.0147 | 8.7101 | 0.2720 | 1 | 8.3190 | 7.5935 | 1 |
| 家庭 | 2009 | 0.9923 | 0.9979 | 0.1487 | 1.0000 | 1 | 6.8103 | 6.8391 | 1 |
| 家庭 | 极限 | 0.9916 | 0.9964 | 0.7531 | 0.9920 | 1 | 7.4006 | 7.1343 | 1 |
| 医疗 | 1993 | 0.9477 | 0.1351 | 4.7166 | 0.6380 | 1 | -20.4493 | -6.7907 | 1 |
| 医疗 | 2001 | 0.9403 | 0.0839 | 14.5821 | 0.0360 | 2 | -9.1569 | 4.0065 | 2 |
| 医疗 | 2009 | 0.9596 | 0.2852 | 7.1381 | 0.3540 | 1 | -30.7369 | -11.9345 | 1 |
| 医疗 | 极限 | 0.9441 | 0.1069 | 9.8495 | 0.1420 | 1 | -27.9426 | -10.5373 | 1 |
| 通讯 | 1993 | 0.9078 | 0.0114 | 8.5636 | 0.2340 | 1 | -15.3161 | -4.2241 | 1 |
| 通讯 | 2001 | 0.9900 | 0.9900 | 0.7043 | 0.9940 | 1 | -16.0368 | -4.5844 | 1 |
| 通讯 | 2009 | 0.9538 | 0.1981 | 5.7977 | 0.5100 | 1 | 14.5214 | 10.6947 | 1 |
| 通讯 | 极限 | 0.9565 | 0.2357 | 5.9100 | 0.4700 | 1 | 16.3866 | 11.6273 | 1 |
| 文教 | 1993 | 0.9243 | 0.0307 | 6.2947 | 0.4160 | 1 | -12.5018 | -2.8169 | 1 |
| 文教 | 2001 | 0.9235 | 0.0293 | 8.2468 | 0.2780 | 1 | -14.8398 | -3.9859 | 1 |
| 文教 | 2009 | 0.9564 | 0.2342 | 3.9638 | 0.7160 | 1 | -21.4824 | -7.3022 | 1 |
| 文教 | 极限 | 0.9397 | 0.0811 | 8.4141 | 0.2820 | 1 | -12.1333 | -2.6326 | 1 |

除了个别消费类别在个别年份的检验结果存在不一致之外，子分布数目

检验的两种方法得到基本一致的结论：在绝大多数年份里，收入条件后的七大类分类消费截面分布本身为单一分布，而非由两个以上的子分布所构成的混合分布。

为了求得收入条件后各分类消费支出极限分布所包含的子分布的数目，这里先对式（4-53）求解，以得到极限分布，然后在此基础上对所求得的结果数据采用上述两种方法进行检验，结果表明收入条件后七大类分类消费极限分布本身都是单一分布，而非混合分布（见表5-15）。

2. 分布的参数

收入条件后分类消费支出总体分布参数见表5-16。[①] 可以看出，均值、极大值、极小值、极差、标准差等主要参数指标并没有随时间的推移呈现出明确的变化趋势，这说明分布比较稳定。极限分布的各项参数也见表5-16。

表5-16　　　　收入条件后人均分类消费支出总体分布参数

| 消费类别 | 年份 | 均值 | 中位数 | 极大值 | 极小值 | 极差 | 标准差 | 偏度 | 峰度 | 雅克—贝拉 | P值 |
|---|---|---|---|---|---|---|---|---|---|---|---|
| 食品 | 1993 | 1.0115 | 1.0135 | 1.3893 | 0.6623 | 0.7270 | 0.1610 | -0.1618 | 3.0914 | 0.1460 | 0.9296 |
| | 2001 | 1.0201 | 1.0028 | 1.5213 | 0.6214 | 0.8999 | 0.2140 | 0.2822 | 2.9092 | 0.4222 | 0.8097 |
| | 2009 | 1.0011 | 1.0436 | 1.3181 | 0.6701 | 0.6481 | 0.1691 | -0.0904 | 2.1425 | 0.9921 | 0.6089 |
| | 极限 | 0.9887 | 1.0169 | 1.2530 | 0.6967 | 0.5563 | 0.1713 | -0.1026 | 2.6990 | 0.1714 | 0.9179 |
| 衣着 | 1993 | 1.0632 | 1.0492 | 1.9501 | 0.5160 | 1.4341 | 0.2915 | 0.6811 | 4.5981 | 5.6958 | 0.0580 |
| | 2001 | 1.0676 | 0.9817 | 1.9812 | 0.5837 | 1.3975 | 0.3172 | 0.9037 | 3.7119 | 4.8742 | 0.0874 |
| | 2009 | 1.0571 | 0.9829 | 1.6739 | 0.5047 | 1.1692 | 0.2979 | 0.1478 | 2.3859 | 0.6000 | 0.7408 |
| | 极限 | 1.0624 | 0.9832 | 1.6689 | 0.5347 | 1.1342 | 0.2881 | 0.2715 | 2.2809 | 1.0490 | 0.5919 |
| 居住 | 1993 | 0.9897 | 0.9646 | 1.7088 | 0.4458 | 1.2630 | 0.2598 | 0.7053 | 4.3290 | 4.8518 | 0.0884 |
| | 2001 | 0.9658 | 0.9842 | 1.3301 | 0.5413 | 0.7888 | 0.1794 | -0.2522 | 2.9381 | 0.3337 | 0.8463 |
| | 2009 | 0.9716 | 0.9146 | 1.6336 | 0.4702 | 1.1634 | 0.2712 | 0.5346 | 3.3271 | 1.6148 | 0.4460 |
| | 极限 | 0.9656 | 0.9856 | 1.4093 | 0.5701 | 0.8392 | 0.2171 | 0.1400 | 2.3443 | 0.6567 | 0.7201 |
| 家庭 | 1993 | 0.9712 | 0.9389 | 1.9564 | 0.5031 | 1.4533 | 0.2685 | 1.5934 | 7.3927 | 38.0416 | 0.0000 |
| | 2001 | 0.9969 | 0.9840 | 1.5391 | 0.5769 | 0.9621 | 0.1925 | 0.8633 | 4.6664 | 7.4374 | 0.0243 |
| | 2009 | 0.9773 | 0.9818 | 1.4340 | 0.5440 | 0.8900 | 0.1973 | 0.0247 | 2.7384 | 0.0916 | 0.9553 |
| | 极限 | 0.9778 | 0.9832 | 1.4284 | 0.5640 | 0.8644 | 0.1954 | 0.3513 | 2.6512 | 0.7948 | 0.6721 |

---

① 这里只报告部分年份的结果，包括所有年份的完整结果备索。

续表

| 消费类别 | 年份 | 均值 | 中位数 | 极大值 | 极小值 | 极差 | 标准差 | 偏度 | 峰度 | 雅克—贝拉 | P值 |
|---|---|---|---|---|---|---|---|---|---|---|---|
| 医疗 | 1993 | 0.9866 | 0.9749 | 1.8589 | 0.1182 | 1.7407 | 0.3062 | 0.0130 | 5.0316 | 5.3322 | 0.0695 |
| | 2001 | 1.0077 | 1.0039 | 1.4133 | 0.4302 | 0.9832 | 0.2734 | -0.0783 | 2.0263 | 1.2562 | 0.5336 |
| | 2009 | 1.0434 | 1.0067 | 1.7408 | 0.3628 | 1.3780 | 0.3615 | 0.2949 | 2.3549 | 0.9869 | 0.6105 |
| | 极限 | 1.0472 | 1.0042 | 1.7166 | 0.5883 | 1.1283 | 0.3455 | 0.3859 | 2.1918 | 1.6129 | 0.4464 |
| 通讯 | 1993 | 0.9348 | 0.8676 | 1.8943 | 0.3720 | 1.5223 | 0.2819 | 1.2127 | 5.8013 | 17.7351 | 0.0001 |
| | 2001 | 0.9313 | 0.9586 | 1.5510 | 0.2096 | 1.3413 | 0.2852 | -0.2677 | 3.2437 | 0.4471 | 0.7997 |
| | 2009 | 0.9890 | 0.9791 | 1.3039 | 0.7085 | 0.5954 | 0.1742 | 0.0995 | 1.8234 | 1.8394 | 0.3986 |
| | 极限 | 0.9853 | 0.9786 | 1.2989 | 0.7165 | 0.5824 | 0.1690 | 0.1296 | 2.6510 | 0.2441 | 0.8851 |
| 文教 | 1993 | 0.9559 | 0.9673 | 1.4374 | 0.0705 | 1.3669 | 0.2694 | -1.0569 | 5.3577 | 12.9514 | 0.0015 |
| | 2001 | 0.9706 | 0.9453 | 1.6891 | 0.0984 | 1.5906 | 0.2797 | -0.2327 | 5.3659 | 7.5099 | 0.0234 |
| | 2009 | 0.9614 | 0.8970 | 1.6744 | 0.2620 | 1.4124 | 0.3113 | 0.4204 | 2.9985 | 0.9131 | 0.6335 |
| | 极限 | 0.9578 | 0.8964 | 1.5474 | 0.5620 | 0.9854 | 0.2678 | 0.5818 | 2.3353 | 2.3196 | 0.3135 |

收入条件后各种分类消费的截面分布基本上为单一正态分布的结果说明，收入基本上解释了分类消费支出的非全局性趋同，或者说收入是决定分类消费非全局趋同的首要原因；收入条件后截面分布并非完全呈现单一正态分布的结果从另一方面说明，收入并非决定非全局性趋同的唯一原因，还有一些其他因素也在这个过程中发挥作用，比如空间效应。

（四）综合条件后人均分类消费支出趋同性研究结果

1. 子分布数目检验结果

考虑到空间因素和收入都对分类消费的趋同性产生影响，因此，有必要同时考虑这两种效应。与消费总支出一样，具体的做法是先对原始的分类消费数据进行空间过滤，然后再进行收入条件，最后再对综合条件后的数据进行子分布数目检验和 Shapiro – Wilk 正态性检验。检验结果见表 5 – 17。[①]

从正态性检验结果来看，所有年份都呈现严格的正态分布，因此，这个结果暗示经过综合条件后的各种分类消费截面分布很可能都是单一分布，而非由多个子分布所构成的混合分布。从子分布数目的检验结果来看，基于似然比的参数自举法和信息准则法得出完全一致的结果：从 1993 年到 2009 年，

---

① 这里只报告部分年份的结果，包括所有年份的完整结果备索。

综合条件后的七大类分类消费截面分布都只包含一个分布。从这个检验结果可以看出，收入效应和空间效应综合在一起几乎完全解释了我国农村居民分类消费的非全局性趋同，因此，扣除收入和空间影响之后，各种分类消费都呈现出明显的全局趋同态势。

表5-17 综合条件后人均分类消费支出子分布数目的检验结果

| 消费类别 | 年份 | Shapiro-Wilk 正态检验 W值 | Shapiro-Wilk 正态检验 P值 | 参数自举法 观测数×对数似然 | 参数自举法 P值 | 参数自举法 个数 | 贝叶斯信息准则法 BIC值 | 贝叶斯信息准则法 对数似然 | 贝叶斯信息准则法 个数 |
|---|---|---|---|---|---|---|---|---|---|
| 食品 | 1993 | 0.9851 | 0.9325 | 1.3582 | 0.9640 | 1 | 27.8657 | 17.3668 | 1 |
| 食品 | 2001 | 0.9808 | 0.8347 | 1.0861 | 0.9820 | 1 | 3.6766 | 5.2723 | 1 |
| 食品 | 2009 | 0.9784 | 0.7682 | 3.5177 | 0.7320 | 1 | 19.2816 | 13.0748 | 1 |
| 食品 | 极限 | 0.9656 | 0.4074 | 3.4286 | 0.8040 | 1 | 26.0092 | 16.4386 | 1 |
| 衣着 | 1993 | 0.9809 | 0.8370 | 3.1071 | 0.7800 | 1 | -0.7149 | 3.0766 | 1 |
| 衣着 | 2001 | 0.9475 | 0.1329 | 5.0006 | 0.5420 | 1 | -21.2521 | -7.1921 | 1 |
| 衣着 | 2009 | 0.9674 | 0.4512 | 4.9977 | 0.5680 | 1 | -11.4230 | -2.2775 | 1 |
| 衣着 | 极限 | 0.9814 | 0.8510 | 4.6692 | 0.6240 | 1 | 1.3897 | 4.1288 | 1 |
| 居住 | 1993 | 0.9855 | 0.9397 | 2.7407 | 0.8420 | 1 | -3.0142 | 1.9269 | 1 |
| 居住 | 2001 | 0.9771 | 0.7273 | 2.0392 | 0.9360 | 1 | 16.8209 | 11.8444 | 1 |
| 居住 | 2009 | 0.9639 | 0.3680 | 2.8539 | 0.8280 | 1 | -3.6040 | 1.6320 | 1 |
| 居住 | 极限 | 0.9707 | 0.5387 | 3.1756 | 0.7900 | 1 | 18.9601 | 12.9140 | 1 |
| 家庭 | 1993 | 0.9672 | 0.4465 | 4.8225 | 0.6180 | 1 | -2.5048 | 2.1816 | 1 |
| 家庭 | 2001 | 0.9801 | 0.8162 | 5.3825 | 0.5200 | 1 | 7.8481 | 7.3580 | 1 |
| 家庭 | 2009 | 0.9932 | 0.9990 | 0.8774 | 0.9900 | 1 | 2.7063 | 4.7871 | 1 |
| 家庭 | 极限 | 0.9800 | 0.8113 | 0.8836 | 0.9900 | 1 | 15.5667 | 11.2174 | 1 |
| 医疗 | 1993 | 0.9280 | 0.0386 | 8.3096 | 0.2960 | 1 | -15.3578 | -4.2449 | 1 |
| 医疗 | 2001 | 0.9918 | 0.9969 | 0.2245 | 1.0000 | 1 | 1.2217 | 4.0448 | 1 |
| 医疗 | 2009 | 0.9875 | 0.9691 | 1.8778 | 0.9080 | 1 | -19.9676 | -6.5498 | 1 |
| 医疗 | 极限 | 0.9793 | 0.7930 | 1.0950 | 0.9660 | 1 | 0.9801 | 3.9240 | 1 |
| 通讯 | 1993 | 0.9756 | 0.6826 | 2.1715 | 0.9160 | 1 | -14.6305 | -3.8813 | 1 |
| 通讯 | 2001 | 0.9807 | 0.8319 | 4.2822 | 0.6380 | 1 | -6.6544 | 0.1068 | 1 |
| 通讯 | 2009 | 0.9662 | 0.4214 | 2.0915 | 0.9160 | 1 | 16.5771 | 11.7225 | 1 |
| 通讯 | 极限 | 0.9878 | 0.9720 | 3.6778 | 0.7520 | 1 | 37.1257 | 21.9968 | 1 |

续表

| 消费类别 | 年份 | Shapiro-Wilk 正态检验 ||  参数自举法 |||  贝叶斯信息准则法 |||
|---|---|---|---|---|---|---|---|---|---|
| | | W 值 | P 值 | 观测数×对数似然 | P 值 | 个数 | BIC 值 | 对数似然 | 个数 |
| 文教 | 1993 | 0.9851 | 0.9329 | 1.0111 | 0.9760 | 1 | -10.8711 | -2.0016 | 1 |
| | 2001 | 0.9830 | 0.8905 | 1.9216 | 0.9360 | 1 | -10.1182 | -1.6251 | 1 |
| | 2009 | 0.9496 | 0.1525 | 6.0061 | 0.3980 | 1 | -14.4566 | -3.7943 | 1 |
| | 极限 | 0.9592 | 0.2772 | 7.1743 | 0.3960 | 1 | 15.8821 | 11.3751 | 1 |

为了求得综合条件后各分类消费的极限分布所包含的子分布的数目，这里先对式（4-53）求解，以得到极限分布，然后在此基础上对所求得的结果数据采用上述两种方法进行检验，检验结果表明，综合条件后七大类分类消费极限分布都是单一分布，而非混合分布（见表5-17）。

2. 分布参数

综合条件后各种分类消费支出的总体分布参数见表5-18。[①] 可以看出，均值、极大值、极小值、极差、标准差等指标并没有发生明显的变化。极限分布的各项分布参数与各年份相比也不存在明显的差异，这说明去除收入和空间效应之后，分类消费支出的分布非常稳定。这从另一个角度表明收入和空间对分类消费趋同性的影响。可以根据这种稳定性认为，综合条件后各种分类消费支出已经处于全局趋同状态。

表5-18　　　综合条件后人均分类消费支出总体分布参数

| 消费类别 | 年份 | 均值 | 中位数 | 极大值 | 极小值 | 极差 | 标准差 | 偏度 | 峰度 | 雅克—贝拉 | P 值 |
|---|---|---|---|---|---|---|---|---|---|---|---|
| 食品 | 1993 | 0.9907 | 0.9844 | 1.2946 | 0.6727 | 0.6220 | 0.1405 | -0.1172 | 2.9335 | 0.0767 | 0.9624 |
| | 2001 | 1.0306 | 0.9993 | 1.5203 | 0.6419 | 0.8785 | 0.2075 | 0.2313 | 2.7789 | 0.3396 | 0.8439 |
| | 2009 | 1.0009 | 1.0213 | 1.3146 | 0.6796 | 0.6350 | 0.1613 | -0.0848 | 2.2457 | 0.7721 | 0.6797 |
| | 极限 | 0.9683 | 0.9851 | 1.2408 | 0.7209 | 0.5199 | 0.1529 | 0.0733 | 2.8622 | 0.0523 | 0.9742 |
| 衣着 | 1993 | 1.0237 | 1.0233 | 1.5193 | 0.5346 | 0.9848 | 0.2227 | 0.1005 | 3.1270 | 0.0730 | 0.9642 |
| | 2001 | 1.0659 | 1.0130 | 1.8529 | 0.6260 | 1.2269 | 0.3102 | 0.6961 | 2.8388 | 2.5371 | 0.2812 |
| | 2009 | 1.0218 | 0.9769 | 1.5651 | 0.5589 | 1.0062 | 0.2647 | 0.2731 | 2.7664 | 0.4558 | 0.7962 |
| | 极限 | 0.9795 | 0.9786 | 1.5291 | 0.5889 | 0.9402 | 0.2153 | 0.2562 | 2.8896 | 0.3549 | 0.8397 |

① 这里只报告部分年份的结果，包括所有年份的完整结果备索。

续表

| 消费类别 | 年份 | 均值 | 中位数 | 极大值 | 极小值 | 极差 | 标准差 | 偏度 | 峰度 | 雅克—贝拉 | P值 |
|---|---|---|---|---|---|---|---|---|---|---|---|
| 居住 | 1993 | 0.9480 | 0.9582 | 1.5303 | 0.4655 | 1.0648 | 0.2312 | 0.2772 | 3.0454 | 0.3997 | 0.8188 |
| | 2001 | 0.9473 | 0.9259 | 1.3036 | 0.6301 | 0.6734 | 0.1679 | 0.1955 | 2.5595 | 0.4481 | 0.7993 |
| | 2009 | 0.9896 | 0.9788 | 1.6138 | 0.5229 | 1.0909 | 0.2334 | 0.4457 | 3.1517 | 1.0561 | 0.5898 |
| | 极限 | 0.9782 | 0.9809 | 1.3864 | 0.6412 | 0.7452 | 0.1745 | 0.0339 | 2.8732 | 0.0267 | 0.9867 |
| 家庭 | 1993 | 0.9504 | 0.9355 | 1.4724 | 0.5531 | 0.9193 | 0.2293 | 0.3887 | 2.8316 | 0.8172 | 0.6645 |
| | 2001 | 0.9953 | 1.0027 | 1.4682 | 0.6529 | 0.8153 | 0.1870 | 0.2539 | 2.8429 | 0.3649 | 0.8332 |
| | 2009 | 0.9869 | 0.9875 | 1.4182 | 0.5619 | 0.8563 | 0.1908 | 0.0678 | 2.8477 | 0.0537 | 0.9735 |
| | 极限 | 0.9899 | 0.9867 | 1.4092 | 0.6089 | 0.8003 | 0.1713 | 0.3185 | 2.9275 | 0.5309 | 0.7669 |
| 医疗 | 1993 | 1.0034 | 0.9448 | 1.6624 | 0.6247 | 1.0378 | 0.2821 | 0.7631 | 2.7344 | 3.0998 | 0.2123 |
| | 2001 | 0.9841 | 0.9864 | 1.4043 | 0.4891 | 0.9152 | 0.2159 | -0.0732 | 2.7704 | 0.0958 | 0.9532 |
| | 2009 | 1.0376 | 1.0439 | 1.6281 | 0.4262 | 1.2019 | 0.3038 | 0.0679 | 3.0791 | 0.0319 | 0.9842 |
| | 极限 | 1.0251 | 1.0212 | 1.5805 | 0.6090 | 0.9715 | 0.2167 | 0.3495 | 3.0214 | 0.6317 | 0.7292 |
| 通讯 | 1993 | 0.9721 | 0.9746 | 1.6086 | 0.4420 | 1.1667 | 0.2788 | 0.3494 | 2.6882 | 0.7563 | 0.6851 |
| | 2001 | 0.9676 | 0.9878 | 1.5044 | 0.4096 | 1.0948 | 0.2451 | -0.0347 | 3.1975 | 0.0566 | 0.9721 |
| | 2009 | 0.9914 | 0.9976 | 1.3006 | 0.7092 | 0.5914 | 0.1685 | 0.1010 | 2.8082 | 0.1002 | 0.9511 |
| | 极限 | 0.9883 | 0.9959 | 1.2856 | 0.7283 | 0.5573 | 0.1210 | 0.0980 | 2.8292 | 0.0873 | 0.9573 |
| 文教 | 1993 | 0.9368 | 0.9006 | 1.4201 | 0.2875 | 1.1325 | 0.2624 | -0.2392 | 2.9020 | 0.3080 | 0.8572 |
| | 2001 | 0.9501 | 0.9079 | 1.5433 | 0.4069 | 1.1364 | 0.2592 | 0.2249 | 2.9105 | 0.2717 | 0.8730 |
| | 2009 | 0.9276 | 0.8655 | 1.6049 | 0.4634 | 1.1415 | 0.2780 | 0.2359 | 3.0380 | 0.2894 | 0.8653 |
| | 极限 | 0.9659 | 0.9634 | 1.4249 | 0.5263 | 0.8986 | 0.1704 | 0.4496 | 2.7987 | 1.0967 | 0.5779 |

对比表 5-16 与表 5-18，可以发现综合条件后平均极差和标准差都趋于下降。比如，收入条件后食品消费的极差和标准差在样本期内的平均值分别为 0.8102 和 0.1993，综合条件后分别下降到 0.7592 和 0.1888，说明综合条件之后更加紧凑。从正态性来看，收入条件后个别消费类别在个别年份并不呈现正态分布，[①] 但是，综合过滤后所有消费类别在所有年份都呈现正态分布。从偏度系数和峰度系数来看，综合条件后的结果在多数年份比单纯的收入条件后的结果更加接近于正态分布。这些都体现了空

---

① 比如，衣着类消费在收入过滤之后仍然有 4 个年份（1994 年、1996 年、1998 年和 2004 年）呈非正态分布。

间效应。对比收入条件与综合条件后的极限分布，也能得出类似的结论。

综合以上几个方面的研究结果，可以认为收入是影响各种消费趋同的首要因素，空间效应也有一定影响，收入和空间因素综合在一起几乎完全解释了各种消费支出的所有趋同信息。

## 三 人均纯收入趋同性研究结果

鉴于收入对消费趋同性的重要影响，因此，有必要对收入本身的趋同性进行研究，以了解其趋同特性，从而更加深刻地了解各种消费的趋同性。

### （一）空间过滤前人均纯收入趋同性研究结果

1. 子分布数目检验结果

与消费的趋同性研究一样，这里也采用基于似然比检验的参数自举法和贝叶斯信息准则法来确定人均纯收入截面分布所包含的子分布的数目，并进行了 Shapiro – Wilk 正态性检验。检验结果见表 5 – 19。① 从正态性检验结果来看，所有年份的人均纯收入截面分布均与正态分布存在显著的差异，这个结果暗示人均纯收入截面分布可能并非单一分布，而是由多个子分布所构成的混合分布。

表 5 – 19　　　　　　人均纯收入子分布数目的检验结果

| 年份 | Shapiro-Wilk 正态检验 ||  参数自举法 |||  贝叶斯信息准则法 |||
|---|---|---|---|---|---|---|---|---|
|  | W 值 | P 值 | 观测数×对数似然 | P 值 | 个数 | BIC 值 | 对数似然 | 个数 |
| 1993 | 0.7653 | 0.0000 | 26.9698 | 0.0000 | 2 | 35.6954 | -9.2627 | 2 |
| 1994 | 0.8085 | 0.0001 | 20.4287 | 0.0040 | 2 | 39.6406 | -11.2353 | 2 |
| 1995 | 0.8126 | 0.0001 | 21.2902 | 0.0020 | 2 | 38.5013 | -10.6657 | 2 |
| 1996 | 0.8409 | 0.0003 | 17.3813 | 0.0080 | 2 | 37.3470 | -10.0885 | 2 |
| 1997 | 0.8511 | 0.0005 | 15.3394 | 0.0200 | 2 | 38.3217 | -10.5759 | 2 |
| 1998 | 0.8551 | 0.0007 | 15.6558 | 0.0300 | 2 | 37.1876 | -10.0088 | 2 |
| 1999 | 0.8487 | 0.0005 | 17.7718 | 0.0140 | 2 | 34.8143 | -3.6712 | 3 |
| 2000 | 0.8257 | 0.0002 | 22.8233 | 0.0040 | 2 | 33.4384 | -8.1342 | 2 |
| 2001 | 0.8218 | 0.0001 | 23.3392 | 0.0000 | 2 | 34.5346 | -8.6823 | 2 |
| 2002 | 0.8170 | 0.0001 | 24.2236 | 0.0020 | 2 | 34.9855 | -8.9078 | 2 |
| 2003 | 0.8109 | 0.0001 | 24.7480 | 0.0080 | 2 | 34.5955 | -8.7128 | 2 |

---

① 详细的 BIC 检验结果备索。

续表

| 年份 | Shapiro-Wilk 正态检验 || 参数自举法 ||| 贝叶斯信息准则法 |||
|---|---|---|---|---|---|---|---|---|
| | W 值 | P 值 | 观测数×对数似然 | P 值 | 个数 | BIC 值 | 对数似然 | 个数 |
| 2004 | 0.8320 | 0.0002 | 20.7396 | 0.0020 | 2 | 35.8693 | -9.3497 | 2 |
| 2005 | 0.8147 | 0.0001 | 22.1929 | 0.0020 | 2 | 37.9726 | -10.4013 | 2 |
| 2006 | 0.8142 | 0.0001 | 22.1737 | 0.0000 | 2 | 38.7903 | -10.8102 | 2 |
| 2007 | 0.8207 | 0.0001 | 20.1285 | 0.0160 | 2 | 38.0299 | -10.4300 | 2 |
| 2008 | 0.8268 | 0.0002 | 18.7916 | 0.0080 | 2 | 37.1825 | -10.0063 | 2 |
| 2009 | 0.8177 | 0.0001 | 20.3648 | 0.0080 | 2 | 36.1695 | -9.4998 | 2 |
| 极限 | 0.7737 | 0.0000 | 38.1946 | 0.0000 | 2 | 32.0173 | -7.4237 | 2 |

从表5-19可以看出，除了1999年之外，两种检验方法得出的结果完全一致。具体到1999年，参数自举法的结果为2个子分布，而贝叶斯准则法结果为3个，但是，通过比较2个和3个子分布所对应的BIC值，可以发现它们分别为35.5770和34.8143，两者只相差不到1。根据卡斯和拉夫特里（1995），模型之间的BIC之差小于2可以视为存在弱证据，因此，可以认为1999年的两种检验结果也并不矛盾。因此，可以认为在整个样本期内，人均纯收入的截面分布均包含2个子分布。为了求得人均纯收入极限分布所包含的子分布的数目，这里先对式（4-1b）求解，以得到人均纯收入的极限分布，在此基础上对所求得的结果数据采用上述两种方法进行检验，结果表明极限分布也包含2个（正态）子分布（见表5-19）。

2. 各子分布的参数

在确定子分布数目的基础上，采用基于EM算法的极大似然估计便可以得到各年份各子分布的参数。表5-20中，子分布一对应于收入水平较低的省份，其平均比例为72.85%，平均均值为0.8445；子分布二对应于收入水平较高的省市，其平均比例为27.15%，平均均值为1.6750。相比之下，子分布二的标准差平均为0.4660，远高于子分布一（0.1639）。

表5-20　　　　　人均纯收入各子分布的参数

| 年份 | 子分布一 ||| 子分布二 |||
|---|---|---|---|---|---|---|
| | $\mu_1$ | $\sigma_1$ | $\pi_1$ | $\mu_2$ | $\sigma_2$ | $\pi_2$ |
| 1993 | 0.832598 | 0.133717 | 0.680272 | 1.615212 | 0.582584 | 0.319728 |
| 1994 | 0.831208 | 0.152278 | 0.665194 | 1.580480 | 0.527164 | 0.334806 |

续表

| 年份 | 子分布一 $\mu_1$ | $\sigma_1$ | $\pi_1$ | 子分布二 $\mu_2$ | $\sigma_2$ | $\pi_2$ |
| --- | --- | --- | --- | --- | --- | --- |
| 1995 | 0.827314 | 0.169987 | 0.732544 | 1.674645 | 0.510074 | 0.267456 |
| 1996 | 0.831772 | 0.173702 | 0.727261 | 1.611167 | 0.445416 | 0.272739 |
| 1997 | 0.840728 | 0.178438 | 0.726295 | 1.595083 | 0.442717 | 0.273705 |
| 1998 | 0.853273 | 0.170672 | 0.708701 | 1.578379 | 0.437525 | 0.291299 |
| 1999 | 0.846847 | 0.165974 | 0.736487 | 1.651803 | 0.398997 | 0.263513 |
| 2000 | 0.840014 | 0.153721 | 0.744025 | 1.720169 | 0.402135 | 0.255975 |
| 2001 | 0.834710 | 0.155494 | 0.740967 | 1.732275 | 0.416764 | 0.259033 |
| 2002 | 0.843907 | 0.155458 | 0.741829 | 1.760094 | 0.433090 | 0.258171 |
| 2003 | 0.844294 | 0.151493 | 0.732337 | 1.737861 | 0.452370 | 0.267663 |
| 2004 | 0.852141 | 0.163398 | 0.741326 | 1.719952 | 0.415370 | 0.258674 |
| 2005 | 0.842223 | 0.162529 | 0.723496 | 1.698003 | 0.498114 | 0.276504 |
| 2006 | 0.840916 | 0.164748 | 0.720240 | 1.692585 | 0.516514 | 0.279760 |
| 2007 | 0.858442 | 0.176713 | 0.744435 | 1.698862 | 0.492211 | 0.255565 |
| 2008 | 0.870577 | 0.183120 | 0.761885 | 1.705233 | 0.470312 | 0.238115 |
| 2009 | 0.866290 | 0.175544 | 0.756664 | 1.703027 | 0.480173 | 0.243336 |
| 均值 | 0.844544 | 0.163940 | 0.728468 | 1.674990 | 0.465972 | 0.271532 |
| 极限 | 0.845108 | 0.140113 | 0.774051 | 1.957757 | 0.227818 | 0.225949 |

从1993年到2009年的动态变化来看，两个子分布的离散程度和比例总体上并没有呈现出明显的单调变化的趋势，而是随机波动。从两个子分布的均值来看，似乎都有微弱的增大趋势，这与人均消费总支出有一定的相似性。对这个问题的解释参照前文。

同样，还可以在求得人均纯收入极限分布所包含的子分布数目的基础上，通过基于EM算法的极大似然估计得到各子分布的参数（见表5-20）。在极限状态下，子分布二大约包含7个省份（0.225949×31 = 7.004419）。实际上这7个省份分别为上海、北京、天津、浙江、福建、江苏和广东。

人均纯收入截面子分布构成的动态变化还可以用混合图来表示，见图5-5。

从图5-5可以直观地看出，不管是在样本期内的各个年份，还是在

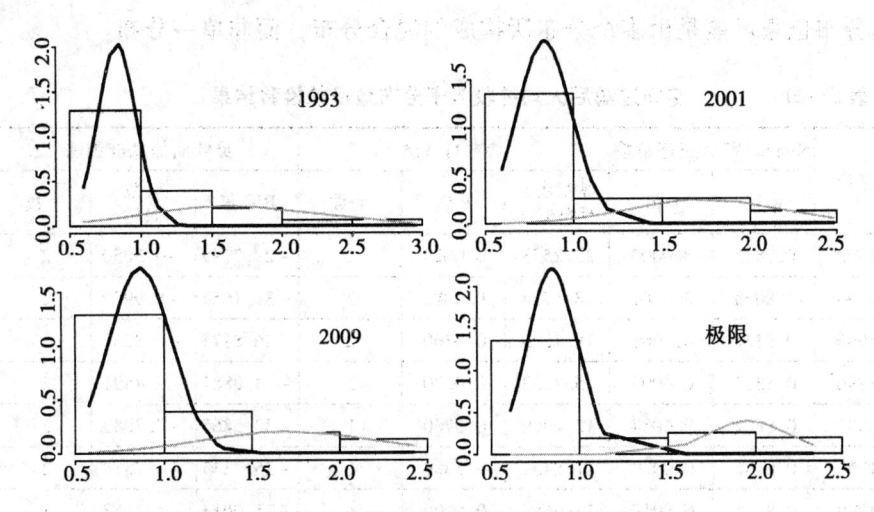

图 5-5 人均纯收入截面子分布构成的动态变化

极限分布状态下，包含 2 个正态子分布的混合分布模型都较好地拟合了人均纯收入的截面分布。这从一个侧面验证了子分布数目检验的合理性。

3. 各子分布间的流动性

从转移率来看，从 1993 年到 2009 年，在可能发生的 496 次转移中，实际上只发生了 5 次，转移率只有 1.01%。从条件概率值的大小来看，大于或等于 0.8 的值有 490 个，在 527 个条件概率中占 92.98%；大于或等于 0.9 的有 461 个，占 87.48%；大于或等于 0.95 的有 400 个，占 75.90%。因此，综合上述两个测度可知，我国农村居民人均纯收入的截面流动性极低。

综合上述子分布数目检验和流动性研究两个方面的结果，可以从统计意义上断定：与各类人均消费支出一样，我国 31 个省份农村居民人均纯收入呈现双峰俱乐部趋同。这个结果与第四章的结果相一致。

(二) 空间过滤后人均纯收入趋同性研究结果

1. 子分布数目检验结果

为了衡量空间因素对人均纯收入趋同性的影响，这里对空间过滤后的人均纯收入数据进行子分布数目检验和 Shapiro - Wilk 正态性检验。结果见表 5-21。① 从正态性检验结果来看，所有年份的分布均与正态分布存在显著的差异，因此，与原始数据一样，经过空间过滤后的人均纯收入截

---

① 详细的 BIC 检验结果备索。

面分布也很可能是由多个分布所构成的混合分布,而非单一分布。

表 5-21　　空间过滤后人均纯收入子分布数目的检验结果

| 年份 | Shapiro-Wilk 正态检验 W 值 | P 值 | 参数自举法 观测数×对数似然 | P 值 | 个数 | 贝叶斯信息准则法 BIC 值 | 对数似然 | 个数 |
|---|---|---|---|---|---|---|---|---|
| 1993 | 0.7882 | 0.0000 | 23.2553 | 0.0020 | 2 | -29.7799 | -6.3050 | 2 |
| 1994 | 0.8068 | 0.0001 | 18.6734 | 0.0080 | 2 | -31.1654 | -6.9977 | 2 |
| 1995 | 0.8127 | 0.0001 | 19.1599 | 0.0100 | 2 | -26.8173 | -4.8237 | 2 |
| 1996 | 0.8373 | 0.0003 | 15.7833 | 0.0220 | 2 | -24.0881 | -3.4591 | 2 |
| 1997 | 0.8951 | 0.0054 | 12.0969 | 0.0760 | 1 | -32.5865 | -7.7083 | 2 |
| 1998 | 0.8766 | 0.0020 | 11.8451 | 0.0880 | 1 | -26.7335 | -4.7818 | 2 |
| 1999 | 0.8755 | 0.0019 | 11.6659 | 0.0900 | 1 | -25.0013 | 1.2353 | 3 |
| 2000 | 0.8688 | 0.0013 | 13.1473 | 0.0660 | 1 | -27.6497 | -5.2399 | 2 |
| 2001 | 0.8673 | 0.0012 | 13.4525 | 0.0560 | 1 | -29.2601 | -6.0451 | 2 |
| 2002 | 0.8642 | 0.0010 | 14.7849 | 0.0380 | 2 | -29.2291 | -6.0296 | 2 |
| 2003 | 0.8597 | 0.0008 | 15.6267 | 0.0240 | 2 | -27.9490 | -5.3895 | 2 |
| 2004 | 0.8710 | 0.0015 | 14.1277 | 0.0460 | 2 | -26.3394 | -4.5847 | 2 |
| 2005 | 0.8503 | 0.0005 | 16.0229 | 0.0320 | 2 | -27.8259 | -5.3280 | 2 |
| 2006 | 0.8369 | 0.0003 | 17.7278 | 0.0140 | 2 | -25.9964 | -4.4132 | 2 |
| 2007 | 0.8394 | 0.0003 | 17.4807 | 0.0340 | 2 | -23.3923 | -3.1112 | 2 |
| 2008 | 0.8389 | 0.0003 | 17.3245 | 0.0140 | 2 | -21.8929 | -2.3615 | 2 |
| 2009 | 0.8327 | 0.0002 | 17.3003 | 0.0120 | 2 | -22.9672 | -2.8987 | 2 |
| 极限 | 0.8147 | 0.0001 | 42.7490 | 0.0000 | 2 | -36.7406 | -9.7853 | 2 |

从表 5-21 中可以看出,除了 1997 年到 2001 年之外,两种检验方法得出的结果完全一致。1997 年到 2001 年表面上不一致,即自举法结果都为单一分布,而信息准则法则表明 1999 年为 3 个子分布,其他年份均为 2 个,但是,仔细观察自举法的 P 值,可以发现这 5 个年份都接近于 0.050,因此,都可以认为是弱显著。此外,1999 年 2 个子分布与 3 个子分布所对应的 BIC 值非常接近,分别为 -35.5770 和 -34.8143,因此都可以认为是由 2 个子分布所构成。

实际上,空间过滤前后检验结果的差异正体现出人均纯收入趋同性的空间效应。也就是说,空间效应去除之后,截面分布略为集中,导致个别年份的分布介于1个与2个之间。

为了确定空间过滤后人均纯收入极限分布所包含的子分布的数目，这里先对式（4-1b）求解，以得到人均纯收入的极限分布，在此基础上对所求得的结果数据采用上述两种方法进行检验，结果表明空间过滤后人均纯收入极限分布也包含2个（正态）子分布（见表5-21）。

2. 各子分布的参数

在确定子分布数目的基础上，同样可以采用基于EM算法的极大似然估计求得空间过滤后人均纯收入在各年份的各子分布的参数。表5-22中，子分布一代表收入水平较低的省份，平均占73.88%，其均值平均为0.8911；子分布二代表收入水平较高的省份，平均占26.12%，其均值平均为1.5861。相比之下，子分布二的标准差（0.3450）远高于子分布一（0.1549）。通过与空间过滤前进行比较，可以发现总体上并没有发生大的变化，只是离散程度及两个子分布之间的距离有非常微弱的下降，表明空间过滤后的分布略为紧凑，这正体现出空间效应。这个结果与人均消费总支出的结果相类似。

表5-22　　　　空间过滤后人均纯收入各子分布的参数

| 年份 | 子分布一 $\mu_1$ | $\sigma_1$ | $\pi_1$ | 子分布二 $\mu_2$ | $\sigma_2$ | $\pi_2$ |
| --- | --- | --- | --- | --- | --- | --- |
| 1993 | 0.954018 | 0.187581 | 0.860111 | 1.991159 | 0.434505 | 0.139889 |
| 1994 | 0.909211 | 0.159580 | 0.722519 | 1.566228 | 0.475948 | 0.277482 |
| 1995 | 0.897574 | 0.165872 | 0.800163 | 1.658816 | 0.409620 | 0.199837 |
| 1996 | 0.881731 | 0.155022 | 0.765310 | 1.518478 | 0.360465 | 0.234690 |
| 1997 | 0.846113 | 0.166940 | 0.722777 | 1.540470 | 0.302681 | 0.277223 |
| 1998 | 0.750589 | 0.020064 | 0.176567 | 1.110136 | 0.344757 | 0.823433 |
| 1999 | 0.889217 | 0.166099 | 0.743133 | 1.467590 | 0.349767 | 0.256867 |
| 2000 | 0.894359 | 0.167625 | 0.761959 | 1.541160 | 0.343624 | 0.238041 |
| 2001 | 0.900383 | 0.178519 | 0.800078 | 1.648318 | 0.303483 | 0.199922 |
| 2002 | 0.913313 | 0.178724 | 0.811358 | 1.714225 | 0.282116 | 0.188642 |
| 2003 | 0.924383 | 0.177932 | 0.820932 | 1.750021 | 0.247387 | 0.179068 |
| 2004 | 0.913709 | 0.170382 | 0.803396 | 1.664275 | 0.244639 | 0.196604 |
| 2005 | 0.896115 | 0.159995 | 0.764269 | 1.604301 | 0.347402 | 0.235731 |
| 2006 | 0.898329 | 0.153184 | 0.769441 | 1.615415 | 0.351838 | 0.230559 |

续表

| 年份 | 子分布一 | | | 子分布二 | | |
|---|---|---|---|---|---|---|
| | $\mu_1$ | $\sigma_1$ | $\pi_1$ | $\mu_2$ | $\sigma_2$ | $\pi_2$ |
| 2007 | 0.894204 | 0.144279 | 0.753557 | 1.549114 | 0.351036 | 0.246443 |
| 2008 | 0.892762 | 0.140062 | 0.745307 | 1.513197 | 0.351551 | 0.254693 |
| 2009 | 0.892106 | 0.141925 | 0.739234 | 1.510529 | 0.364597 | 0.260766 |
| 均值 | 0.891066 | 0.154929 | 0.738830 | 1.586084 | 0.345024 | 0.261170 |
| 极限 | 0.896167 | 0.135231 | 0.836127 | 1.947180 | 0.222077 | 0.163873 |

与空间过滤前一样，从1993年到2009年的动态变化来看，两个子分布的离散程度和比例总体上呈现出随机波动，而非单调变化。

同样，还可以在求得空间过滤后人均纯收入极限分布所包含的子分布数目的基础上，通过基于EM算法的极大似然估计得到各子分布的参数，见表5-22。在极限状态下，子分布二大约由5个省份所构成（0.163873×31=5.080）。实际上这5个省份是上海、北京、浙江、江苏和广东。与空间过滤前相比，可以发现空间过滤后天津和福建最终离开子分布二。

通过比较空间过滤前后极限分布的参数，可以发现两个子分布的均值由原来的0.8445和1.6750分别变为0.8911和1.5861，即左分布上移，右分布下移，只是移动的幅度极小；两个子分布的标准差由原来的0.1639和0.4660分别变为0.1549和0.3450，尽管有所下降，但是下降幅度同样十分微小。

空间过滤后人均纯收入截面子分布构成的动态变化也可以用混合图来表示，见图5-6。

从图5-6同样可以看出，空间过滤后，包含2个正态子分布的混合分布模型较好地拟合了人均纯收入的截面分布。

**3. 各子分布间的流动性**

从转移率来看，从1993年到2009年，在可能发生的496次转移中，实际上只发生了46次，转移率只有9.27%。尽管转移率总体上还是较低，但是与空间过滤前相比有很大程度的提高。从条件概率值来看，大于或等于0.8的值有491个，在527个概率值中占93.17%；大于或等于0.9的有461个，占87.48%；大于或等于0.95的有400个，占75.90%。因此，综合上述两个测度可知，即便经过空间过滤，我国农村居民人均纯

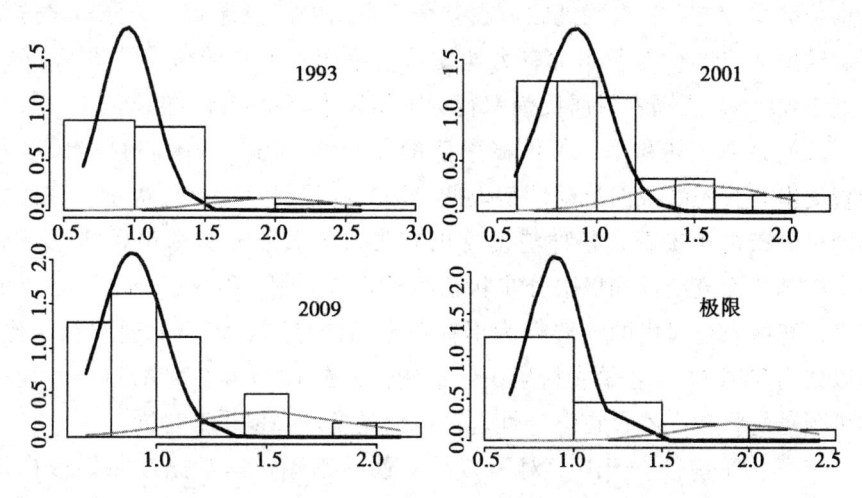

图 5-6 空间过滤后人均纯收入截面子分布构成的动态变化

收入的截面流动性仍然很低。

综合上述子分布数目检验和流动性研究两个方面的结果,可以从统计意义上断定:空间过滤后,我国 31 个省份农村居民人均纯收入仍然呈现双峰俱乐部趋同。这个结果与第四章的结果相一致。

## 第四节 本章小结

本章首先对混合模型的相关文献进行回顾,接着在正态假定下介绍有限混合分布模型子分布数目的检验方法和子分布参数的估计方法,然后结合空间过滤和收入条件方法,从原始数据、空间过滤后的数据、收入条件后的数据和综合条件后的数据等四个层面,对我国农村居民的人均消费总支出、人均分类消费支出和人均纯收入截面分布所包含的子分布数目进行检验,并估计出分布参数,旨在检验我国农村居民各种消费支出是否存在趋同性的同时,解释空间和收入效应。不但如此,本章还定量地给出截面流动性的测量指标,并把第四章的核条件密度方法与混合模型方法结合起来,在求得极限分布的基础上进行混合模型检验,以得出极限状态下截面分布的子分布构成,并结合流动性和极限分布状态给出极限状态下是否存在趋同性的结论。

具体研究结果如下:

(1) 从原始数据的检验结果来看,我国农村居民的人均消费总支出、人均分类消费支出和人均纯收入在整个样本期内都包含 2 个子分布。这个检验结果从统计意义上非常有力地支持了第四章的双峰假定,即从 1993 年到 2009 年,我国农村居民消费行为上始终不存在全局性趋同。

(2) 从基于转移率与条件概率值的流动性来看,我国农村居民各种消费支出和收入的截面流动性都极低,即黏度很高。从极限状态下截面分布的子分布构成来看,各种消费支出和收入的极限分布都包含 2 个子分布。结合截面流动性和极限分布状态的子分布构成,很显然,在可预见的将来,我国农村居民的消费行为不存在全局性趋同。结合上述两点结论,可以认为我国 31 个省份农村居民的消费行为在 1993 年以来的过去、现在和可预见的将来都不存在全局性趋同,而是呈双峰俱乐部趋同。

(3) 为了衡量空间因素对消费趋同性的影响,本章先对原始数据进行空间过滤,然后对过滤后的数据进行各种检验。结果表明,空间过滤后的数据只在极个别年份出现临界结果,这说明空间因素只对趋同性产生非常弱的影响:这种影响会在一定程度上提高截面分布的离散程度,从而对检验结果产生扰动,但是不足以改变总体检验结果。与空间因素不同,收入条件后的各种消费支出基本上为单一(正态)分布而非混合分布,这说明收入是消费趋同性的首要影响因素,基本上解释了各类消费非全局趋同的原因。综合条件后的数据在整个样本期内都为明确的单一(正态)分布,这说明收入和空间效应综合在一起几乎完整地解释了我国农村居民消费行为的非全局趋同性和双峰俱乐部趋同性。

(4) 比较各类消费支出的混合模型检验结果,可以发现只在截面流动性、子分布均值差、标准差等指标上存在一定程度的差异,在子分布数目上的结论完全一致,空间效应和收入效应也基本一致。这说明我国各省份农村居民尽管在不同类型的消费上表现出一定的异质性,但是,趋同特征基本一致。

(5) 与第四章的研究结果相比较,可以发现这两章的研究结果高度一致,这一方面非常有力地验证了第四章的探索性研究结果,另一方面也体现出两种方法之间的优势互补。

# 第六章

# 基于分位数回归模型的解释性研究

## 第一节 引言

就研究性质而言，第四章属于探索性研究；第五章属于证实性研究；本章则属于解释性研究。本章的基本任务是解释我国省际农村居民的各类人均消费支出不存在全局性趋同，而是呈双峰俱乐部趋同的原因。

根据第四章的研究结果，人均纯收入的离散程度大致相同于人均消费总支出，并且也呈现出一种双峰俱乐部趋同的态势；根据第五章的研究结果，人均纯收入与人均消费总支出都是由2个子分布所构成的混合分布，而且子分布均值差之间基本相同。传统西方经济学假定边际消费倾向递减。因此，如果假定收入是消费的唯一决定因素，那么，在边际消费倾向递减规律与人均纯收入双峰俱乐部趋同的共同作用下，随着时间的推移，人均消费总支出应该呈现出全局趋同的态势，并在极限状态下达到全局趋同。但是，从前文的研究结果来看，事实并非如此：消费并没有呈现出这种全局趋同态势，而是呈现出双峰俱乐部趋同态势。因此，现实与假定之间存在着矛盾。这个矛盾的产生可能有多方面的原因。一种可能是除收入之外还存在其他影响因素，正是这些因素的存在抵消了边际消费倾向递减规律，而本书并没有把这些因素纳入模型；另一种可能是边际消费倾向递减规律并不完全与我国农村居民的实际消费状况一致。从理论上讲，影响消费的因素有无穷多个，没有办法逐个检验所有的影响因素，鉴于此，本章试图从边际消费倾向的角度来解释这个矛盾，即解释各类消费支出呈现双峰俱乐部趋同的原因。尽管前面两章也考虑过收入对消费趋同性的影响，但是，第四章侧重于探索性研究，第五章尽管在某些方面具有很高的检验功效，也不能从统计意义上给出收入对消费趋同性影响的明确结论，因此，有必要采用某种方法来确保收入对消费趋同性的解释建立在坚实的统计学理论基础之上。

在传统的基于最小二乘估计的条件均值回归模型中，函数描述的只是因变量的均值如何随协变量的变化而变化。这种模型的一个关键假定是，不管协变量如何取值，误差项总是呈独立同分布，即协变量只影响因变量条件分布的位置，而不影响形状，因此，这种模型也被称为纯粹的位移模型。但是，现实的经济问题往往不符合这种理想的位移模型假定。协变量很可能以多种方式影响因变量的条件分布：提高其离散程度，即传统的异方差模型；在延伸条件分布的一个尾部的同时压缩另一个尾部；引起多峰分布等。具体到消费研究，传统的基于最小二乘估计的总量消费模型和消费结构模型实际上都强制规定，不管消费处在什么水平，收入对消费的影响始终不变。而实际情况是，随着收入水平的变化，条件分布也随之发生变化，前面两章的研究结果就说明了这一点。此外，根据计量经济学理论，独立同分布假定只确保估计值满足几个理想的统计性质，包括无偏性和最小方差等，而统计推断的经典理论不但包括参数估计，还经常需要用估计值对总体回归函数进行推断，为此，需要对误差项的分布作出假定。考虑到正态分布的优点，往往假定误差项呈正态分布，[①] 于是得到经典正态线性回归模型。因此，正态假定完全是出于理论上的简化，不一定符合实际情况。事实上第五章的研究结果就表明，从1993年到2009年，我国农村居民的人均纯收入和各类消费支出从来不呈正态分布。因此，综上所述，传统的回归模型不再适用于解释双峰俱乐部趋同存在的原因。

事实上，传统最小二乘回归模型对误差项的独立同分布假定不但难以得到满足，更为严重的是，这种假定等于放弃了对异质性的研究，而在许多实际研究中，研究目的恰恰就是为了分析这种异质性。[②] 趋同研究就是一个典型的例子。

与传统的最小二乘回归模型相比，克恩克和巴西特（1978）提出的分位数回归模型更具一般性。这种模型试图拓宽传统的视角，以便更加全面地刻画变量之间的随机关系，不但使实证研究得到更加丰富的信息，而且在一些非高斯条件下提供更加稳健从而更加有效的估计值。因此，作为

---

[①] 假定误差项为正态分布相当于假定因变量为正态分布。

[②] Deaton（1997：70）也指出，消费数据往往不是同方差的，为什么会存在异方差不是最重要的，重要的是为什么要假定存在同方差。

一种半参数模型,分位数回归模型可以被视为对传统条件均值回归模型的一种自然的扩展和补充。

布斯恩斯凯(1998)归纳了分位数回归模型的主要优点:(1)分位数回归模型能够刻画给定自变量时因变量的整个条件分布状况,而传统的均值回归模型只能反映给定自变量时因变量的均值;(2)分位数回归问题可以表示为线性规划问题,这使得模型易于估计;(3)分位数回归的目标函数为加权绝对值残差,这是一种稳健的度量方式,它使得参数估计值对因变量的异常值不敏感,因此,避免了异常值的影响;(4)分位数回归模型对误差项分布不作任何假定,因此,当误差项实际上为非正态分布时,分位数回归估计值往往比传统的最小二乘估计值更加有效;(5)各分位的不同参数估计值可以解释为因变量条件分布的不同点对自变量变化的不同反应。

根据克恩克和巴西特[①](1978:33—50),分位数回归估计值还有几个重要的相等特性:$\hat{\beta}(\tau,\lambda y,X) = \lambda\hat{\beta}(\tau,y,X)$,$\lambda \in [0,\infty)$;$\hat{\beta}(1-\tau,\lambda y,X) = \lambda\hat{\beta}(\tau,y,X)$,$\lambda \in (-\infty,0]$;$\hat{\beta}(\tau,y+X\gamma,X) = \hat{\beta}(\tau,y,X) + \gamma$,$\gamma \in \mathfrak{R}^p$;$\hat{\beta}(\tau,y,XA) = A^{-1}\hat{\beta}(\tau,y,X)$,$A_{p\times p}$为非奇异矩阵。这些特性有助于简化计算程序,使得分位数回归模型更具实用性。

近年来,分位数回归模型在理论研究方面取得许多进展。除了估计方法和推断方法方面的进展之外,还出现了多种类型的分位数回归模型,包括分类响应变量模型、面板数据模型、时间序列模型、生存模型和结构等式模型等。

在理论研究方面取得进展的同时,分位数回归模型的应用领域也日益广泛,涉及劳动经济学、公共经济学和金融学等多个领域。具体到消费需求相关研究,克恩克和巴西特(1982a)对235个欧洲工薪家庭的食品消费支出与收入之间的关系进行研究,在对收入和消费支出数据取自然对数的基础上,分位数回归结果表明四分位上的斜率(实际上即为食品支出的收入弹性)分别为0.85、0.88和0.92。亨德里克斯和克恩克(1991)研究了电力需求问题。曼宁、希隆伯格和莫尔顿(1995)研究了酒类产品需求问题,发现不同分位的价格弹性和收入弹性存在相当大的异质性。迪

---

① Koenker, R., and Bassett, G., "Regression Quantiles," *Econometrica*, Vol. 46, No. 1, 1978, pp. 33—50.

顿（1997）研究了巴基斯坦食品消费支出的恩格尔曲线，发现不同分位的恩格尔弹性有很大的差异：中位数的恩格尔弹性为0.906，接近于最小二乘估计结果（0.909），但是，0.1分位的弹性为0.879，0.9分位为0.946。克恩克和哈洛克（2001）和克恩克（2011）采用与克恩克和巴西特（1982a）相同的数据估计出几个常用分位上的斜率，发现越高的分位点斜率越大，因此，得出的结论与恩格尔定律相反：随着家庭收入的增加，食品消费分布呈发散状态。不但如此，食品消费分布呈左偏斜：上分位密度高，尾部短；下分位密度低，尾部长。陈娟等（2008）表明，在不同分位上各自变量对消费有不同的影响，同时对城镇和农村居民的影响程度也各不相同。陈建宝等（2009）在杜森贝利的框架内研究了我国城乡居民的总量消费问题。

从研究结果来看，绝大多数研究都发现协变量对因变量的效应在不同分位存在差异。这个结果一方面说明了传统的条件均值回归的不足，另一方面也说明采用分位数回归模型来研究不同分位变量之间的关系具有明显的优势。

## 第二节 分位数回归模型方法

### 一 分位数回归模型的基本概念与实证模型

设 $(y_i, x_i)$, $i = 1, \cdots, n$，为来自总体的样本，其中 $x_i$ 为 $p \times 1$ 自变量向量。设随机变量 $Y$ 的概率分布为 $F(y) = P(Y \leq y)$，则 $Y$ 的 $\tau$ 分位数定义为满足 $F(y) \geq \tau$ 的最小 $y$ 值，即 $Quant(\tau) = \inf\{y : F(y) \geq \tau\}$，$0 < \tau < 1$。分位数回归模型可以表示为：

$$Quant_{y_i}(\tau | x_i) = F[x_i, \beta(\tau)] \qquad (6-1)$$

在线性条件下，上式可以简化为：

$$Quant_{y_i}(\tau | x_i) = x'_i \beta(\tau) \qquad (6-2)$$

由于 $\beta(\tau)_j = \partial\, Quant_{y_i}(\tau | x_i) / \partial\, x_{ij}$，因此，系数 $\beta(\tau)_j$ 可以理解为由 $x$ 的第 $j$ ($j = 1, \cdots, p$) 个元素的边际变化所引起的第 $\tau$ 个条件分位数的边际变化。

对本书而言，基本实证模型可以表示为：

$$Quant_{y_i}(\tau | x_i) = \beta_0(\tau) + x_i \beta_1(\tau) \qquad (6-3)$$

其中，$y_i$ 表示人均消费总支出或各种分类消费支出，$x_i$ 表示人均纯收入，$\beta_0$ 和 $\beta_1$ 表示待估系数。

与前面两章一样，本章也涉及空间效应问题。由于直接拟合空间模型需要采用极大似然估计或广义矩方法，而分位数回归模型应该采用最小化绝对值残差和（sum of absolute residuals）拟合，因此，直接把空间效应纳入分位数回归模型在拟合上存在困难。为了解决这个问题，本章还是与前面两章一样，采用"两步法"把分位数回归与空间效应分析结合起来：先对原始数据进行空间过滤①，然后再采用普通的分位数回归方法进行研究。空间过滤后的分位数回归模型可以表示为：

$$Quant_{y_i}(\tau | x_i) = \beta_0(\tau) + \tilde{x}_i \beta_1(\tau) \quad (6-4)$$

其中，$\tilde{y}_i$ 和 $\tilde{x}_i$ 分别表示空间过滤后的人均消费总支出（或分类消费支出）和人均纯收入。

## 二 分位数回归模型的估计

与传统的基于最小二乘估计的条件均值回归模型不同，分位数回归模型的估计是基于最小的绝对值残差和。先考虑一种特殊情况，当 $\tau = 1/2$ 时，为了得到 $\beta(1/2)$ 的估计值 $\hat{\beta}(1/2)$，只需求解：

$$\hat{\beta}(1/2) = \arg\min_{\beta \in \Re^p} \sum_{i=1}^{n} |y_i - F(x_i, \beta)|$$

$$= \arg\min_{\beta \in \Re^p} \sum_{i=1}^{n} \{[y_i - F(x_i, \beta)] sgn[y_i - (x_i, \beta)]\}$$

$$(6-5)$$

其中，$sgn(\alpha)$ 表示 $\alpha$ 的符号，当 $\alpha$ 为正时 $sgn(\alpha) = 1$，当 $\alpha$ 为负时 $sgn(\alpha) = -1$；$\Re^p$ 为 $\beta(\tau)$ 的取值空间。在更加一般的情况下，可以通过求解下式得到 $\hat{\beta}(\tau)$：

$$\hat{\beta}(\tau) = \arg\min_{\beta \in \Re^p} \sum \rho_\tau [y_i - F(x_i, \beta)] \quad (6-6)$$

其中，$\rho_\tau(\lambda) = [\tau - I(\lambda < 0)]\lambda$，称为校验函数（或检查函数）(check function)，当 $\lambda \geq 0$ 时 $\rho_\tau(\lambda) = \tau|\lambda|$，当 $\lambda < 0$ 时 $\rho_\tau(\lambda) = (1 - $

---

① 这里的"原始"数据并非直接的年鉴数据，而是经过平减后的数据，价格指数以1993年为基年。

$\tau)|\lambda|$; $I(\cdot)$ 为指示函数（或示性函数）(indicator function)。

如果 $F(\cdot)$ 为线性函数，上式可以写成：

$$\hat{\beta}(\tau) = \arg\min_{\beta \in \Re p} \{\sum_{i:y_i \geq x'_i\beta} \tau|y_i - x'_i\beta| + \sum_{i:y_i < x'_i\beta} (1-\tau)|y_i - x'_i\beta|\}$$

$$= \min_{\beta \in \Re p} \sum_{i=1}^n \rho_\tau(u_{\tau i}) \qquad (6-7)$$

早在 20 世纪 50 年代，研究者便意识到基于绝对值残差和最小化的中位数回归可以表示为线性规划问题，并可以通过某种形式的单纯形法（simplex）来解决。为了表明线性分位数回归问题可以表示为一个线性规划问题，可以把 $y_i$ 表示为由纯正元素所构成的函数：[1]

$$y_i = \sum_{j=1}^p x_{ij}\beta(\tau)_j + u(\tau)_i = \sum_{j=1}^p x_{ij}[\beta(\tau)_j^1 - \beta(\tau)_j^2] + [\varepsilon(\tau)_i - v(\tau)_i] \qquad (6-8)$$

其中，$\beta(\tau)_j^1 \geq 0$，$\beta(\tau)_j^2 \geq 0 (j=1,\cdots,p)$；$\varepsilon(\tau)_i \geq 0$，$v(\tau)_i \geq 0$ ($i=1,\cdots,n$)。如果表示为矩阵形式，上式即为一个典型的线性规划的原问题（primal problem）：

目标函数：$\min_z c'z$

约束条件：$\begin{cases} Az = y \\ z \geq 0 \end{cases}$ $\qquad (6-9)$

其中，$A = (X, -X, I_n, -I_n)$，$y = (y_1,\cdots,y_n)'$，$z = (\beta^{1'},\beta^{2'},u',v')'$，$c = [0',0',\tau\cdot l',(1-\tau)\cdot l']$，$X = (x_1,\cdots,x_n)'$，$I_n$ 是 $n$ 维单位阵，$0'$ 为 $p \times 1$ 零向量，$l$ 为 $n \times 1$ 的 1 向量。[2] 该问题的对偶问题可以写成：

目标函数：$\max_w w'y$

约束条件：$w'A \leq c'$ $\qquad (6-10)$

根据对偶定理，如果原问题和对偶问题同时存在可行解，则两者均具有最优解，而且它们最优解的目标函数值相等。

无论是从理论还是从实际应用的角度来讲，分位数回归的线性规划表达有几个重要意义：首先，可以确保经过有限次迭代后能得到分位数回归

---

[1] Buchinsky, M., "Recent Advances in Quantile Regression Models: A Practical Guideline for Empirical Research," *The Journal of Human Resources*, Vol. 33, No. 1, 1998, pp. 88—126.

[2] Ibid..

估计值；其次，不同于传统的基于最小二乘的条件均值回归，分位数回归的参数估计值对异常值是稳健的。也就是说，如果 $y_i - x'_i\hat{\beta}_\tau > 0$，那么 $y_i$ 可以增加到无穷大而不会影响 $\hat{\beta}_\tau$；或者当 $y_i - x'_i\hat{\beta}_\tau < 0$ 时，$y_i$ 可以无限减少而不影响 $\hat{\beta}_\tau$。[①]

关于线性规划的求解问题，文献中有多种算法，其中最有影响的是巴罗戴尔和罗伯茨（1973）提出的单纯形法。相对于其他算法，巴罗戴尔-罗伯茨算法的最大优点是能够显著地减少单纯形变换次数。但是，巴罗戴尔-罗伯茨算法是一种中位数回归算法，也就是说只局限于 $\tau = 1/2$ 时的特殊情形，为了克服这个局限，克恩克和德欧瑞（1987）对这个算法进行扩展，使之适用于解决一般的分位数回归问题。巴罗戴尔-罗伯茨算法是一种典型的外点算法（exterior point algorithm），即沿着多面约束集的边缘，从一个顶点转向另一个顶点，直至得到最优解。单纯形法的优点是参数估计值具有很好的稳健性，但是在处理大型数据样本时需要花费大量时间。

为了克服单纯形法在处理大型数据时效率低下问题，卡马克（1984）提出了内点算法（interior point algorithm）。这种算法采用牛顿步骤（Newton steps）从内部向外运算到边界，直至得到最优解。由于这种算法与 Frisch 的对数闸方法（log barrier method）有密切的联系，因此也被称为 Frisch – Newton 算法。波特尼和克恩克（1997）把这种算法运用于分位数回归，结果显示它在处理大型数据时运算速度远快于单纯形法。但是内点算法也有自身的缺陷：首先，它在每一步计算时都要进行因式分解，当自变量较多时效率较低；其次，如果要达到与单纯形算法同样的精确度，就必须进行舍入步骤的计算，这也会降低算法的运行效率（陈建宝和丁军军，2008）。

此外，针对大型数据问题，为了进一步提高计算速度，波特尼和克恩克（1997）提出预处理 Frisch – Newton 算法，它把内点算法与数据预处理技术结合起来，能使大型分位数回归算法达到与同规模最小二乘算法相匹敌的计算效率。

为了定量地比较上述三种算法的计算效率，克恩克和哈洛克

---

[①] Buchinsky, M., "Recent Advances in Quantile Regression Models: A Practical Guideline for Empirical Research," *The Journal of Human Resources*, Vol. 33, No. 1, 1998, pp. 88—126.

(2000) 通过模拟记录了不同样本量时这 3 种算法所耗费的时间，结果表明，在样本量不大于 1000 时，后两种算法节省的时间有限。考虑到本书的样本量只有 527，再鉴于单纯形法的稳健性，本书采用巴罗戴尔 – 罗伯茨算法。

### 三 分位数回归模型参数估计值的置信区间

分位数回归标准误的估计方法主要有两种：一种是渐近估计法，另一种是自举法。

（一）渐近估计法

在假定误差项呈独立同分布的基础上，克恩克和巴西特（1978）认为分位数回归模型的系数估计值服从渐近正态分布：

$$\sqrt{n}[\hat{\beta}(\tau) - \beta(\tau)] \sim N[0, \tau(1-\tau)s(\tau)^2\Omega^{-1}] \quad (6-11)$$

其中，$\Omega = \lim_{n \to \infty}(\sum_{i=1}^{n} x_i x'_i / n) = \lim_{n \to \infty}(X'X/n)$；$s(\tau)$ 称为稀疏函数（sparsity function）或分位数密度函数（quantile density function），它是在第 $\tau$ 分位取值的分位数函数的导数或密度函数的倒数，即 $s(\tau) = F^{-1'}(\tau) = 1/f[F^{-1}(\tau)]$。给定某一分位的稀疏函数值，可以计算出系数协方差矩阵。但是，由上式可以看出，稀疏函数取决于未知的函数 $F$，因此，必须进行估计。稀疏函数的估计可以采用基于差商法（difference quotient method）（克恩克 & 巴西特，1982a）。

稀疏函数的估计值对误差项的独立同分布假定比较敏感，如果这个假定不成立，估计值将有严重的偏误。而现实的情况是，观测值往往呈非独立同分布。在这种情况下，可以对上述方法进行扩展，得到关于 $\hat{\beta}_n(\tau)$ 的 Huber – Eicker – White 三明治公式（sandwich formula）的极限协方差矩阵：

$$\sqrt{n}[\hat{\beta}(\tau) - \beta(\tau)] \sim N[0, (1-\tau)H_n^{-1}\Omega^{-1}H_n^{-1}] \quad (6-12)$$

其中，

$$H_n(\tau) = \lim_{n \to \infty} n^{-1} \sum_{i=1}^{n} x_i x' f_i(q_i(\tau)) \quad (6-13)$$

其中，$f_i[q_i(\tau)]$ 表示 $y_i$ 在第 $\tau$ 条件分位数下估计的条件密度函数。在独立同分布情形下，各 $f_i$ 相等，因此，上式退化为式（6 – 11）。

此外，在误差项不服从独立同分布时，克恩克（1994）通过对古登希拉涅等（1993）的单变量秩检验的反演（inversion），提出一种构建置信区间的新方法，称为逆秩法（rank inversion method）。

（二）自举法

当误差项不服从独立同分布时，除了上述方法之外，还可以采用自举法。常用的做法是进行 $(x,y)$ 成对自举（pair bootstrap）：数据对 $(x_i, y_i)$ （$i = 1, \cdots, n$）采用放回式从样本中随机抽取，每次抽样可以得到一个估计值 $\hat{\beta}(\tau)$；重复 $B$ 次，便得到 $B$ 个参数估计值。渐近协方差就可以据此得以估计：

$$\hat{V}(\hat{\beta}) = N\left(\frac{M}{N}\right)\frac{1}{B}\sum_{j=1}^{B}[\hat{\beta}_j(\tau) - \bar{\beta}(\tau)][\hat{\beta}_j(\tau) - \bar{\beta}(\tau)]'$$

(6-14)

其中，$\bar{\beta}(\tau)$ 为 $B$ 个参数估计值的均值。

与上述的 $(x,y)$ 成对抽样有所不同，帕森、魏和应（1994）建议对分位数回归的梯度条件（gradient condition）进行重复抽样，这种方法在存在异方差时能得到稳健的估计值，实施起来非常有效。此外，库克金斯凯、何和木（2005）提出了马尔科夫链边际自举法，这种算法能够进行高效率的运算，大幅节省运算时间。

### 四 分位数回归模型的参数显著性检验

与传统的基于最小二乘的线性条件均值回归模型一样，基于绝对值残差和最小化的线性分位数回归模型也涉及参数显著性检验问题。考虑一个典型的线性分位数回归模型：

$$y_i = x'_i \beta(\tau) + u_i(\tau) \quad (6-15)$$

或展开为：

$$y_i = x'_{i1}\beta_1(\tau) + x'_{i2}\beta_2(\tau) + u_i(\tau) \quad (6-16)$$

其中，$\beta(\tau)$ 为 $p$ 维未知参数向量，它由 $\beta_1(\tau)$ 和 $\beta_2(\tau)$ 所构成，在不失一般性的情况下可以假定它们的维数分别为 $p-k$ 和 $k$；$u_i(\tau)$ 为独立同分布的残差，其分布函数为 $F$。为了检验某个或某些参数 [比如 $\beta_2(\tau)$] 的显著性，即虚拟假设为 $H_0: \beta_2(\tau) = 0$，常用的检验方法有 Wald 检验和似然比检验。

在绝对值残差和（sum of absolute residuals）最小化估计的框架内，$l_1$

估计的目标函数（objective function）可以表示为[①]：

$$V(b) = \sum_{i=1}^{n} |y_i - x'_i b| \quad (6-17)$$

于是，基于$V(b)$最小化的$b \in R^p$在非约束条件下的$l_1$估计值记为$\hat{\beta}_n$，基于$V(b_1, 0)$最小化的$b_1 \in R^{p-k}$在约束条件下的$l_1$估计值记为$\tilde{\beta}_n = (\tilde{\beta}_1, 0)'$。在以下三个假定下：(1) 存在一个正定设计矩阵（positive definite matrix）$\Omega$，使得$\lim_{n \to \infty}(\sum_{i=1}^{n} x_i x'_i/n) = \lim_{n \to \infty}(X'X/n) = \Omega$；(2) $F$在中位数$F^{-1}(1/2) = 0$处有连续的正密度函数$f(\cdot)$；(3) 存在一个固定的$\gamma \in R^k$，使得$\beta_2 = \gamma/\sqrt{n}$，克恩克和Battett[②]（1982b）构建了如下的Wald检验统计量：

$$\xi_W = nw(\tau)^{-2} \hat{\beta}'_2(\tau)(\Omega^{22})^{-1} \hat{\beta}_2(\tau) \quad (6-18)$$

其中，$\Omega^{22} = (\Omega_{22} - \Omega_{21}\Omega_{11}^{-1}\Omega_{12})^{-1}$，$\Omega_{ij}: i, j = 1, 2$表示矩阵$\Omega$的第$i, j$个块，$\Omega^{ij}$表示$\Omega^{-1}$的第$i, j$个块，在实际应用中，$n(\Omega^{22})^{-1}$用$X'_2[I - X_1(X'_1X_1)^{-1}X'_1]X_2$代替；$w(\tau)$表示刻度参数（scale parameter），$\hat{w}(\tau) = \sqrt{\tau(1-\tau)}s(\tau)$，$s(\tau)$为稀疏函数的估计值。

与Wald检验统计量不同，似然比检验基于约束状态的绝对值残差和$\tilde{V}$与非约束状态的绝对值残差和$\hat{V}$之间的差异：

$$\xi_{LR} = 2w^{-1}(\tau)(\tilde{V} - \hat{V}) \quad (6-19)$$

克恩克和Battett（1982b）证明了统计量$\xi_W$与$\xi_{LR}$渐近相等，并收敛于$\chi_k^2(\eta)$分布，其中$k$为自由度，$\eta$为非中心化参数，$\eta = w^{-2}(\tau)\gamma'(\Omega^{22})\gamma$。在虚拟假定下，这两个统计量呈中心$\chi_k^2$分布。因此，可以采用这两个统计量来检验回归参数的显著性。

### 五 斜率相等检验

传统的线性条件均值回归模型内含地假定在协变量给定时因变量的条件分位函数相互平行，这意味着不同分位上的线性回归具有相同的斜率系

---

[①] 与最小二乘相对照，$\alpha$估计即为最小一乘估计。

[②] Koenker, R., and Bassett, G., "Tests of Linear Hypotheses and l1 Estimation," *Econometrica*, Vol. 50, No. 6, 1982b, pp. 1577—1584.

数（克恩克，2005：75—76）。而在实际应用中，不同分位的回归斜率往往不一致。但是，与其他统计推断一样，这种不一致需要建立在坚实的统计推断的基础上。克恩克和巴西特（1982a）提出的检验方法正是为了解决这个问题。

考虑一个关于向量 $\zeta = [\beta(\tau_1)', \cdots, \beta(\tau_m)']'$ 的一般线性假定 $H_0: R\zeta = r$，克恩克和巴西特[①]（1982a）提出一个如下的 Wald 检验统计量：

$$T_n = n(R\hat{\zeta} - r)'[R\Omega_n^{-1}R']^{-1}(R\hat{\zeta} - r) \quad (6-20)$$

其中，$\Omega_n$ 为 $mp \times mp$ 矩阵，它具有块状结构，其中第 $i,j$ 个块为：

$$\Omega_n(\tau_i, \tau_j) = [\tau_i \wedge \tau_j - \tau_i\tau_j]H_n(\tau_i)^{-1}J_n(\tau_i, \tau_j)H_n(\tau_j)^{-1} \quad (6-21)$$

其中，$H_n(\tau_i)$ 见式（6-13），$J_n = \lim_{n\to\infty}(\sum_{i=1}^{n} x_i x_i'/n) = \lim_{n\to\infty}(X'X/n)$。在独立同分布假定下，$\Omega$ 可以简化为[②]：

$$\Omega = \Omega_0 \otimes J \quad (6-22)$$

其中，$\Omega_0$ 的第 $ij$ 个元素为：

$$w_{ij} = \frac{\tau_i \wedge \tau_j - \tau_i\tau_j}{f(F^{-1}(\tau_i))f(F^{-1}(\tau_j))} \quad (6-23)$$

克恩克和巴西特（1982a）、克恩克（2005：75—77）证明：在虚拟假定下，$T_n$ 渐近服从 $\chi_q^2$ 分布，其中 $q$ 为矩阵 $R$ 的秩。于是，便可以用这个统计量来检验斜率相等与否问题。

## 第三节 基于分位数回归模型的研究结果

### 一 人均消费总支出研究结果

（一）人均消费总支出各分位的边际消费倾向

基于基本模型（6-3），其中 $x_i$ 表示人均纯收入，$y_i$ 表示人均消费总支出，采用巴罗戴尔－罗伯茨算法对该模型进行估计，可以得到人均消费

---

[①] Koenker, R., and Bassett, G. "Robust Tests for Heteroscedasticity Based on Regression Quantiles," *Econometrica*, Vol. 50, No. 1, 1982a, pp. 43—61.

[②] 这里在不影响理解的情况下省去下标。

总支出各分位点的截距和系数,见图 6-1,其中左图对应截距,右图对应人均纯收入的系数。实际上,这里的系数就代表各分位上的边际消费倾向。

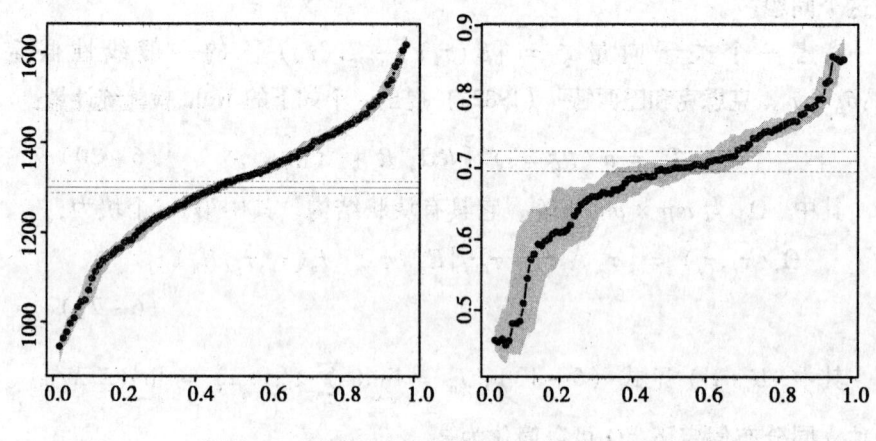

**图 6-1 人均消费总支出各分位的截距与系数**

需要指出的是,本章的人均纯收入和各类消费支出数据都已经过价格指数平减,以 1993 年为基年。此外,在估计各种边际消费倾向之前,都先对自变量的观测值进行中心化,这样,截距的意义更容易解释,因为对非中心化的数据,需要解释收入为零时的消费支出,而收入为零的假定显然不符合实际。在一个基于最小二乘拟合的线性条件均值回归模型中,自变量中心化之后,截距表示具有平均收入水平的家庭的人均消费支出。同样,对分位数回归模型而言,自变量中心化之后,0.05 分位上的截距就表示具有平均收入水平的家庭的人均消费支出分布的 0.05 分位数,即 0.05 分位所对应的人均消费支出值。其他分位依此类推。几个常用分位点上的数值结果见表 6-1。

**表 6-1 人均消费总支出常用分位点的参数估计值**

| 分位点 | 参数估计值 | | 区间 | 标准误 | t 值 | P 值 |
|---|---|---|---|---|---|---|
| 0.05 | $\beta_0$ | 996.6916 | (967.9949, 1011.9132) | 16.1600 | 61.6764 | 0.0000 |
| | $\beta_1$ | 0.4505 | (0.4249, 0.5038) | 0.0216 | 20.8662 | 0.0000 |
| 0.10 | $\beta_0$ | 1070.3396 | (1040.0536, 1112.4747) | 28.0445 | 38.1657 | 0.0000 |
| | $\beta_1$ | 0.5095 | (0.4514, 0.6248) | 0.0316 | 16.1457 | 0.0000 |

续表

| 分位点 | 参数估计值 | 区间 | 标准误 | t 值 | P 值 |
|---|---|---|---|---|---|
| 0.25 | $\beta_0$ | 1206.9708 | (1182.9342, 1226.6721) | 13.2343 | 91.2005 | 0.0000 |
| | $\beta_1$ | 0.6401 | (0.5961, 0.6725) | 0.0179 | 35.7125 | 0.0000 |
| 0.50 | $\beta_0$ | 1312.2300 | (1300.5877, 1322.5472) | 7.6574 | 171.3678 | 0.0000 |
| | $\beta_1$ | 0.6971 | (0.6775, 0.7095) | 0.0107 | 65.1743 | 0.0000 |
| 0.75 | $\beta_0$ | 1408.2369 | (1392.1071, 1419.2750) | 10.1006 | 139.4208 | 0.0000 |
| | $\beta_1$ | 0.7464 | (0.7234, 0.7623) | 0.0139 | 53.5941 | 0.0000 |
| 0.90 | $\beta_0$ | 1491.8919 | (1472.3884, 1504.7186) | 14.2565 | 104.6467 | 0.0000 |
| | $\beta_1$ | 0.7881 | (0.7728, 0.8100) | 0.0198 | 39.7777 | 0.0000 |
| 0.95 | $\beta_0$ | 1568.0265 | (1534.1286, 1582.9318) | 21.7706 | 72.0251 | 0.0000 |
| | $\beta_1$ | 0.8565 | (0.8118, 0.8611) | 0.0306 | 27.9717 | 0.0000 |

从截距估计值来看，高分位点的截距大于低分位点，这是很自然的结果。但是，人均纯收入的系数估计值有点反常：由于较高的消费水平（即高分位点）总体对应于较高的收入水平，因此，根据边际消费递减规律，高分位的系数（即边际消费倾向）应该小于低分位点的系数，但是，这里的结果恰好相反。从图 6-1 右图来看，除了两端很窄的范围之外，系数估计值都是递增的；表 6-1 的数值结果更加明确，从 0.05 分位到 0.95 分位，系数估计值从 0.4505 一直递增到 0.8565。

为了从统计意义上确定表 6—1 中各分位点的斜率是否相同，这里采用克恩克和巴西特（1982a）的方法进行斜率相等检验，结果见表 6-2。检验结果表明，不同分位点的斜率确实有显著的差异，结合表 6-1 中的数值结果可以断定高分位点的斜率确实大于低分位点。

表 6-2　　　　人均消费总支出常用分位点的斜率相同检验

| 检验的分位对 | 自由度 | 残差自由度 | F 值 | P 值 |
|---|---|---|---|---|
| 0.50 对 0.05 | 1 | 1053 | 128.0500 | 0.0000 |
| 0.50 对 0.10 | 1 | 1053 | 38.8160 | 0.0000 |
| 0.50 对 0.25 | 1 | 1053 | 14.9660 | 0.0001 |
| 0.50 对 0.75 | 1 | 1053 | 17.6250 | 0.0000 |
| 0.50 对 0.90 | 1 | 1053 | 22.5820 | 0.0000 |

续表

| 检验的分位对 | 自由度 | 残差自由度 | F值 | P值 |
| --- | --- | --- | --- | --- |
| 0.50 对 0.95 | 1 | 1053 | 28.1650 | 0.0000 |
| 0.05 对 0.95 | 1 | 1053 | 123.4800 | 0.0000 |
| 0.90 对 0.95 | 1 | 1053 | 9.4359 | 0.0022 |
| 0.05 对 0.10 | 1 | 1053 | 5.3825 | 0.0205 |
| 0.25 对 0.75 | 1 | 1053 | 32.4300 | 0.0000 |
| 0.10 对 0.90 | 1 | 1053 | 61.7700 | 0.0000 |

上述人均消费总支出分位数回归模型的拟合结果可以解释本章开头指出的矛盾。首先，在控制其他因素的情况下，边际消费倾向随分位递增的态势无疑会扩大截面离散程度，加上人均纯收入本身呈双峰分布，人均消费总支出截面分布的两个子分布间的距离自然会扩大，导致极化。其次，这种扩大的趋势之所以没有发生，一方面是因为处在高分位和低分位的省份非常少；另一方面也因为发生了子分布二向子分布一转移的机制，尽管转移的省份非常少。上述两种机制共同作用，最终导致人均消费总支出与人均纯收入一样都呈现几乎相同的双峰俱乐部趋同。

需要指出的是，前文提到的一些分位数回归经典文献得出与本书相同或相似的结果。比如，克恩克（2011）利用恩格尔的食品消费支出数据拟合分位数回归模型，得到 0.05、0.25、0.50、0.75 和 0.95 分位上收入的系数估计值（即边际消费倾向）分别为 0.343、0.474、0.560、0.644 和 0.709，也呈现出递增的态势。因此，本书的人均消费总支出分位数回归模型拟合结果实际上并不反常。

（二）人均消费总支出各分位的收入弹性

在消费研究中，消费支出的收入弹性一向是一个重点研究的指标，因此，这里也有必要估计出各分位点消费支出的收入弹性，以揭示各省份农村居民消费行为的特点。

具体的做法是，以基本模型（6-3）为基础，分别对因变量和自变量的观测值取自然对数，然后再进行分位数回归，即估计双对数的分位数回归模型，由此得到的自变量的系数即为消费支出的收入弹性。结果见图 6-2。需要指出的是，分位点上的弹性估计不涉及原始数据的中心化问题。

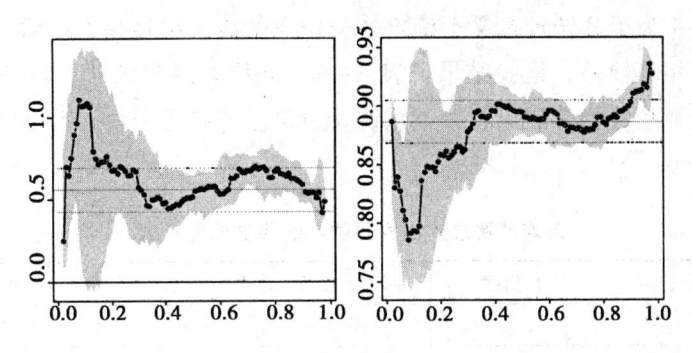

图 6-2　人均消费总支出各分位的收入弹性

从图 6-2 中右图可以看出，人均消费总支出各分位的收入弹性并非呈单调变化。其中，几个常用分位点的弹性估计值见表 6-3。从分位 0.05 到 0.95，收入弹性从 0.8271 下降到 0.7930，然后上升到 0.8609，再经过升—降—升，最后到 0.9183。这个研究结果也不同于传统的弹性假定：传统研究往往假定消费支出的收入弹性为常数或随着收入水平的提高而单调下降。

表 6-3　　　　　　人均消费总支出常用分位点的收入弹性

| 分位数 | | 参数估计值 | 区　间 | 标准误 | t 值 | P 值 |
| --- | --- | --- | --- | --- | --- | --- |
| 0.05 | $\beta_0$ | 0.7499 | (0.3819, 1.1453) | 0.1779 | 4.2151 | 0.0000 |
| | $\beta_1$ | 0.8271 | (0.7749, 0.8788) | 0.0223 | 37.0341 | 0.0000 |
| 0.10 | $\beta_0$ | 1.0719 | (-0.0133, 1.3537) | 0.2369 | 4.5252 | 0.0000 |
| | $\beta_1$ | 0.7930 | (0.7540, 0.9383) | 0.0328 | 24.1589 | 0.0000 |
| 0.25 | $\beta_0$ | 0.6717 | (0.3789, 0.9060) | 0.1330 | 5.0508 | 0.0000 |
| | $\beta_1$ | 0.8609 | (0.8293, 0.9048) | 0.0188 | 45.7852 | 0.0000 |
| 0.50 | $\beta_0$ | 0.5135 | (0.4265, 0.6482) | 0.0893 | 5.7511 | 0.0000 |
| | $\beta_1$ | 0.8946 | (0.8768, 0.9067) | 0.0122 | 73.4336 | 0.0000 |
| 0.75 | $\beta_0$ | 0.6938 | (0.5347, 0.8025) | 0.0960 | 7.2279 | 0.0000 |
| | $\beta_1$ | 0.8792 | (0.8647, 0.9039) | 0.0132 | 66.5001 | 0.0000 |
| 0.90 | $\beta_0$ | 0.5898 | (0.4858, 0.6753) | 0.1109 | 5.3185 | 0.0000 |
| | $\beta_1$ | 0.9027 | (0.8897, 0.9180) | 0.0155 | 58.4344 | 0.0000 |
| 0.95 | $\beta_0$ | 0.5092 | (0.3433, 0.6442) | 0.1523 | 3.3444 | 0.0009 |
| | $\beta_1$ | 0.9183 | (0.8999, 0.9499) | 0.0213 | 43.2160 | 0.0000 |

说明：$\beta_0$ 为截距，无重要意义。本书关注的是 $\beta_1$。下同。

同样，为了从统计意义上确定各分位点的收入弹性是否一致，这里也作了系数相等检验，检验结果见表6-4。从检验结果来看，11对检验里有5对拒绝系数相等假定，这就从统计意义上支持了分位点弹性不相等的结论。

表6-4  人均消费总支出各分位点的弹性相等检验

| 检验的分位对 | 自由度 | 残差自由度 | F值 | P值 |
| --- | --- | --- | --- | --- |
| 0.50 对 0.05 | 1 | 1053 | 8.4017 | 0.0038 |
| 0.50 对 0.10 | 1 | 1053 | 10.7410 | 0.0011 |
| 0.50 对 0.25 | 1 | 1053 | 4.5992 | 0.0322 |
| 0.50 对 0.75 | 1 | 1053 | 1.7173 | 0.1903 |
| 0.50 对 0.90 | 1 | 1053 | 0.2548 | 0.6138 |
| 0.50 对 0.95 | 1 | 1053 | 1.1638 | 0.2809 |
| 0.05 对 0.95 | 1 | 1053 | 9.1068 | 0.0026 |
| 0.90 对 0.95 | 1 | 1053 | 1.0102 | 0.3151 |
| 0.05 对 0.10 | 1 | 1053 | 1.4548 | 0.2280 |
| 0.25 对 0.75 | 1 | 1053 | 0.9181 | 0.3382 |
| 0.10 对 0.90 | 1 | 1053 | 10.0150 | 0.0016 |

（三）空间过滤后人均消费总支出各分位的边际消费倾向

为了在分位数回归模型框架内研究空间因素对消费趋同的影响，这里先对平减后的数据进行空间过滤，然后再拟合分位数回归模型，试图通过比较过滤前后估计结果的差异来考察空间效应。空间过滤后的分位数回归模型的拟合结果见图6-3。

从图6-3中右图可以看出，空间过滤后，大部分分位点的边际消费倾向有一定程度的提高。一个可能的解释是，空间过滤前，各省份（特别是处在两端的省份）的人均消费总支出除了受自身人均纯收入水平影响之外，还受空间滞后（即邻近地区的消费水平）的影响，因此，收入对消费影响的敏感度受到限制。空间过滤后，由于空间效应被剥离出去，人均消费总支出对人均纯收入变化的敏感度随之提高，反映到分位数回归模型上，就体现为自变量系数的增大。这一点从表6-5中看得很清楚：在7个常用分位点上，除了0.50分位之外，其他6个分位的边际消费倾向均高于表6-1中空间过滤前的对应值。

# 第六章 基于分位数回归模型的解释性研究

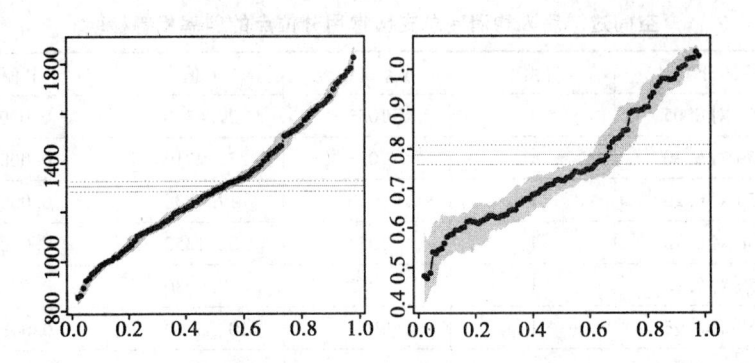

图 6-3 空间过滤后人均消费总支出各分位的截距与系数

表 6-5 空间过滤后人均消费总支出常用分位点的参数估计值

| 分位数 | | 参数估计值 | 区间 | 标准误 | t 值 | P 值 |
|---|---|---|---|---|---|---|
| 0.05 | $\beta_0$ | 923.7722 | (877.4323, 937.0569) | 20.7544 | 44.5098 | 0.0000 |
| | $\beta_1$ | 0.5388 | (0.4531, 0.6077) | 0.0312 | 17.2655 | 0.0000 |
| 0.10 | $\beta_0$ | 985.6889 | (958.5805, 998.2053) | 13.4643 | 73.2075 | 0.0000 |
| | $\beta_1$ | 0.5770 | (0.5275, 0.6295) | 0.0200 | 28.9267 | 0.0000 |
| 0.25 | $\beta_0$ | 1114.3725 | (1080.9897, 1129.6778) | 15.2226 | 73.2052 | 0.0000 |
| | $\beta_1$ | 0.6300 | (0.5902, 0.6555) | 0.0226 | 27.9353 | 0.0000 |
| 0.50 | $\beta_0$ | 1285.3891 | (1263.4967, 1305.8769) | 14.7132 | 87.3629 | 0.0000 |
| | $\beta_1$ | 0.7179 | (0.6908, 0.7505) | 0.0228 | 31.4550 | 0.0000 |
| 0.75 | $\beta_0$ | 1512.4039 | (1458.9344, 1532.1184) | 26.6819 | 56.6828 | 0.0000 |
| | $\beta_1$ | 0.8932 | (0.8166, 0.9157) | 0.0376 | 23.7646 | 0.0000 |
| 0.90 | $\beta_0$ | 1666.1986 | (1639.5309, 1718.2679) | 18.7881 | 88.6839 | 0.0000 |
| | $\beta_1$ | 0.9872 | (0.9543, 1.0300) | 0.0292 | 33.8116 | 0.0000 |
| 0.95 | $\beta_0$ | 1750.2978 | (1733.6302, 1778.5475) | 17.0891 | 102.4219 | 0.0000 |
| | $\beta_1$ | 1.0273 | (0.9939, 1.0545) | 0.0264 | 38.9839 | 0.0000 |

与空间过滤前一样,这里也对空间过滤后各分位的斜率相等性进行检验,结果见表 6-6。可以看出,除了 0.05 对 0.10 以及 0.90 对 0.95 两对系数检验呈现弱显著之外,其他各对都呈现显著的差异。这就从统计意义上证明空间过滤后人均消费总支出各分位的边际消费倾向仍然存在差异。

表6-6　　空间过滤后人均消费总支出常用分位点的斜率相等检验

| 检验的分位对 | 自由度 | 残差自由度 | F 值 | P 值 |
| --- | --- | --- | --- | --- |
| 0.50 对 0.05 | 1 | 1053 | 27.4380 | 0.0000 |
| 0.50 对 0.10 | 1 | 1053 | 32.2210 | 0.0000 |
| 0.50 对 0.25 | 1 | 1053 | 17.3430 | 0.0000 |
| 0.50 对 0.75 | 1 | 1053 | 32.1350 | 0.0000 |
| 0.50 对 0.90 | 1 | 1053 | 77.9030 | 0.0000 |
| 0.50 对 0.95 | 1 | 1053 | 101.6800 | 0.0000 |
| 0.05 对 0.95 | 1 | 1053 | 150.6800 | 0.0000 |
| 0.90 对 0.95 | 1 | 1053 | 3.2860 | 0.0702 |
| 0.05 对 0.10 | 1 | 1053 | 2.8211 | 0.0933 |
| 0.25 对 0.75 | 1 | 1053 | 49.8170 | 0.0000 |
| 0.10 对 0.90 | 1 | 1053 | 149.8600 | 0.0000 |

（四）空间过滤后人均消费总支出各分位的收入弹性

同样，为了在分位数回归模型框架内考察空间效应对收入弹性的影响，这里采用空间过滤后的数据拟合双对数的分位数回归模型，结果见图6-4。

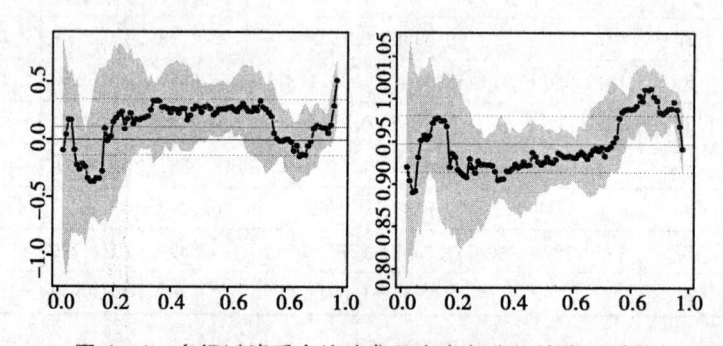

图6-4　空间过滤后人均消费总支出各分位的收入弹性

从图6-4中右图可以看出，与空间过滤前一样，各分位的收入弹性并非单调变化。这个结果也不同于传统的收入弹性不变或呈单调变化的假定。几个常用分位点的收入弹性估计值见表6-7，表中的数值结果更加清楚地表明收入弹性变化的非单调特征：从分位点0.05到0.95，所对应的弹性先由0.8919增加到0.9566，然后下降到0.9193，最后逐步上升到0.9963。

# 第六章 基于分位数回归模型的解释性研究

表 6-7　空间过滤后双对数分位数回归模型常用分位点的参数估计值

| 分位数 | 参数估计值 | | 区间 | 标准误 | t 值 | P 值 |
|---|---|---|---|---|---|---|
| 0.05 | $\beta_0$ | 0.1682 | (-0.8085, 0.5944) | 0.3359 | 0.5006 | 0.6169 |
|  | $\beta_1$ | 0.8919 | (0.8358, 1.0303) | 0.0466 | 19.1435 | 0.0000 |
| 0.10 | $\beta_0$ | -0.2372 | (-0.9096, 0.0389) | 0.1985 | -1.1950 | 0.2326 |
|  | $\beta_1$ | 0.9566 | (0.9179, 1.0487) | 0.0275 | 34.8325 | 0.0000 |
| 0.25 | $\beta_0$ | 0.1759 | (-0.2529, 0.7322) | 0.2418 | 0.7276 | 0.4672 |
|  | $\beta_1$ | 0.9193 | (0.8380, 0.9715) | 0.0326 | 28.2172 | 0.0000 |
| 0.50 | $\beta_0$ | 0.2708 | (-0.0117, 0.5233) | 0.1839 | 1.4729 | 0.1414 |
|  | $\beta_1$ | 0.9256 | (0.8916, 0.9637) | 0.0252 | 36.7329 | 0.0000 |
| 0.75 | $\beta_0$ | 0.1972 | (-0.2352, 0.5050) | 0.2363 | 0.8343 | 0.4045 |
|  | $\beta_1$ | 0.9551 | (0.9134, 1.0158) | 0.0330 | 28.9802 | 0.0000 |
| 0.90 | $\beta_0$ | 0.0945 | (-0.2435, 0.2835) | 0.1905 | 0.4960 | 0.6201 |
|  | $\beta_1$ | 0.9845 | (0.9574, 1.0270) | 0.0256 | 38.4977 | 0.0000 |
| 0.95 | $\beta_0$ | 0.0542 | (-0.0402, 0.2460) | 0.1580 | 0.3433 | 0.7315 |
|  | $\beta_1$ | 0.9963 | (0.9704, 1.0084) | 0.0205 | 48.5384 | 0.0000 |

同样，为了从统计意义上确定空间过滤后人均消费总支出各分位的收入弹性是否一致，这里也进行了系数相等检验，结果见表 6-8。可以看出，11 对系数中，3 对呈现显著的差异，1 对呈现弱显著。这就从统计上证明了不同分位点的收入弹性确实存在一定的差异。

表 6-8　空间过滤后人均消费总支出各分位的弹性相等检验

| 检验的分位对 | 自由度 | 残差自由度 | F 值 | P 值 |
|---|---|---|---|---|
| 0.50 对 0.05 | 1 | 1053 | 0.4990 | 0.4801 |
| 0.50 对 0.10 | 1 | 1053 | 1.0321 | 0.3099 |
| 0.50 对 0.25 | 1 | 1053 | 0.0523 | 0.8192 |
| 0.50 对 0.75 | 1 | 1053 | 1.1264 | 0.2888 |
| 0.50 对 0.90 | 1 | 1053 | 4.0098 | 0.0455 |
| 0.50 对 0.95 | 1 | 1053 | 5.9455 | 0.0149 |
| 0.05 对 0.95 | 1 | 1053 | 4.3467 | 0.0373 |
| 0.90 对 0.95 | 1 | 1053 | 0.3684 | 0.5440 |
| 0.05 对 0.10 | 1 | 1053 | 3.5874 | 0.0585 |

续表

| 检验的分位对 | 自由度 | 残差自由度 | F值 | P值 |
| --- | --- | --- | --- | --- |
| 0.25 对 0.75 | 1 | 1053 | 0.8766 | 0.3493 |
| 0.10 对 0.90 | 1 | 1053 | 0.6215 | 0.4307 |

比较图6-4与图6-2，可以发现空间过滤后大部分分位点的收入弹性有所提高；比较表6-7与表6-3中的数值结果，也可以发现空间过滤后7个常用分位点的弹性都高于空间过滤之前。

## 二 人均分类消费支出研究结果

### (一) 分类消费支出各分位的边际消费倾向

考虑到数据的加总可能会导致信息的损失甚至扭曲，因此，与前两章一样，这里除了从人均消费总支出这个层面解释消费趋同性之外，还从加总程度稍低的分类消费支出层面进行研究。

以基本模型（6-3）为基础，通过拟合分类消费支出分位数回归模型，可以得到我国农村居民各种分类消费支出各分位的系数，即边际消费倾向，见图6-5。[①]

从图6-5可以看出，除了个别消费类型在个别分位点呈现波动之外，与人均消费总支出一样，各种分类消费支出在各分位的边际消费倾向呈现递增态势。其中，居住和通讯类消费递增的幅度较大。由于各种分类消费的边际消费倾向基本上是递增的，故而所有分类消费加在一起得到的总边际消费倾向自然也是递增的。因此，又一次证明了我国农村居民的边际消费倾向并不符合凯恩斯的边际消费倾向递减的假定。

但是，也正是这个与传统假定不一致的研究结果从分类消费层面再一次解释了本章开头指出的矛盾。首先，根据第五章的研究结果，各种人均分类消费支出和人均纯收入从1993年到2009年都呈双峰分布，因此，如果控制住其他因素，边际消费倾向随分位递增的这种态势无疑会扩大截面离散程度，人均分类消费支出截面分布的双峰间距离自然会扩大，导致极化。其次，这种扩大的趋势之所以没有发生，一方面是因为处在高分位和低分位的省份数目非常少，另一方面也因为发生了子分布二向子分布一转

---

[①] 由于截距不是本书研究的重点，因此，这里不再报告截距估计结果。

移的机制，尽管转移的数量很少。① 上述两种机制共同作用，最终导致各种人均分类消费支出与人均纯收入一样都呈现双峰俱乐部趋同，尽管子分布均值差有所不同。

与图6-5相对应的常用分位的数值结果见表6-9。②

表6-9　　　　人均分类消费支出常用分位点的边际消费倾向

| 分位点 | 食品 | 衣着 | 居住 | 家庭 | 医疗 | 通讯 | 文教 | 杂项 |
| --- | --- | --- | --- | --- | --- | --- | --- | --- |
| 0.05 | 0.1169 | 0.0311 | 0.0582 | 0.0326 | 0.0329 | 0.0534 | 0.0707 | 0.0110 |
| 0.10 | 0.1166 | 0.0369 | 0.0610 | 0.0354 | 0.0402 | 0.0634 | 0.0703 | 0.0125 |
| 0.25 | 0.1684 | 0.0501 | 0.0697 | 0.0431 | 0.0469 | 0.1030 | 0.0759 | 0.0160 |
| 0.50 | 0.1939 | 0.0596 | 0.1086 | 0.0575 | 0.0648 | 0.1695 | 0.0989 | 0.0195 |
| 0.75 | 0.2267 | 0.0724 | 0.1402 | 0.0703 | 0.0769 | 0.2221 | 0.1156 | 0.0233 |
| 0.90 | 0.2681 | 0.0785 | 0.1555 | 0.0981 | 0.0859 | 0.2560 | 0.1399 | 0.0275 |
| 0.95 | 0.2510 | 0.0776 | 0.1683 | 0.1110 | 0.0921 | 0.2758 | 0.1569 | 0.0298 |

从表6-9可以看出，食品和通讯类消费的边际消费倾向总体上最高。但是，对于处在不同分位的省份，各种分类消费的边际消费倾向具有明显的异质性：对处在低分位的省份来讲，食品类消费的边际消费倾向最高，但是，对处在高分位的省份来讲，通讯和居住类消费的边际消费倾向随分位迅速提高，通讯类消费最终取代食品类消费，成为边际消费倾向最高的消费类别。从各消费类别来看，通讯类差异最大：0.95分位的边际消费倾向为0.05分位的5.1648倍；衣着类差异最小，其对应的倍数为2.4952倍。

与人均消费总支出一样，为了从统计意义上确定各分位的边际消费倾向是否相等，本书也对各种分类消费各常用分位点进行成对的斜率相等检验，结果表明，对各种分类消费的常用分位点中，绝大多数的斜率并不相

---

① 根据第五章的研究结果，食品、衣着、居住、家庭、医疗、文教、通讯和收入极限分布中子分布二分别只包括6、3、3、5、3、7、4和7个省份，明显少于从1993年到2009年的平均水平。

② 出于篇幅考虑，表6-9是一个简表，详细的数据表格可以向作者索要。电子邮箱：clx-dut@163.com。

等。① 这从一个方面为上述的边际消费倾向递增结论提供了依据。

(二) 分类消费支出各分位的收入弹性

与人均消费总支出一样,这里也建立双对数的分类消费支出分位数回归模型,以求得各分位的系数,即各分类消费的收入弹性,见图 6-6。

与人均消费总支出一样,各种人均分类消费支出各分位的收入弹性也大多呈非单调变化。比如,通讯类消费支出的收入弹性从 1.8 开始上升,到达最高点约 2.25 之后开始下降,最后下降到约 1.2;与通讯类消费相反,居住类和家庭类先下降,然后再上升;文教类则从 2.15 的最高点急剧下降到 1.15,然后基本上呈横向小幅波动。

与图 6-6 相对应的各种分类消费支出常用分位点的收入弹性估计值见表 6-10。②

表 6-10　　　　　人均分类消费支出常用分位点的收入弹性

| 分位 | 食品 | 衣着 | 居住 | 家庭 | 医疗 | 通讯 | 文教 | 杂项 |
| --- | --- | --- | --- | --- | --- | --- | --- | --- |
| 0.05 | 0.5007 | 0.8084 | 1.0824 | 0.9752 | 1.5443 | 1.8770 | 1.5507 | 1.1881 |
| 0.10 | 0.4681 | 0.8740 | 0.9650 | 0.9520 | 1.4703 | 1.9381 | 1.2534 | 1.2373 |
| 0.25 | 0.5342 | 0.9200 | 0.8311 | 1.0292 | 1.3195 | 2.1364 | 1.1346 | 1.2239 |
| 0.50 | 0.5892 | 0.9618 | 0.9790 | 1.1168 | 1.3869 | 2.2045 | 1.1787 | 1.2443 |
| 0.75 | 0.6137 | 0.9814 | 1.0208 | 1.1932 | 1.2556 | 1.8536 | 1.1453 | 1.1700 |
| 0.90 | 0.6328 | 0.9439 | 0.9835 | 1.2779 | 1.2113 | 1.4397 | 1.1229 | 1.1498 |
| 0.95 | 0.6136 | 0.8800 | 0.9867 | 1.3299 | 1.3082 | 1.3267 | 1.1281 | 1.0773 |

从表 6-10 可以看出,食品和衣着类消费对所有类型的省份都是必需品;居住类消费对部分省份为奢侈品,对其他省份为必需品;家庭类消费对低分位 (0.05—0.20) 省份为必需品,对其他分位的省份为奢侈品;通讯、医疗和文教类消费对所有省份都是奢侈品。总体来讲,通讯类消费支出的收入弹性最高,食品类最低。

与边际消费倾向一样,这里也进行了斜率相等检验,结果表明各种分

---

① 出于篇幅考虑,斜率相等检验的具体结果没有呈现在书中,有需要的读者可以向作者索要。

② 出于篇幅考虑,这里没有详细报告,详细结果可以向作者索要。

类消费许多分位的收入弹性并不相等。①

可以证明，上述各种分类消费支出各分位的收入弹性满足恩格尔加总定律（Engel Aggregation）：$s_1e_{1,l} + s_2e_{2,l} + \cdots + s_8e_{8,l} = 1$，其中 $s_i$ 表示包括杂项在内的所有八大类分类消费支出的份额，$e_{i,l}$ 表示各种分类消费支出的收入弹性。

### （三）空间过滤后分类消费支出各分位的边际消费倾向

与人均消费总支出一样，为了在分位数回归模型框架内考察空间因素对分类消费趋同的影响，这里先对平减后的分类消费支出数据进行空间过滤，然后拟合分位数回归模型，试图通过比较空间过滤前后分位数回归结果的差异来考察空间效应。空间过滤后的拟合结果见图 6-7。

从图 6-7 可以看出，除了个别消费类型在个别分位呈现波动之外，与空间过滤前一样，各种分类消费在各分位的边际消费倾向都呈现递增态势。其中，居住和通讯类消费递增的幅度仍然最大。与图 6-7 对应的常用分位的数值结果见表 6-11。②

表 6-11　空间过滤后人均分类消费支出常用分位点的边际消费倾向

| 分位 | 食品 | 衣着 | 居住 | 家庭 | 医疗 | 通讯 | 文教 | 杂项 |
| --- | --- | --- | --- | --- | --- | --- | --- | --- |
| 0.05 | 0.1360 | 0.0273 | 0.0612 | 0.0357 | 0.0335 | 0.0553 | 0.0622 | 0.0104 |
| 0.10 | 0.1369 | 0.0316 | 0.0674 | 0.0377 | 0.0379 | 0.0769 | 0.0614 | 0.0120 |
| 0.25 | 0.1576 | 0.0394 | 0.0776 | 0.0445 | 0.0520 | 0.1151 | 0.0715 | 0.0148 |
| 0.50 | 0.2201 | 0.0585 | 0.1150 | 0.0578 | 0.0679 | 0.1768 | 0.0813 | 0.0183 |
| 0.75 | 0.2777 | 0.0734 | 0.1370 | 0.0823 | 0.0830 | 0.2227 | 0.1092 | 0.0203 |
| 0.90 | 0.2877 | 0.0854 | 0.1711 | 0.0953 | 0.0967 | 0.2933 | 0.1482 | 0.0247 |
| 0.95 | 0.2800 | 0.0878 | 0.2129 | 0.1138 | 0.1012 | 0.3077 | 0.1590 | 0.0288 |

从表 6-11 可以看出，与空间过滤前一样，食品和通讯类消费的边际消费倾向总体上仍然最高。同样，对处于不同分位的省份来讲，各种分类消费的边际消费倾向具有异质性：对于处在低分位的省份，食品类消费的边际消费倾向最高，但是，对于处在高分位的省份，通讯和居住类消费的边际消费倾向随分位迅速提高，通讯类最终取代食品，成为边际消费支出倾向最高的消费类别。从不同消费类别来看，通讯类差异最大：0.95 分

---

① 详细结果可以向笔者索要。
② 详细结果备索。

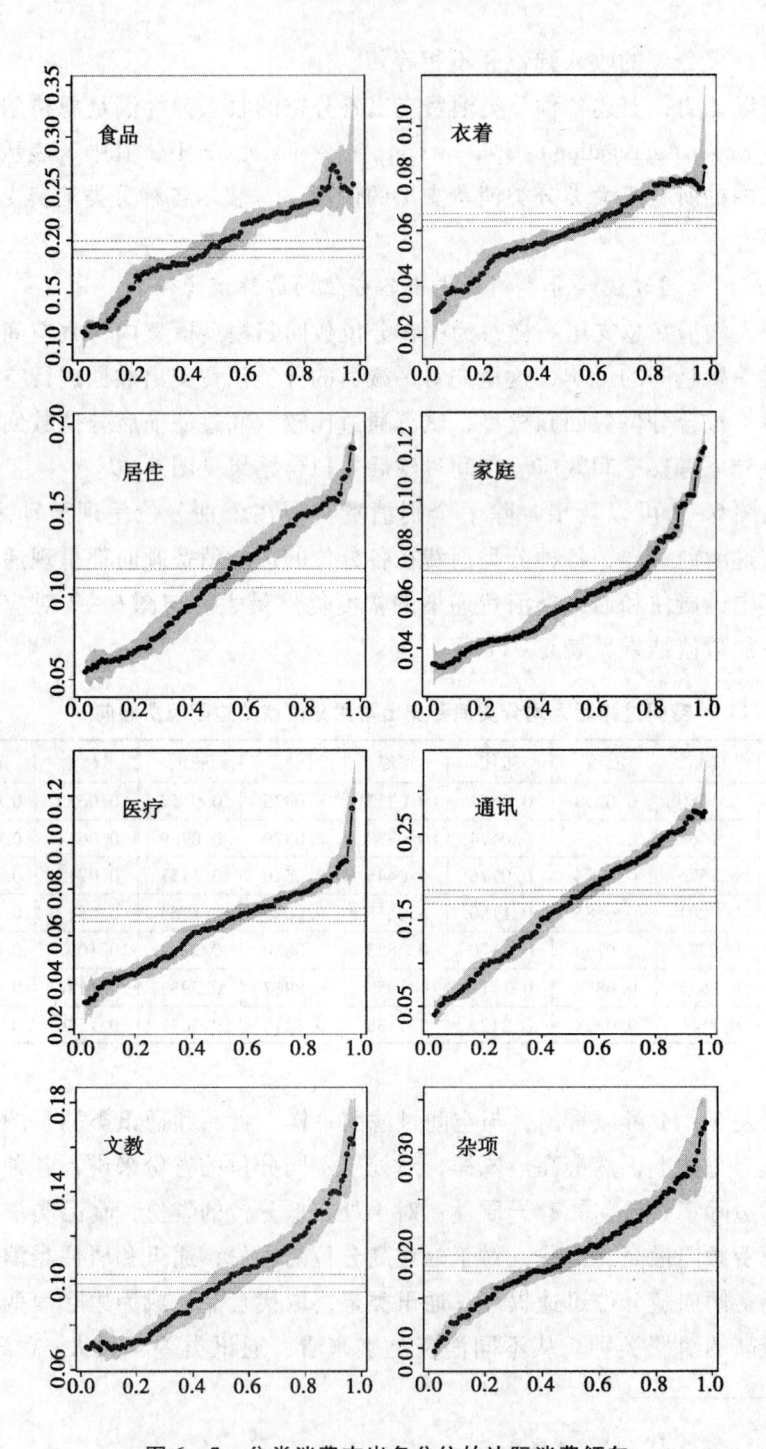

图 6-5 分类消费支出各分位的边际消费倾向

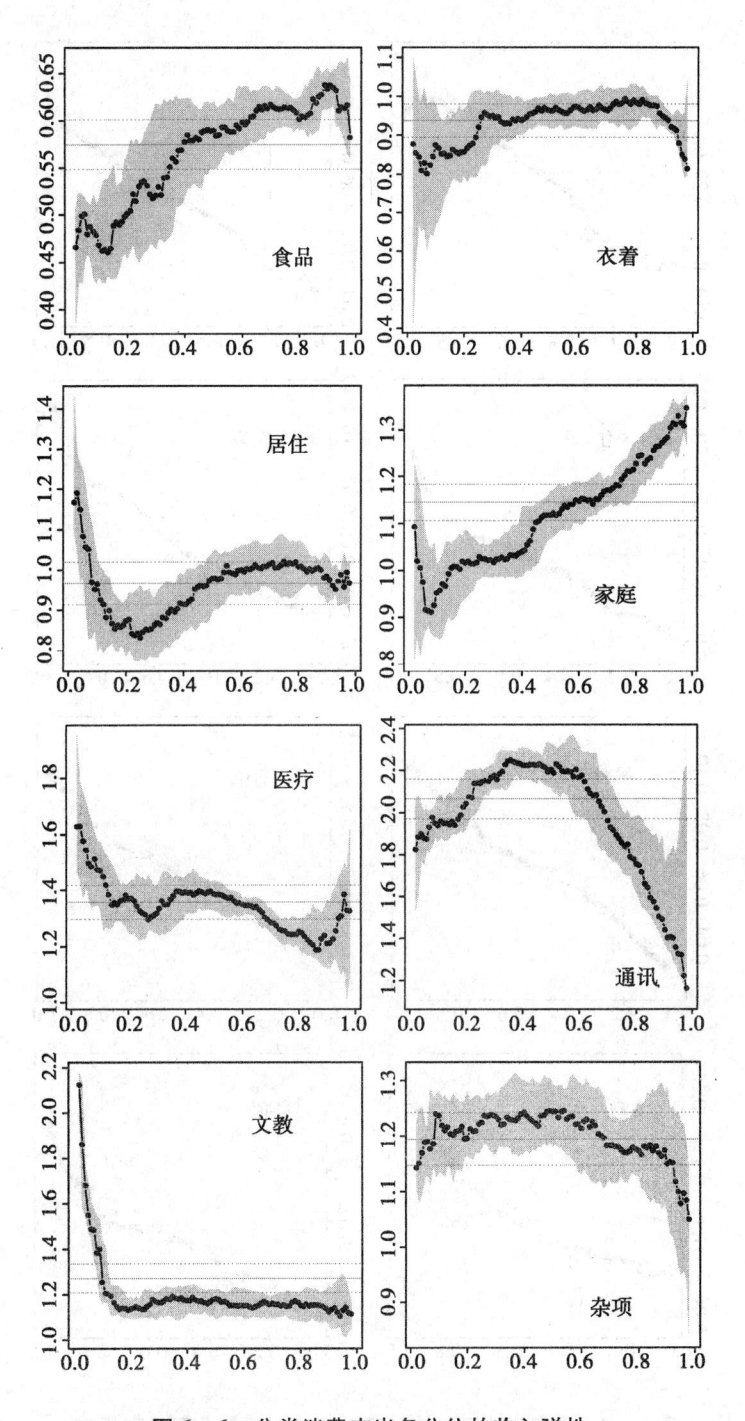

图 6-6 分类消费支出各分位的收入弹性

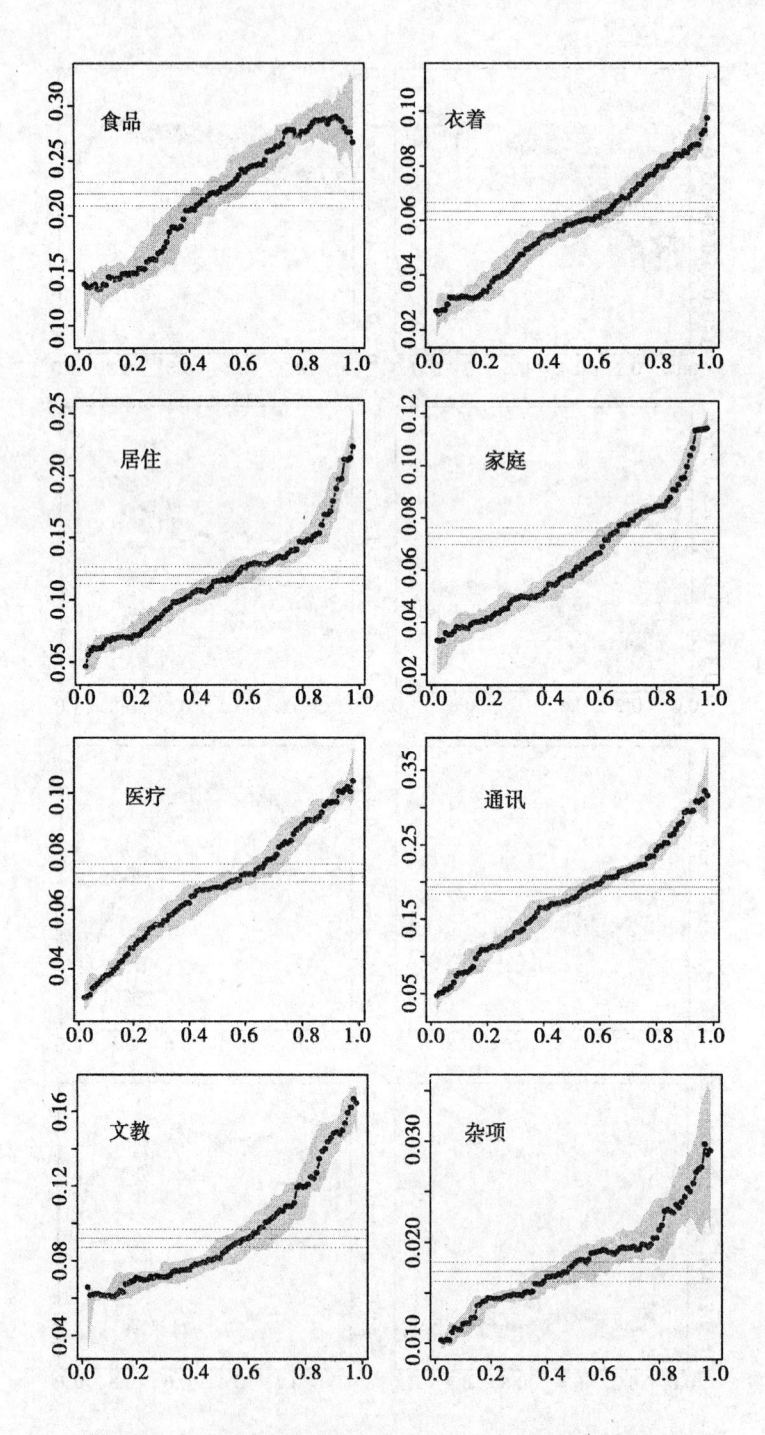

图 6-7  空间过滤后分类消费支出各分位的边际消费倾向

位的边际消费倾向为 0.05 分位的 5.5642 倍；食品类差异最小，其对应的倍数为 2.0588 倍，这一点与过滤前稍有差异。从具体的数值结果来看，食品、居住、家庭、医疗和通讯类消费空间过滤之后的边际消费倾向基本上大于过滤之前，文教和衣着类消费在低分位的边际消费倾向在空间过滤后有所下降。这说明空间因素对不同的消费类型具有不同的影响，但是，总体来看并没有产生方向性的影响。

斜率相等性检验结果表明，与空间过滤前一样，绝大多数分位的斜率并不相等，即边际消费倾向不同，这也从一个侧面为上述的边际消费倾向递增结果提供了佐证。

（四）空间过滤后分类消费支出各分位的收入弹性

同样，为了在分位数回归模型框架内考察空间效应对分类消费支出收入弹性的影响，这里采用空间过滤后的数据拟合分类消费支出的双对数分位数回归模型，结果见图 6-8。

从图 6-8 可以看出，与空间过滤前一样，各种分类消费支出各分位的收入弹性呈非单调变化。这个结果也不同于传统的收入弹性不变或呈单调变化的假定。比较图 6-8 和图 6-6，可以发现空间过滤前后有一定的差异，但是总体走势大致相同。这再次表明空间因素对收入弹性有一定的影响，但是，这种影响并没有改变总体性质。

表 6-12  空间过滤后人均分类消费支出常用分位点的收入弹性

| 分位 | 食品 | 衣着 | 居住 | 家庭 | 医疗 | 通讯 | 文教 | 杂项 |
| --- | --- | --- | --- | --- | --- | --- | --- | --- |
| 0.05 | 0.5391 | 0.7973 | 1.0426 | 1.0818 | 1.4073 | 2.1015 | 1.3948 | 1.0698 |
| 0.10 | 0.5111 | 0.7982 | 1.0043 | 1.0423 | 1.4032 | 2.1432 | 1.2480 | 1.0655 |
| 0.25 | 0.5322 | 0.8150 | 0.8978 | 1.0752 | 1.5498 | 2.2873 | 1.1119 | 1.1390 |
| 0.50 | 0.6477 | 0.9543 | 1.0275 | 1.1485 | 1.5189 | 2.2447 | 1.0794 | 1.1529 |
| 0.75 | 0.6917 | 0.9984 | 1.0156 | 1.2504 | 1.4387 | 2.0886 | 1.1032 | 0.9979 |
| 0.90 | 0.6665 | 1.0096 | 1.0587 | 1.2651 | 1.3964 | 1.8965 | 1.1718 | 1.0071 |
| 0.95 | 0.6415 | 0.9380 | 1.0998 | 1.2752 | 1.3672 | 1.7579 | 1.1876 | 1.0092 |

与图 6-8 相对应的常用分位的收入弹性估计值见表 6-12。表中的数值结果更加清楚地表明弹性变化的非单调特征：空间过滤之后，从分位点 0.05 到 0.95，各种分类消费支出中没有任何一类消费的弹性呈单调变化。这个性质与空间滤前完全一致。

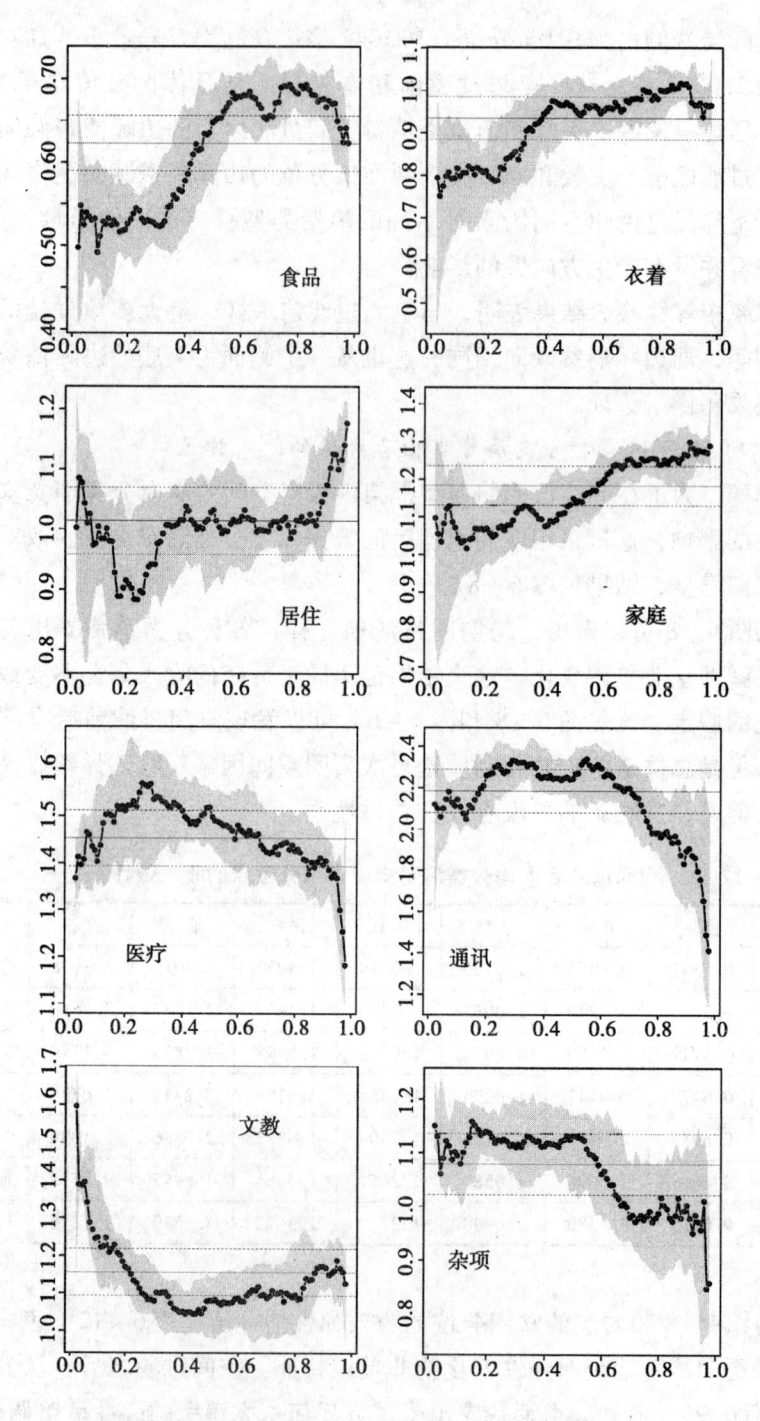

图 6-8 空间过滤后分类消费支出各分位的收入弹性

从表 6-12 还可以看出，食品类消费对所有类型的省份都是必需品；衣着类消费对绝大多数省份也是必需品；居住类消费对部分省份为奢侈品，对其他省份为必需品；家庭、医疗、通讯和文教类消费对所有省份都是奢侈品。总体来讲，通讯类的弹性最高，食品类最低。比较表 6-12 和表 6-10，可以发现空间过滤前后收入弹性估计结果并没有发生方向性的变化。

空间过滤后收入弹性相等性检验结果表明，相当一部分分位的检验结果是显著的，即各种分类消费支出各分位的收入弹性并不相等。[①]

同样可以证明，空间过滤之后各分位点的收入弹性也满足恩格尔加总定律（Engel Aggregation）：$s_1 e_{1,I} + s_2 e_{2,I} + \cdots + s_8 e_{8,I} = 1$。

## 第四节 本章小结

本章首先对分位数回归模型的相关文献进行回顾，接着从人均消费总支出和人均分类消费支出两个维度分别建立常规的分位数回归模型和双对数分位数回归模型，以研究各种消费支出的边际消费倾向和收入弹性的变化规律，以此来解释第四章和第五章研究所得出的各种人均消费支出都呈双峰俱乐部趋同的结论。

为了研究消费趋同的空间效应，本章也把分位数回归模型与空间过滤方法结合起来，以考察空间因素对各种消费支出的边际消费倾向和收入弹性的影响。

具体研究结果如下：

（1）从常规的分位数回归模型的拟合结果来看，不管是基于人均消费总支出还是基于人均分类消费支出，我国农村居民的边际消费倾向都是递增的。这个结果不同于凯恩斯的边际消费倾向递减的假定。

（2）从双对数分位数回归模型的拟合结果来看，不管是基于人均消费总支出还是基于人均分类消费支出，我国农村居民消费支出的收入弹性呈非单调变化。这个结果也不同于传统的收入弹性不变或呈单调变化的假定。

（3）上述研究结果尽管与传统的假定不一致，但是，却与几篇分位

---

[①] 具体结果备索。

数回归经典文献的研究结果一致；这个结果较好地解释了我国省际农村居民人均消费总支出和人均分类消费支出的双峰俱乐部趋同。

（4）从基于经过空间过滤数据的常规分位数回归模型和双对数分位数回归模型的研究结果来看，空间因素对边际消费倾向和收入弹性产生一定的影响，但是，影响程度有限，并不能对边际消费倾向和收入弹性产生方向性的影响，从而并不对双峰俱乐部趋同产生实质性的影响。

（5）从各种分类消费的收入弹性来看，食品和衣着类消费属于必需品，其他消费类别基本上属于奢侈品。有意思的，即便是同一种消费类别，对不同省份既可能是必需品，也可能是奢侈品。

# 第七章

# 研究结论与政策启示

## 第一节　研究结论

本书从现有福利评价中存在的实际问题出发，结合收入趋同研究方法的最新进展，在实际问题与研究方法交叉融合的基础上确定本书的选题。

本书的基本任务是回答开头提出的三个问题：（1）我国省际农村居民人均消费支出是否呈现趋同态势以及何种趋同态势？（2）我国各地农村居民人均消费支出是否存在空间自相关？这种空间自相关是否影响消费趋同性？（3）我国省际农村居民人均纯收入是否呈现趋同态势？收入趋同性能在多大程度上解释消费趋同性？为了回答这三个问题，本书第二章对现有国内外相关文献进行综述，并对现有研究方法进行梳理，在此基础上指出本书面对的方法论挑战。第三章采用空间计量经济学方法对我国各地农村居民的各种人均消费支出进行空间自相关检验，在确定存在空间自相关的基础上，拟合空间总量消费模型和空间消费结构模型。第四章采用当前收入趋同研究中最前沿的随机核（核条件密度）方法研究我国省际农村居民的消费趋同性，不但考察了人均消费总支出和人均分类消费支出的截面流动性以及遍历密度（极限分布），同时还通过空间过滤、收入条件和综合条件等手段考察了空间因素和收入对截面流动性和遍历密度的影响。作为一种非参数方法，核条件密度具有传统的截面回归模型、基于时间序列的单位根和协整检验、面板数据回归模型和马尔科夫链所不具备的优势，但其缺陷是检验功效不足，因此为了弥补核条件密度方法的不足，第五章采用半参数的有限混合高斯分布模型进一步研究省际农村居民的消费趋同问题，同时研究了空间因素和收入对消费趋同性的影响。如果说第四章属于探索性研究，第五章属于证实性研究，那么第六章的分位数回归模型就属于解释性研究，其目的就是利用分位数回归模型的优势对农村居民的消费趋同性进行解释。

本书主要研究结论如下：

（1）关于趋同性问题，得出如下结论：我国省际农村居民的各项人均消费支出和人均纯收入并不呈现全局性趋同，而是呈现双峰锁定分布，也可以称为双峰俱乐部趋同，属于一种较为特殊的俱乐部趋同形式。

具体来讲，从核密度来看，人均消费总支出、人均分类消费支出和人均纯收入在各年份的截面分布既不呈现全局性趋同态势，也不呈现全局性发散态势。其中，左峰基本保持不变，右峰略有波动；从核条件密度来看，截面流动性总体偏低，只在右侧呈现一定的流动性；人均消费总支出、人均分类消费支出和人均纯收入的遍历密度都呈双峰分布。混合模型研究结果进一步证明：人均消费总支出、人均分类消费支出和人均纯收入在整个样本期内都包含 2 个子分布。从基于转移率和条件概率值的流动性来看，人均消费总支出、人均分类消费支出和人均纯收入的截面流动性都极低，即黏度很高；从极限状态下截面分布的子分布构成来看，人均消费总支出、人均分类消费支出和人均纯收入的极限分布都包含 2 个子分布。

比较各类消费支出的趋同性，可以发现尽管在总体上呈现相当高的一致性，但是，具体方面还是有一定的差异，体现出各类消费的各自特点。

（2）关于空间自相关的存在与否问题，主要得出如下结论：我国各地农村居民的人均消费总支出、人均分类消费支出和人均纯收入都存在较为显著的空间自相关。

不管是基于空间截面数据还是基于空间计量经济学模型的检验都证明了这一点。具体来讲，各地农村居民消费支出的空间自相关还有以下一些特点：①分类消费之间在空间模式上存在一定程度的差异；②绝大多数省市的空间模式是稳定的，或者说空间分布格局相对稳定；③从空间自相关的类型来看，主要是空间误差自相关，只有医疗和通讯类消费属于空间滞后自相关；④从空间模式来看，主要表现为空间集聚，只有个别省份表现为空间异常值。

（3）关于空间自相关对消费趋同性的影响问题，得出的结论是：空间自相关对消费趋同性产生一定程度的影响，但是，这种空间效应总体上非常微弱，其本身不足以决定消费趋同与否，也不足以改变消费趋同的性质。

这从空间过滤前后截面核密度和核条件密度比较，以及截面流动性比较都可以看得出来。从混合模型研究结果来看，空间过滤后的数据只在极个别年份出现模棱两可的临界状态（即介于1个与2个子分布之间），这进一步说明空间因素只对消费趋同性产生非常有限的影响：这种影响会在一定程度提高截面分布的离散性，从而对检验结果产生扰动，但不足以改变检验结果和趋同的性质。此外，空间因素对边际消费倾向和收入弹性也产生一定的影响，但是，影响程度也非常有限。

（4）关于消费趋同的收入效应，得出如下结论：收入是影响消费趋同性的首要因素，但不是唯一因素。

这是因为：首先，从空间模式来看，人均纯收入与人均消费总支出和人均分类消费支出尽管存在较高程度的一致性，但是，并不完全重叠，这说明还存在其他影响因素；其次，从混合模型的研究结果来看，收入条件后的各类消费支出基本上呈单一正态分布，而非由两个以上的子分布所构成的混合分布，这说明收入在很大程度上解释了各类消费支出的双峰俱乐部趋同特征；再次，收入和空间效应综合在一起，几乎完全解释了所有的趋同信息，即如果去除收入和空间效应，所有类型的消费支出（包括人均消费总支出和人均分类消费支出）都是趋同的。

（5）对我国省际农村居民各种人均消费支出呈双峰俱乐部趋同的解释：我国农村居民人均消费总支出和人均分类消费支出之所以呈现双峰锁定分布，是因为边际消费倾向不但不递减，反而是递增的。具体来讲，一方面，递增的边际消费倾向扩大了双峰之间的距离；另一方面，一些省份从高峰向低峰的转移机制抵消了双峰之间差距的进一步扩大。在这两种力量的共同作用下，双峰处于锁定状态，即消费支出水平较高的几个省市与消费支出水平较低的其他省市被锁定在各自俱乐部。

（6）关于处在不同分位的省份的消费支出收入弹性。从双对数分位数回归模型的估计结果来看，不管是基于人均消费总支出还是基于人均分类消费支出，我国农村居民消费支出的收入弹性呈非单调变化，这不符合传统的收入弹性不变或呈单调变化的假定。从七大类分类消费的收入弹性来看，食品和衣着类消费属于必需品，其他消费类别基本属于奢侈品。有意思的是，利用核条件密度和分位数回归研究收入对消费的影响，可以发现通常的线性条件均值回归不能发现的信息。比如，同一类别的消费在不同收入水平的省份具有不同的收入弹性，既可以是奢侈品，也可以是必需品，甚至循环变化。即便对同一个收入水平的省份，同一类别的消费既可以是奢侈品，又可以是必需品。

## 第二节 研究结论的政策启示与应用

### 一 对宏观经济政策的启示

(一) 转移支付和区域发展政策

本书的研究结果对国家制定转移支付和扶贫政策以及区域发展政策具有一定的参考价值。首先，鉴于消费与福利之间的直接联系，省际消费的双峰锁定分布意味着如果不采取额外的措施，或者不加大政策力度，区域间的福利不平等状况将长期存在。其次，消费俱乐部趋同的收入效应和空间效应的存在为政府减少区域不平等的努力提供了方向。既然收入效应能基本解释消费俱乐部趋同，那么减少收入不平等就能在相当程度上消除区域福利不平等。鉴于如何增加农民收入、缩小地区差距已有大量的相关文献，本书不再赘述。具体到空间效应，本书研究表明，不管是消费的俱乐部趋同还是收入的俱乐部趋同，都存在显著的空间效应，特别是处在最高端和最低端的省份，空间效应往往表现为正的空间自相关。这意味着空间效应会扩大地区差距。因此，考虑到这种空间效应的存在，"以点突破"式的扶贫政策在效果上可能不如"以点带面"式的扶贫政策，更不如"以面连片"式的发展政策。当然，从促进社会和谐的角度来讲，国家对贫困地区的转移支付政策固然需要继续实施，但是，要把开发式扶贫与救助式扶贫结合起来，因为转移支付主要解决生存问题，而非发展问题。因此，更加有效的办法应该是大区域开发政策。从这个意义上讲，国家先后出台的沿海开放、西部大开发、东北振兴等政策不但恰逢其时，而且具有一定的理论依据。

(二) 扩大内需政策

在当前国际经济形势下，在如何促进和维持我国国民经济平稳较快发展这个问题上，政府和学界比较一致地认为扩大消费需求是促进经济增长方式转变的重要途径。中央也出台了一系列政策措施：党的十七大报告中明确提出"促进经济增长由主要依靠投资、出口拉动向依靠消费、投资、出口协调拉动转变"；温家宝总理在政府工作报告中明确提出"要积极扩大内需，特别是消费需求，增强内需对经济增长的拉动作用"；"十二五"

规划建议中令人瞩目地将扩大内需战略独立成篇，明确提出"把扩大消费需求作为扩大内需的战略重点，进一步释放城乡居民消费潜力，逐步使我国国内市场总体规模位居世界前列"。

具体到扩大消费需求这个问题上，很多学者认为重点应该放在农村。其理由有二：首先，我国大部分人口生活在农村；其次，我国农村居民长期以来积累了相当强的购买力，如果假以有效的促进手段，这些消费潜力会有一部分转化为现实的消费。

但是，为了扩大农村需求，首先需要明确两个关键问题：第一，我国农村居民的消费支出到底受哪些因素的影响？第二，扩大内需的侧重点应该是哪些类别的消费？本书研究表明，尽管一些地方性的因素（比如风俗习惯）会影响消费，但是，收入仍然是消费的首要影响因素，因此，扩大内需的根本途径还是要提高农民收入。至于促进内需的侧重点选择问题，根据第六章基于分位数回归模型得到的各类消费支出各分位的边际消费倾向和收入弹性，应该选择家庭设备用品和服务、交通通讯和居住类消费作为现阶段促进农村消费的重点。

## 二 对各层次的产业政策的启示

在工业生产技术高度发达的今天，限制经济规模的制约因素除了资源之外主要是市场需求，而非生产能力。因此，各级政府在制定产业规划和调整产业结构时，必须着重考虑各种消费需求的特点和潜力。鉴于农村市场的巨大潜力，农村消费需求的特点就对产业政策产生重要影响。从第六章基于分位数回归模型得到的各类消费支出各分位的收入弹性估计值来看，食品和衣着类消费属于必需品，其他五类消费对大部分省份来讲都是奢侈品，再结合各分位的边际消费倾向，可以看出，家庭设备用品和服务、交通通讯和居住类消费所对应的产业将更有市场潜力。

## 三 对微观的企业市场营销战略的启示

（一）企业经营业务组合决策

根据现代战略管理理论，企业的业务组合决策工具主要有波士顿矩阵和通用公司矩阵。这两个决策工具都考虑了两个维度：一个是市场吸引力；另一个是企业的竞争优势。其中，衡量市场吸引力的指标主要包括预期的市场容量及其增长速度。很显然，根据边际消费倾向和收入弹性估计市场容量是一个非常好的手段，尤其是把多种消费形态结合在一起的时候这个办法更加有效，因为它顾及了顾客的消费总支出在多种相互竞争的商品中如何分配问题。根据第六章的研究结果，可以笼统地认为，食品和衣着类消费对应于波士顿矩阵中的现金牛或瘦狗类业务，而居住、家庭、医疗、通讯和文教类消费则对应于明星类或问号类业务。

（二）市场预测

常见的市场需求定量预测方法主要有两种：一种是基于回归的计量经济学模型，比如总量消费函数和需求等式系统；另一类是自回归和趋势外推法，即所谓的"用数据本身说话"。相比之下，前者更具理论基础。由于人均纯收入预测相对容易，因此，结合边际消费倾向和收入弹性，便可以得到消费支出预测值，从而估计出市场需求。

（三）市场细分和目标市场选择

市场细分是目标市场选择、产品差别化和市场定位的基础。市场细分的主要依据是各个市场主体的消费行为的特点。在市场营销实战中，市场细分的通常做法是采用聚类分析把整体市场划分为若干个子市场。本书第五章所采用的混合模型方法本身就是一种聚类方法——基于模型的聚类方法，而且混合模型的研究结果表明，不管是人均纯收入，还是人均消费总支出或人均分类消费支出，31个省份构成的截面分布实际上都是由两个子分布所构成的混合分布，这表明对很多类型的产品营销而言，31个省份可以分为两个细分市场。其中，一个细分市场主要包括上海、北京、浙江、广东、江苏和福建，其他省份属于另一个细分市场。很显然，这比目前我国企业通常采用的按东南西北划分市场更具理论基础。

与市场细分相比，目标市场选择更加重要。根据现代营销理论，目标市场选择的标准主要有三个：①市场吸引力；②企业的竞争优势；③战略目标的一致性。很显然，前文已指出，本书第六章分位数回归得到的各分位的边际消费倾向和收入弹性估计值可以直接用于评估市场吸引力。

（四）新产品上市和市场拓展策略

新产品上市决策中一个重要的方面是判断谁是领先采用者，谁是跟随者。边际消费倾向和收入弹性估计值再一次为这个决策提供参考，即根据这两个指标来确定首先进入哪些省份。比如，对通讯类产品，由于高分位的边际消费倾向远高于低分位，因此，高分位所对应的省市即为潜在的领先采用者，其他省份为跟随者。同理，这个研究结果也可以为企业的市场拓展线路的设计提供参考，即从边际消费倾向较高的省份向较低的省份拓展。事实上这些结论不但适用于企业层面，而且也适用于品牌层面和产品层面的市场进入和拓展策略的设计。很显然，基于分位数回归得到的结论之所以有如此众多的实际应用领域，是因为它涉及各个分位，因此，得出的结论更加具体、更加精细，而不像基于最小二乘的线性回归模型那样只涉及均值。

## 第三节　本书的不足

正如前文所述，本书尝试了一些新的研究方法，得出一些具有一定实际应用价值的结论，但是，与此同时，本书也存在一些明显的不足之处。

（一）样本量的问题

样本量的不足是本书最大的缺陷。由于我国只有34个省级行政区，而且由于我国台湾、香港特别行政区和澳门特别行政区的统计口径不一致而没有纳入本书的研究范围之内，因此，每个年度的截面都只包含31个样本单位。如此少的样本量会导致研究结果的不稳定，从而在一定程度上减损本研究的价值。

（二）样本加权问题

与现有国内外绝大多数的同类研究一样，本书在进行空间自相关检验、核条件密度分析、混合模型拟合和分位数回归模型拟合时，并没有考虑各省区市的相对大小对研究结果的影响，或者说对各个样本单位赋予同样的权重。这主要是因为，对这几种方法而言，如果考虑各个样本单位的具体权重会使研究变得非常复杂，甚至无法进行，而且也没有现成文献可供参考。但是，必须承认，统一赋权显然是一种过于简单，甚至过于武断的做法。因为众所周知，我国各省区市不管是在人口还是在辖域面积方面都有很大的差异，严谨的做法应该根据人口或面积或其他综合指标赋予相应的权。

正如Petrakos等（2005）所指出的那样，统一赋权在某些情形下会得出不现实的结果，从而影响对趋同与否的判断。Ezcurra和Rodríguez-Pose（2009：332）也有同样的担心。遗憾的是，目前还没有相关文献明确地把权重纳入其中。

（三）研究视角问题

本书是从经济学的视角来研究消费趋同性问题，不但如此，数据的加总程度也非常高。因此，与许多其他经济学研究一样，从严格意义上讲，得出的结论是数据驱动的。然而，消费是一种社会文化体验，也是一个学习的过程，它受我们所生活的社会文化、态度、群体关系、经济自由度及其动态变化所影响。正因为如此，消费行为很难用数据来准确描述。因此，正如瓦伊德扎曼（2011）所建议的那样，更为严谨的做法应该把经济分析与我们的社会文化体验结合起来，去深入了解消费趋同的真正性质。言外之意，应该把宏观视角的经济学研究与微观视角的管理学研究结合起来，从多个角度来研究消费趋同性，以得出更加精细的结论。

# 参 考 文 献

[1] Aitkin, M., Anderson, D., and Hinde, J., "Statistical Modeling of Data on Teaching Styles," *Journal of the Royal Statistical Society B*, Vol. 144, No. 4, 1981.

[2] Aizenman, J., and Brooks, E., "Globalization and Taste Convergence: The Cases of Wine and Beer," *Review of International Economics*, Vol. 16, No. 2, 2008.

[3] Akaike, H., "A New Look at the Statistical Model Identification," *IEEE Transactions on Automatic Control*, Vol. 19, No. 6, 1974.

[4] Aneslin, L., *Exploring Spatial Data with GeoDaTM: A Workbook*, http://sal, uiuc. edu, 2005 – 03 – 06/2007 – 02 – 09.

[5] Angulo, A. M., Gil, J. M., and Gracia, A., "Calorie Intake and Income Elasticities in EU Countries: a Convergence Analysis Using Cointegration," *Papers in Regional Science*, Vol. 80, No. 2, 2001.

[6] Anselin, L., *Estimation Methods for Spatial Autoregressive Structures*, Regional Science Dissertation and Monograph Series 8, New York: Cornell University, Ithaca, 1980.

[7] Anselin, L., "Lagrange Multiplier Test Diagnostics for Spatial Dependence and Spatial Heterogeneity," *Geographical Analysis*, Vol. 20, No. 1, 1988a.

[8] Anselin, L., "Local Indicators of Spatial Association – LISA," *Geographical Analysis*, Vol. 27, No. 2, 1995.

[9] Anselin, L., *Spatial Econometrics*, Palgrave Handbook of Econometrics, New York: Palgrave Macmillan, 2006.

[10] Anselin, L., *Spatial Econometrics:Methods and Models*, Boston: Kluwer Academic, 1988b.

[11] Anselin, L., "Thirty Years of Spatial Econometrics," *Papers in Regional Science*, Vol. 89, No. 1, 2010.

[12] Anselin, L., and Bera, A., *Spatial Dependence in Linear Regression Models*, Handbook of Applied Economic Statistics, New York: Marcel Dekker, Inc., 1998.

[13] Anselin, L., and Florax, R., *New Directions in Spatial Econometrics*, Berlin: Springer – Verlag, 1995.

[14] Anselin, L., and Griffith, D. A., "Do Spatial Effects Really Matter in Regression Analysis?" *Papers in Regional Science*, Vol, 65, No. 1, 1988.

[15] Anselin, L., and Kelejian, H. H., "Testing for Spatial Error Autocorrelation in the Presence of Endogenous Regressors," *International Regional Science Review*, Vol. 20, No. 1, 1997.

[16] Anselin, L., and Rey, S. J., "Properties of Tests for Spatial Dependence in Linear Regression Models," *Geographical Analysis*, Vol. 23, No. 2, 1991.

[17] Anselin, L., Bera, A. K., and Florax, R., "Simple Diagnostic Tests for Spatial Dependence," *Regional Science und Urban Economics*, Vol. 26, No. 1, 1996.

[18] Anselin, L., Le Gallo, J., and Jayet, H., *Spatial Panel Econometrics*, Berlin Heidelberg: Springer – Verlag, 2008.

[19] Asche, F., and Wessells, C. R., "On Price Indices in the Almost Ideal Demand System," *American Journal of Agricultural Economics*, Vol. 79, No. 4, 1997.

[20] Barro, R. J., and Sala – i – Martin, X., "Convergence across States and Regions," *Brooking Papers on Economic Activity*, No. 1, 1991.

[21] Barrodale, L., and Roberts, F., "An Improved Algorithm for Discrete L1 Linear Approximation," *SIAM Journal of Numerical Analysis*, Vol. 10, No. 5, 1973.

[22] Bashtannyk, D. M., and Hyndman, R. J., "Bandwidth Selection for Kernel Conditional Density Estimation," *Computational Statistics & Data Analysis*, Vol. 36, No. 3, 2001.

[23] Basile, R., "Regional Economic Growth in Europe: A Semiparametric Spatial Dependence Approach," *Papers in Regional Science*, Vol. 87, No. 4, 2008.

[24] Bass, F. A., "A New Product Growth for Model Consumer Durables," *Management Science*, Vol. 15, No. 5, 1969.

[25] Baumol, W. J., "Productivity Growth, Convergence and Welfare: What the Long Run Data Show," *American Economic Review*, Vol. 76, No. 5, 1986.

[26] Bera, A. K., and Yoon, M. J., "Specification Testing with Misspecified Alternatives," *Econometric Theory*, Vol. 9, No. 4, 1993.

[27] Bernard, A. B., and Durlauf, S. N., "Convergence in International Output," *Journal of Applied Econometrics*, Vol. 10, No. 2, 1995.

[28] Bernard, A. B., and Durlauf, S. N., "Interpreting Tests of the Convergence Hypothesis," *Journal of Econometrics*, Vol. 71, No. 1—2, 1996.

[29] Blommestein, H., "Elimination of Circular Routes in Spatial Dynamic Regression Equations," *Regional Science and Urban Economics*, Vol. 15, No. 1, 1985.

[30] Blundell, R., and Etheridge, B., "Consumption, Income and Earnings Inequality

in Britain," *Review of Economic Dynamics*, Vol. 13, No. 1, 2010.

[31] Bond, S., Hoeffler, H., and Temple, J., *GMM Estimation of Empirical Growth Models*, CEPR Discussion Paper No, 3048, London: CEPR, 2001.

[32] Breusch, T., "Useful Invariance Results for Generalized Regression Models," *Journal of Econometrics*, Vol. 13, No. 3, 1980.

[33] Brock, W. A., and Durlauf, S. N., "Growth Economics and Reality," *World Bank Economic Review*, Vol. 15, No. 2, 2001.

[34] Brzozowski, M., and Crossley, T. F., "Measuring Well-being of the Poor with Income or Consumption: a Canadian Perspective," *Canadian Journal of Economics*, Vol. 44, No. 1, 2011.

[35] Buchinsky, M., "Recent Advances in Quantile Regression Models: A Practical Guideline for Empirical Research," *The Journal of Human Resources*, Vol. 33, No. 1, 1998.

[36] Burridge, P., "On the Cliff-Ord Test for Spatial Autocorrelation," *Journal of the Royal Statistical Society B*, No. 42, 1980.

[37] Celeux, G., and Soromenho, G., "An Entropy Criterion for Assessing the Number of Clusters in a Mixture Model," *Journal of Classification*, Vol. 13, No. 2, 1996.

[38] Clements, K., and Chen, D., "Fundamental Similarities in Consumer Behavior," *Applied Economics*, Vol. 28, No. 6, 1996.

[39] Cliff, A. D., and Ord, J. K., *Spatial Processes: Models and Applications*, London: Pion, 1981.

[40] Cliff, A., and Ord, J. K., "Testing for Spatial Autocorrelation among Regression Residual," *Geographic Analysis*, Vol. 4, No. 3, 1972.

[41] Crossley, T., and Curtis, L., "Child Poverty in Canada," *Review of Income and Wealth*, Vol. 52, No. 1, 2006.

[42] de la Fuente, A., *Convergence Across Countries and Regions: Theory and Empirics*, CEPR Discussion Paper No. 2465, London: CEPR, 2000.

[43] de la Fuente, A., *On the Sources of Growth and Convergence: A Closer Look at the Spanish Regions*, CEPR Discussion Paper No. 1543, London: CEPR, 1996.

[44] de la Fuente, A., "The Empirics of Growth and Convergence: A Selective Review," *Journal of Economic Dynamics and Control*, Vol. 21, No. 1, 1997.

[45] de Mooij, M., "Convergence and Divergence in Consumer Behavior: Implications for Global Advertising," *Journal of Advertising*, Vol, 22, No. 2, 2003.

[46] Deaton, A., *The Analysis of Household Surveys*, Johns Hopkins: Baltimore, 1997.

[47] DeKimpe, M., Parker, P. M., and Sarvary, M., "Globalization: Modeling Tech-

nology Adoption Timing across Countries," *Technological Forecasting and Social Change*, Vol. 63, No. 1, 2000.

[48] Demetris, V., Thrassou, A., and Lamprianou, I., "International Marketing Adaptation Versus Standardisation of Multinational Companies," *International Marketing Review*, Vol. 26, No. 4/5, 2009.

[49] Dempster, A. P., Laird, N. M., and Rubin, D, B., "Maximum Likelihood from Incomplete Data Via the EM Algorithm (with Discussion)," *Journal of the Royal Statistical Society B*, Vol. 39, No. 1, 1977.

[50] Diener, E., Suh, E. M., and Lucas, R. E., "Subjective Well – Being: Three Decades of Progress," *Psychological Review*, Vol. 125, No. 2, 1999.

[51] Dolan, P., Peasgood, T., and White, M., "Do We Really Know what Makes Us Happy? A Review of the Economic Literature on the Factors Associated with Subjective Well – being," *Journal of Economic Psychology*, Vol. 29, No. 1, 2008.

[52] Durlauf, S. N., and Quah, D. T., *The New Empirics of Economic Growth*, Amsterdam, the Netherlands: North – Holland, 1999.

[53] Ertur, C., and Koch, W., "Convergence, Human Capital and International Spillovers," *Journal of Applied Econometrics*, Vol. 22, No. 1, 2007.

[54] Evans, P., and Karras, G., "Convergence Revisited," *Journal of Monetary Economics*, Vol. 37, No. 2, 1996a.

[55] Evans, P., and Karras, G., "Do Economies Converge? Evidence from a Panel of US States," *Review of Economics and Statistics*, Vol. 78, No. 3, 1996b.

[56] Ezcurra, R., and Rodríguez – Pose, A., *Measuring the Regional Divide*, The Handbook of Regional Growth and Development Theories. Roberta Capello, and Peter Nijkamp, Edward Elgar Publishing, Inc., 2009.

[57] Fan, J., Yao, Q., and Tong, H., "Estimation of Conditional Densities and Sensitivity Measures in Nonlinear Dynamical Systems," *Biometrika*, Vol. 83, No. 1, 1996.

[58] Fingleton, B., "A Generalized Method of Moments Estimator for a Spatial Model with Moving Average Errors, with Application to Real Estate Prices," *Empirical Economics*, Vol. 34, No. 1, 2008.

[59] Fingleton, B., "Estimates of Time to Convergence: An Analysis of Regions of the European Union," *International Regional Science Review*, Vol. 22, No. 1, 1999.

[60] Fischer, M. M., and Stumpner, P., *Income Distribution Dynamics and Cross – region Convergence in Europe*, Handbook of Applied Spatial Analysis: Software Tools, Methods and Applications. Berlin Heidelberg: Springer – Verlag, 2010.

[61] Florax, R., and Rey, S., *The Impacts of Misspecified Spatial Interaction in Linear*

*Regression Models*, Berlin: Springer-Verlag, 1995.

[62] Fotheringham, A. S., Brundson, C., and Charlton, M., "Geographically Weighted Regression: A Natural Evolution of the Expansion Method for Spatial Data Analysis," *Environment and Planning A*, No. 30, 1998.

[63] Friedman, M., *A Theory of the Consumption Function*, Princeton: Princeton University Press, 1957.

[64] Friedman, M., "Do Old Fallacies Ever Die?" *Journal of Economic Literature*, Vol. 30, No. 4, 1992.

[65] Funke, M., and Strulik, H., "Regional Growth in West Germany: Convergence or Divergence?" *Economic Modelling*, Vol. 16, No. 4, 1999.

[66] Getis, A., "Screening for Spatial Dependence in Regression Analysis," *Papers of the Reg Science Association*, Vol. 69, No. 1, 1990.

[67] Getis, A., *Spatial Aotocorrelation*, Berlin: Springer-Verlag, 2010.

[68] Getis, A., *Spatial Filtering in A Regression Framework: Examples Using Data on Urban Crime, Regional Inequality, and Government Expenditures*. Springer, Berlin, Heidelberg and New York, 1995.

[69] Getis, A., and Franklin, J., "Second-order Neighborhood Analysis of Mapped Point Patterns," *Ecology*, No. 68, 1987.

[70] Getis, A., and Ord, J. K., "The Analysis of Spatial Association by use of Distance Statistics," *Geographical Analysis*, Vol. 24, No. 3, 1992.

[71] Griffith, D. A., and Tiefelsdorf, M., *Semi-parametric Filtering of Spatial Autocorrelation: The Eigenvector Approach*, Paper Presented at the North American Meetings of the Regional Science Association International, November, San Juan, Puerto Rico, 2002.

[72] Gutenbrunner, C., Jureckova, J., and Koenker, R., "Tests of Linear Hypotheses Based on Regression Rank Scores," *Journal of Nonparametric Statistics*, Vol. 2, No. 4, 1993.

[73] Hall, P., Wolff, R. C., and Yao, Q., "Methods for Estimating a Conditional Distribution Function," *Journal American Statistics Association*, Vol. 94, No. 445, 1999.

[74] Hardle, W., *Smoothing Techniques with Implementation in S*, New York: Springer-Verlag, 1991.

[75] Hastie, T., and Loader, C., "Local Regression: Automatic Kernel Carpentry (with discussion)," *Statistical Science*, Vol. 8, No. 1, 1993.

[76] Heijmans, R., and Magnus, J., "Asymptotic Normality of Maximum Likelihood Estimators Obtained from Normally Distributed but Dependent Observations," *Econometric*

*Theory*, No. 2, 1986.
[77] Henderson, D. J., Christopher, P., and Robert, R., "Modes, Weighted Modes, and Calibrated Modes: Evidence of Clustering Using Modality Tests," *Journal of Applied Econometrics*, Vol. 23, No. 5, 2008.
[78] Hendricks, W., and R., Koenker., "Hierarchical Spline Models for Conditional Quantiles and the Demand for Electricity," *Journal of American Statistical Association*, Vol. 87, No. 1, 1991.
[79] Hepple, L. W., "Exact Testing for Spatial Autocorrelation among Regression Residuals," *Environment and Planning A*, Vol. 30, No. 1, 1998.
[80] Hope, A. C. A., "A Simplified Monte Carlo Significance Test Procedure," *Journal of the Royal Statistical Society A*, Vol. 30, No. 3, 1968.
[81] Huang, J. S., "The Autoregressive Moving Average Model for Spatial Analysis," *Australian Journal of Statistics*, Vol. 26, No. 2, 1984.
[82] Hubert, L. J., Golledge, R. G., and Costanzo, C. M., "Generalized Procedures for Evaluating Spatial Autocorrelation," *Geographic Analysis*, Vol. 13, No. 3, 1981.
[83] Hyndman, R. J., Bashtannyk, D. M., and Grunwald, G. K., "Estimating and Visualizing Conditional Densities," *Journal Compute Graph Statistics*, Vol. 5, No. 4, 1996.
[84] Islam, N., "What have We Learnt from the Convergence Debate?" *Journal of Economic Surveys*, Vol. 17, No. 3, 2003.
[85] James, J., "Do Consumers in Developing Countries Gain or Lose from Globalization?" *Journal of Economic Issues*, Vol. 34, No. 3, 2000.
[86] Johnson, P., "A Nonparametric Analysis of Income Convergence across the US States," *Economic Letters*, Vol. 69, No. 2, 2000.
[87] Karmarker, N., "A New Polynomial Time Algorithm for Linear Programming," *Combinatorica*, No. 4, 1984.
[88] Kass, R., and Raftery, A. E., "Bayes Factors," *Journal of the American Statistical Association*, Vol. 90, No. 430, 1995.
[89] Kelejian, H. H., and Prucha, I., "HAC Estimation in a Spatial Framework," *Journal of Econometrics*, Vol. 140, No. 2, 2007.
[90] Kelejian, H. H., and Prucha, I., "On the Asymptotic Distribution of the Moran I Test Statistic with Applications," *Journal of Econometrics*, Vol. 104, No. 2, 2001.
[91] Kelejian, H. H., and Prucha, I., "Specification and Estimation of Spatial Autoregressive Models with Autoregressive and Heteroskedastic Disturbances," *Journal of Econometrics*, Vol. 157, No. 1, 2010.

[92] Kelejian, H. H., and Robinson, D. P., "Spatial Autocorrelation: A New Computationally Simple Test with an Application to Per Capita County Policy Expenditures," *Regional Science and Urban Economics*, Vol. 22, No. 3, 1992.

[93] Kocherginsky, M., He, X., and Mu, Y., "Practical Confidence Intervals for Regression Quantiles," *Journal of Computational and Graphical Statistics*, Vol. 14, No. 1, 2005.

[94] Koenker, R., *Confidence Intervals for Regression Guantiles*, Heidleberg: Physica-Verlag, in Asymptotic Statistics: Proceedings of the 5th Prague Symposium on Asymptotic Statistics, ed, by M, P., and M, Huskova, Physica-Verlag: Heidelberg, 1994.

[95] Koenker, R., *Quantile Regression in R: A Vignette*, Working Paper, 2011.

[96] Koenker, R., *Quantiles Regression*, Cambridge: Cambridge University Press, 2005.

[97] Koenker, R., and Bassett, G., "Regression Quantiles," *Econometrica*, Vol. 46, No. 1, 1978.

[98] Koenker, R., and Bassett, G., "Robust Tests for Heteroscedasticity Based on Regression Quantiles," *Econometrica*, Vol. 50, No. 1, 1982a.

[99] Koenker, R., and Bassett, G., "Tests of Linear Hypotheses and Estimation," *Econometrica*, Vol. 50, No. 6, 1982b.

[100] Koenker, R., and Hallock, K. F., "Quantile Regression," *Journal of Economic Perspective*, Vol. 15, No. 4, 2001.

[101] Koenker, R., and Hallock, K. F., *Quantile Regression: An Introduction*, http://www.econ, uiuc, edu/ - roger/research/intro/intro. html, 2000.

[102] Koenker, R., and V, d'Orey., "Computing Regression Quantiles," *Applied Statistics*, No. 36, 1987.

[103] Konya, I., and Ohashi, H., "International Consumption Patterns among High-income Countries: Evidence from the OECD Data," *Review of International Economics*, Vol. 15, No. 4, 2007.

[104] Kotler, P., and Keller, K. L., *Marketing Management* (13e), Pearson Education, Inc., 2009.

[105] Lall, S., and Yilmaz, S., "Regional Economic Convergence: Do Policy Instruments Make a Difference?" *Annals of Regional Science*, Vol. 35, No. 1, 2001.

[106] Le Gallo, J., "Space - time Analysis of GDP Disparities across European Regions: a Markov Chains Approach," *International Regional Science Review*, Vol. 27, No. 2, 2004.

[107] López - Bazo, E., Vayá E., and Mora, A. J., "Regional Economic Dynamics and Convergence in the European Union," *Annals of Regional Science*, Vol. 33,

No. 3, 1999.

[108] Lyons, T. P., "Interprovincial Disparities in China: Output and Consumption, 1952—1987," *Economic Development and Cultural Change*, Vol. 39, No. 3, 1991.

[109] Magnus, J., "Maximum Likelihood Estimation of the GLS Model with Unknown Parameters in the Disturbance Covariance Matrix," *Journal of Econometrics*, Vol. 7, No. 2, 1978.

[110] Magrini, S., *Regional (di) convergence*, In V, Henderson and J, Thisse (eds.), *Handbook of Regional and Urban Economics*, New York: Elsevier, 2004.

[111] Magrini, S., "The Evolution of Income Dynamics among Regions of the European Union," *Regional Science and Urban Economics*, Vol. 29, No. 2, 1999.

[112] Manning, W., Blumberg, L., and Moulton, L., "The Demand for Alcohol: the Differential Response to Price," *Journal of Health Economics*, Vol. 14, No. 2, 1995.

[113] McLachlan, G. J., "On Bootstrapping the Likelihood Ratio Test Statistic for the Number of Components in a Normal Mixture," *Journal of the Royal Statistical Society C*, Vol. 36, No. 3, 1987.

[114] McLachlan, G. J., and Peel, D., *Finite Mixture Models*, New York: Wiley, 2000.

[115] Meyer, B. D., and Sullivan, J. X., "Changes in the Consumption, Income, and Well-being of Single Mother Headed Families," *American Economic Review*, Vol. 98, No. 5, 2008.

[116] Meyer, B. D., and Sullivan, J. X., "Viewpoint: Further Results on Measuring the Well-being of the Poor Using Income and Consumption," *Canadian Journal of Economics*, Vol. 44, No. 1, 2011.

[117] Milligan, K., "The Evolution of Elderly Poverty in Canada," *Canadian Public Policy*, Vol. 34, No. 1, 2008.

[118] Mitry, D., and Smith, D., "Convergence in Global Markets and Consumer Behaviour," *International Journal of Consumer Studies*, Vol. 33, No. 3, 2009.

[119] Moschini, G., "Units of Measurement and the Stone Price Index in Demand System Estimation," *American Journal of Agricultural Economics*, Vol. 77, No. 1, 1995.

[120] Nadaraya, E. A., "On Estimating Regression," *Theory of Probability and its Applications*, Vol. 15, No. 1, 1964.

[121] Nahar, S., and Inder, B., "Testing Convergence in Economic Growth for OECD Countries," *Applied Economics*, Vol. 34, No. 16, 2001.

[122] Ord, J. K., "Estimation Methods for Models of Spatial Interaction," *Journal of the*

*American Statistical Association*, Vol. 70, No. 1, 1975.

[123] Ord, J. K., and Getis, A., "Local Spatial Autocorrelation Statistics: Distributional Issues and an Application," *Geographical Analysis*, Vol. 27, No. 4, 1995.

[124] Parzen, M. I., Wei, L., and Ying, Z., "A Resampling Method Based on Pivotal Estimating Functions," *Biometrika*, Vol. 81, No. 2, 1994.

[125] Petrakos, G., Rodríguez-Pose, A., and Rovolis, A., "Growth, Integration and Regional Inequality in Europe," *Environment and Planning A*, No. 37, 2005.

[126] Pittau, M. G., and Zelli, R., "Empirical Evidence of Income Dynamics across EU Regions," *Journal of Applied Econometrics*, Vol. 21, No. 5, 2006.

[127] Pittau, M. G., Zelli, R., and Johnson, P. A., "Mixture Models, Convergence Clubs, and Polarization," *Review of Income and Wealth*, Vol. 56, No. 1, 2010.

[128] Portnoy, S., and Koenker, R., "The Gaussian Hare and the Laplacian Tortoise: Computability of Squared-Error Versus Absolute-Error Estimators, with Discussion," *Statistical Science*, Vol. 12, No. 4, 1997.

[129] Powele, J. K., "Censored Regression Quantiles," *Journal of Econometrics*, Vol. 32, No. 1, 1986, 1986.

[130] Priebe, C. E., "Adaptive Mixtures," *Journal of the American Statistical Association*, Vol. 89, No. 427, 1994.

[131] Quah, D. T., "Convergence Empirics across Economies with (some) Capital Mobility," *Journal of Economic Growth*, Vol. 1, No. 1, 1996b.

[132] Quah, D. T., "Empirics for Economic Growth and Convergence," *European Economic Review*, Vol. 40, No. 16, 1996a.

[133] Quah, D. T., "Empirics for Growth and Distribution: Stratification, Polarization, and Convergence Clubs," *Journal of Economic Growth*, Vol. 2, No. 1, 1997a.

[134] Quah, D. T., *Regional Cohesion from Local Isolated Actions: I, Historical Outcomes*, CEP Discussion Paper No, 378, London: CEP, 1997b.

[135] Quah, D. T., "Regional Convergence Clusters across Europe," *European Economic Review*, Vol. 40, No. 3-5, 1996c.

[136] Regmi, A., Takeshima, H., and Unnevehr, L., "Convergence in Food Demand and Delivery: Do Middle-income Countries follow High-income Trends?" *Journal of Food Distribution Research*, Vol. 39, No. 1, 2008.

[137] Rey, S. J., *Spatial Dependence in the Evolution of Regional Income Distributions*, Basingstoke: Palgrave Macmillan, 2004.

[138] Rey, S. J., "Spatial Empirics for Economic Growth and Convergence," *Geographical Analysis*, Vol. 33, No. 3, 2001.

[139] Rey, S. J., and Dev, B., "σ - convergence in the Presence of Spatial Effects," *Papers in Regional Science*, Vol. 85, No. 2, 2006.

[140] Rey, S. J., and Janikas, M. V., "Regional Convergence, Inequality and Space," *Journal of Economic Geography*, Vol. 5, No. 2, 2005.

[141] Rey, S. J., and Le Gallo, J., *Spatial Analysis of Economic Convergence*, Basingstoke: Palgrave Macmillan, 2009.

[142] Rey, S. J., and Ye, X., *Comparative Spatial Dynamics of Regional Systems*, Berlin: Springer - Verlag, 2010.

[143] Rosenblatt, M., *Conditional Probability Density and Regression Estimators*, In: Krishnaiah, P. R. (Ed.), *Multivariate Analysis* II, Academic Press, New York, 1969.

[144] Saavedra, L. A., "Tests for Spatial Lag Dependence Based on Method of Moments Estimation," *Regional Science and Urban Economics*, Vol. 33, No. 1, 2003.

[145] Sala - i - Martin, X., "Regional Cohesion: Evidence and Theories of Regional Growth and Convergence," *European Economic Review*, Vol. 40, No. 6, 1996.

[146] Scott, D. W., *Multivariate Density Estimation: Theory, Practice, and Visualization*, New York: John Wiley, 1992.

[147] Shorrocks, A., "Income Inequality and Income Mobility," *Journal of Economic Theory*, Vol. 19, No. 2, 1978.

[148] Silverman, B. W., *Density Estimation for Statistics and Data Analysis*, London: Chapman and Hall, 1986.

[149] Silvey, S. D., "The Lagrange Multiplier Test," *Annals of Mathematical Statistics*, Vol. 30, No. 3, 1959.

[150] Slesnick, D. T., *Consumption and Social Welfare: Living Standards and Their Distribution in the United States*, Cambridge: Cambridge University Press, 2001.

[151] Talukdar, D., Sudhir, K., and Ainslie, A., "Investigating New Product Diffusion across Products and Countries," *Marketing Science*, Vol. 21, No. 1, 2002.

[152] Temple, J., "The New Growth Evidence," *Journal of Economic Literature*, Vol. 37, No. 1, 1999.

[153] Tiefelsdorf, M., and Boots, B., "A Note of the Extremities of Local Moran's Ii and Their Impact on Global Moran's I," *Geographic Analysis*, Vol. 29, No. 3, 1997.

[154] Tiefelsdorf, M., and Boots, B., "The Exact Distribution of Moran's I," *Environment and Planning A*, Vol. 27, No. 6, 1995.

[155] Tiefelsdorf, M., Griffith, D, A., and Boots, B., "A Variance Stabilizing Coding Scheme for Spatial Link Matrice," *Environment and Planning A*, Vol. 31,

No. 1, 1999.

[156] Tobler, W., "A Computer Movies Simulating Urban Growth in the Detroit Region," *Economic Geography*, Vol. 46, No. 2, 1970.

[157] Tsionas, E. G., "Regional Convergence and Common, Stochastic Long-run Trends: A Re-examination of the US Regional Data," *Regional Studies*, Vol. 35, No. 8, 2001.

[158] Waheeduzzaman, A. N. M., "Are Emerging Markets Catching Up With the Developed Markets in Terms of Consumption?" *Journal of Global Marketing*, Vol. 24, No. 2, 2011.

[159] Wand, M. P., and Jones, M. C., *Kernel Smoothing*, London: Chapman and Hall, 1995.

[160] Webber, D. J., White, P., and Allen, D. O., "Income Convergence across US States: an Analysis Using Measures of Concordance and Discordance," *Journal of Regional Science*, Vol. 4, No. 3, 2005.

[161] 陈建宝、丁军军：《分位数回归技术综述》，《统计与信息论坛》2008年第23期。

[162] 陈娟、林龙、叶阿忠：《基于分位数回归的中国居民消费研究》，《数量经济技术经济研究》2008年第2期。

[163] 陈林兴：《扩大促进我国农村消费的侧重点选择——基于AIDS模型的实证研究》，《统计与决策》2010年第20期。

[164] 陈志建：《我国省域地区消费收敛局域空间差异分析》，《经济前沿》2009年第11期。

[165] 杭斌：《习惯形成下的农户缓冲储备行为》，《经济研究》2009年第1期。

[166] 黄祖辉、陈林兴：《浙江农村居民消费支出系统函数的稳定性检验》，《浙江大学学报》（人文社会科学版）2010年第3期。

[167] 金晓彤、闫超：《我国不同区域城镇居民消费与收入收敛性的实证研究》，《经济科学》2011年第2期。

[168] 金晓彤、闫超：《我国不同区域农村居民消费：收敛还是发散?》，《管理世界》2010年第3期。

[169] 林坚、杨奇明：《中国农村地区收入分布的趋同及其演化》，《浙江大学学报》（人文社会科学版）2010年第5期。

[170] 刘建国：《我国农户消费倾向偏低的原因分析》，《经济研究》1999年第3期。

[171] 刘文勇：《收入因素对中国消费需求影响的实证分析》，《经济理论与经济管理》2005年第2期。

[172] 刘兴凯、张诚：《中国服务业全要素生产率增长及其收敛分析》，《数量经济技

术经济研究》2010年第3期。

[173] 刘忠生、李东：《中国内资与外资的效率差异及收敛性分析》，《数量经济技术经济研究》2009年第5期。

[174] 马树才、刘兆博：《中国农民消费行为影响因素分析》，《数量经济技术经济研究》2006年第5期。

[175] 史修松、赵曙东：《中国经济增长的地区差异及其收敛机制（1978—2009）》，《数量经济技术经济研究》2011年第1期。

[176] 孙凤：《中国消费函数分析》，上海人民出版社2002年版。

[177] 孙洋：《产业发展战略与空间收敛：长三角、珠三角和环渤海区域增长的比较研究》，《南开经济研究》2009年第1期。

[178] 覃成林、张伟丽：《中国区域经济增长俱乐部趋同检验及因素分析——基于CART的区域分组和待检影响因素信息》，《管理世界》2009年第3期。

[179] 汪增洋、豆建民：《空间依赖性、非线性与城市经济增长趋同》，《南开经济研究》2010年第4期。

[180] 王志刚：《质疑中国经济增长的条件收敛性》，《管理世界》2004年第3期。

[181] 吴玉鸣、陈志建：《居民消费水平的空间相关性与地区间收敛分析》，《世界经济文汇》2009年第5期。

[182] 吴玉鸣、李建霞：《省域经济增长与电力消费的局域空间计量经济分析》，《地理科学》2009年第29期。

[183] 臧旭恒等：《居民资产与消费选择行为分析》，上海人民出版社2001年版。

[184] 臧旭恒：《中国消费函数分析》，上海人民出版社1994年版。

[185] 周建、杨秀祯：《我国农村消费行为变迁及城乡联动机制研究》，《经济研究》2009年第1期。

[186] 朱晶、藤瑜：《贸易开放对农民非农收入及地区收敛的影响》，《国际贸易问题》2010年第4期。

[187] 朱俊峰、王健：《对外贸易、经济增长与趋同发展——基于东盟国家1990—2009年面板数据的实证研究》，《世界经济研究》2010年第8期。